日本の競争戦略

CAN JAPAN COMPETE?

マイケル・E・ポーター
竹内弘高——共著
榊原磨理子——協力

ダイヤモンド社

Can Japan Compete ?
by
Michael E. Porter and Hirotaka Takeuchi
in cooperation with Mariko Sakakibara

はじめに

この本は、完成までに実に長い年月を要した。ある謎に端を発した我々の研究の起源は、一九八〇年代後半にさかのぼる。当時、我々は、*The Competitive Advantage of Nations*,New York : Free Press, 1990（『国の競争優位』土岐坤ほか訳、ダイヤモンド社）の出版に向けて、大規模な研究プロジェクトの一環として、日本の産業競争力を研究していた。当時の日本は、世界でも卓越した経済力を誇る国と見なされていた。実際、広く読まれていた数々の文献は、日本を、欧米型の資本主義にとって代わる、さらに優れた新しい資本主義を創造した国として賞賛していた。(注1)

しかし、日本の最も成功した産業に関する研究を進める中で、我々は、まだ誰も語っていない日本のある側面に注目したのである。すなわち、日本には、強い競争力を持つ産業と並存する形で、非常に競争力の弱い産業が存在するということである。それは、あたかも二つの日本が存在するようであった。時が経ってもなお、この競争力のない「日本」は、曖昧でわかりにくい存在であり続けた。そして、その「日本」には改善の兆しは何もみられなかった。

これは、謎であった。多くの人々が信じていたように、日本政府の政策や施策が日本の優れた競争力を説明する要因であるならば、これらの政策や施策が実行された、もう一つの「日本」の大規模で重要な産業においては、なぜ競争力をつけられないままなのであろうか、それを説明する要因は明らかではなかった。

政府主導の経済運営が日本の成功を生み出したという見方が、圧倒的大多数を占めた当時において、この一般通念に異議を唱えるには、強い説得力を持つ膨大な証拠が必要であることを我々は覚悟していた。我々は詳細なケーススタディや実証研究に乗り出した。大学院生や研究助手から成るチームが参加したこの研究には八年間を要し、日本が競争力を有する多くの成功産業のうち、二〇にのぼる事例について特に深く掘り下げて研究し、その他の多くの成功産業事例も検討した。さらに重要なことは、それまで他の研究者が見落としてきた、日本の失敗産業の事例も研究対象としたことである。我々は、日本の競争力のない産業分野や産業事例を経済の広範な分野にわたって研究した。

ケーススタディの結果を補完するために、日本経済全体を対象とした独自の統計分析も行った。具体的には、従来、日本の成功を説明する要因として重視されていた、政府が支援する共同研究開発や合法カルテルに関するデータを分析した。

研究が進展するに伴い、当初の謎には、別の側面があることが明らかになってきた。それは、

「成功」とされる企業や産業においてさえも、日本の競争力が、本来あるべきレベルにはなく、それも下降の兆候を見せているということであった。同時に、強大な輸出国とあがめられてきた日本において、新たな輸出産業がほとんど育ってきていないという、驚くべき事実も明らかになった。これらはすべて、日本とその他の先進国との間に大きな生産性の差が厳然と存在する一方で、日本国内におけるあらゆる高コスト構造が日本人の生活水準を悪化させてしまうという形になって現れていた。

そして我々は、日本の成功と失敗を注意深く研究することにより、この謎を解明する鍵を得たのである。また、その過程で、日本の競争力、ひいては日本に追従する形で発展を遂げようとした国々の競争力の源泉に関する、従来の一般通念に異議を唱えるための手がかりを得ることができた。本書において我々は、国家の競争力の源泉は何かという観点からみた場合、日本は何ら特殊な事例ではないということを示す。日本の産業は、政府が競争を管理した場合に成功したのではなく、政府が自由な競争を許した場合に成功してきたのである。さらに、日本企業は、すでに広く受け入れられてきた戦略原理に則って行動した場合に成功してきたのである。

本書の目的は、まず第一に、日本経済が戦後歩んできた軌跡を説明し、理解するための理論を提供することである。日本の成功が経済における考え方と実践において世界に与える影響の大きさを鑑みた場合、日本経済に実際に何が起こり、何が起こらなかったのか、その事実を確認しておくことは重要である。本書で適用した理論的フレームワークは、他国経済の競争力分析にも応用することが可能である。特に、「日本の奇跡」を熱心に真似ようとした国々にとっては、非常に役に立つものであろう。

本書の第二の目的は、日本が今後進むべき方向が不明瞭な今こそ、日本が経済力再生に向けて取り組むべき具体的な処方箋を提供することである。現在打ち出されている政策は、処方箋としては、控え目に言っても不完全である。巨額の公的資金を投じて、政府が企業救済に乗り出したり、マクロ経済的な景気刺激策を打ち出したが、それらはむしろ、国家のマクロ経済の安定性を危険にさらす結果になっている。また、企業の財務会計基準の改定や、銀行預金に対する保証制度の創設などの改革は遅々として進まず、問題を先送りした挙げ句に長期的には真の改革にかかるコストを増やすばかりである。

日本経済が賞賛された絶頂期に我々は本研究に着手し、終わりがないような長い不況の真っただ中で完了した。我々が本書で展開する論旨は、いずれの時期においても、同様に有効であると信じている。本書を完成するためには、特に日本が将来進むべき方向を指し示す上で、急速に動くターゲットを追跡しなければならなかった。日本が抱える問題が次第に明らかになる中で、あらゆる種類の書籍や、記事、政府報告書が出版され、企業によるリストラクチャリングの発表、政府による新たな政策の発表等が相次いだ。我々は、次々と明らかになる状況を網羅的に要約するようなことはあえてせず、むしろ、企業や政府が今後進むべき新しい方向を考える上での重要な要素に焦点を当て、その概説を試みた。

我々筆者は、日本を重要な国と考えるとともに、その将来を憂慮している。良い方向へ進むのか悪い方向へ向かうのかはわからないが、今後様々な出来事が日本経済には起こるであろうし、政策転換は続くだろう。我々の望みは、本書が、日本に起こる変化を理解し、その進むべき道を検討するための、説得力あるフレームワークを提供することにある。

本研究は、多くの方々の協力なくしては完成し得なかった。まず、本研究を進めるにあたってリーダーシップを発揮してくれた藤川佳則とルシア・マーシャル、本研究にたずさわっていただいた阿久津聡、土合朋宏、末次恭子、木下玲子、一條恭子、ケン・サーウィン、ドーン・シルベスター、ダニエル・ヴァスクェズ、エリザベス・キング、マイケル・スティーブンソン、多数の大学院生や研究助手の方々に感謝の意を表したい。また、莫大なデータの収集やインタビュー調査の過程においてご協力いただいた林良造、渡辺千仭、淵一博、藤本隆宏、権田金治のみなさまにも感謝の意を表したい。

また、本研究は、ハーバード大学経営大学院研究部、一橋大学商学部、カリフォルニア大学ロサンゼルス校アンダーソン経営大学院国際経営教育センター、カリフォルニア大学の学術評議会、アルフレッド・スローン基金から研究資金援助を受けている。

さらに、本書に有益なコメントをご提供いただいた福川伸次、石倉洋子、宮内義彦、中谷巌、野中郁次郎、ヒュー・パトリックの各氏にも謝意を表したい。そして、本書の専門編集者として活躍してくれたジョアン・マグレッタとナン・ストーンは、本書を一層素晴らしいものにしてくれた。また、アイリーン・ローシュの優れた編集にも感謝したい。リン・ポールは、原稿をまとめるにあたって中心的役割を果たしてくれたのみならず、この困難な研究プロジェクトにおいてプロジェクト・マネジャーとして素晴らしい役割を果たしてくれた。

日本語版の作成にあたっては、藤川佳則、徳永優治、牛島辰男から多大なご協力をいただいた。また、その編集にあたっては、ダイヤモンド・ハーバード・ビジネス編集部の上坂伸一編集長と大坪亮氏から多くのご支援をいただいた。記して感謝したい。

ボストンにて　マイケル・E・ポーター

東京にて　竹内弘高

ロサンゼルスにて　榊原磨理子

日本の競争戦略［目次］

日本の競争戦略

第一章

国際競争力の日本型モデル

日本の奇跡的な戦後経済成長に全世界が畏怖し、日本がすべての面において最適なアプローチをとる国として絶賛されたのは、そう遠い昔のことではない。日本の政策決定者の中には、日本が欧米より優れた資本主義を創造したのだと胸を張るものがいた。また、日本企業の優れた経営手法は賞賛され、世界中の企業のお手本となった。つい一〇年ほど前までは、*Can Japan Compete?*（日本は競争できるのか）というタイトルの本を書くことなど、想像もできなかった。

しかし、今日それはまさに問うべき問題となった。日本ははてしない不況の真っただ中にある。経済成長率は一九九八年には、戦後の記録開始後初めて二年連続のマイナス成長となり、九九年も大きく回復することはなかった。銀行業界には、不良債権問題から抜け出す兆しがみられない。八〇年代に急騰した地価は、今日ではピーク時から七八％も下落した。八九年一二月に三万八九一五円の最高値を付けた日経平均株価は、九八年一〇月には一万三〇〇〇円を割るまで下降し、二〇〇〇年に入ってようやく二万円台を回復した。日本の失業率は、九九年に戦後の記録史上最高となり、米国の失業率を初めて上回った。

日本の政官界においては、日本型資本主義がアングロ・サクソン型資本主義に敗北したのだという議論がある。しかし、長期にわたる日本経済低迷の根底にある経済モデルの是非を問い直す動きは、ほとんどみられない。何らかの改革が必要だという点では誰もが同意しているようだが、「経済構造は基本的に問題がなく、政府が大々的な信用創造・需要刺激策を打ち出しさえすれば、問題は解決するだろう」というのが大方の見方であった。（注1）度重なる大企業の倒産や、多くの企業が抱える莫大な損失規模を目のあたりにして初めて、ようやく多くの人々は構造的な問題が存在することを認識するようになった。しかし、それでもなお、いつかは経済の構造改革は実現するだろうという程の、根拠のない楽観論が浸透している。

日本が抱える経済問題の原因について最近では、次の三つの説明が可能だというのが、大方の合意するところである。第一の説明は、株式と不動産価格の高騰に端を発したバブル経済の崩壊に、その原因を求めるものである。資産価格崩壊の余波は、銀行制度をはじめ日本経済の隅々におよび、金融機関による貸し渋りにつながった。資産の担保価値が暴落するに伴い、銀行や企業、そして一般家庭までもが大規模な負債を抱えることとなり、結果として消費と投資を抑制することとなった。

第二の説明では、干渉好きな省庁による行きすぎた規制や過保護行政を原因とする。政府介入は、企業行動を歪め、事業コストを押し上げ、企業活動に関する柔軟性を奪った。その結果、日本企業の国際競争力を低下させた。

第三の説明も、政府に責任があるとする。税率引き上げや、内需刺激策の失敗、輸出主導型政策に長く固執しすぎたことなど、官僚がマクロ経済政策の運営に失敗したとする説明である。日本企業が輸出の限界に直面し、海外直接投資を拡大するにしたがって、国内投資や国内需要は抑えられ、経済成長は鈍化した。

我々は、経済を刺激し、資本の流動性を回復させる必要性に異議を唱えるわけではない。しかし、応急処置やマクロ経済政策的な微調整だけでは、日本経済の活力を取り戻すことはできない。そのような試みはすでに実行されたし、失敗を繰り返してきた。たとえば日本銀行は、短期利率をほぼゼロに抑えてきた。公共投資に始まり、減税、銀行救済のための資本注入、経営破綻に陥った企業救済のための政府融資、地域振興券にいたるまで、合計一・五兆円にのぼる景気刺激策が打ち出されたが、ほとんど効果を上げていない。何をやっても全く効果がないといった状況である。

こうした事態の原因は、日本を苦しめる問題が、マクロ経済を超えた、より根本的なところに根ざしていることにある。すなわち、個々の産業において日本がどのように競争していくのかという、ミクロ経済的な問題なのである。政官界あるいは経済界のリーダーが、日本経済の長期的な活性化を目指すのであれば、その根底にある問題を解決しなければならない。そのためにはまず、そもそも日本を成功に導いた要因について正確に理解することから始めるべきであろう。

しかし、「言うは易く、行うは難し」である。一九八〇年代以降、おびただしい数の経済記事や書物が発表され、日本の比類なき競争力強化の原因についてある種の通説を作りあげた。その通説は、次の二つの議論から成るものである。一つは政府の政策に関する通説であり、もう一つは日本企業に共通してみられる経営手法に関する通説である。いずれの通説も長い間繰り返し説かれてきたために、人々の考え方に広く浸透してきた。

この広く浸透した通説は、これまで日本の内外に深い影響を及ぼしてきた。様々な国において、政策決定者や経営者が日本型モデルをそのまま模倣しようとしたり、あるいはその一部を取り入れようとしたりした。欧米の資本主義制度とは本質的に異なる、より管理主義的で平等主義に根ざした、新しくかつ本質的に優れた資本主義制度を日本が生み出したのだという見方が、日本のみならず海外においても、種々の政治的あるいは文化的理由から、受け入れられやすかったのである。

しかし、これまで広く信じられてきた様々な通説は間違いであると、一〇年にわたる研究成果から、我々は結論するに至った。これまで賞賛されてきた官僚主導型の資本主義は、日本の成功の原因ではない。むしろ、日本の失敗に深く関わっている。後に詳しく説明するように、問題の核心は、政府が競争原理を信用していないことにある。その結果、日本政府は、生産性や繁栄を損なうような形で干渉しがちである。一方、日本企業の過去の成功に関する通説のほうはまだ的を射ている点もあるが、同時に危険なほどに不完全である。過去の競争において通用した方法も、すでに大きく変化を遂げたグローバル市場においてはもはや通用しない。競争に対する間違ったアプローチをとることで、日本企業は収益性を損なっている。

危険な前兆

過去を振り返ってみると、国際競争における日本の成功やその持続可能性に根本から疑問を呈するような矛盾した状況が、実は以前から数多く存在したことを指摘することができる。一国の競争力は、最終的にはその国の生産性に依拠する。つまり、労働一単位あるいは資本一単位が生産することのできる財・サービスの価値によって測ることができる。バブル経済が崩壊するよりもずっと以前から、日本の生産性は従来考えられてきたような水準にはなく、競争力の高度化あるいは生産性の向上のペースが鈍化していることを示す兆候はすでにはっきりと現れていた。(注2)

日本経済が決してすべてうまくいっていたわけではないことを示す第一の危険な兆候は、グローバル市場において日本が国際競争力を持つ産業の数が比較的少数であったことである。その経済規模に比して、日本は驚くほど限られた数の産業で優位に立っていたに過ぎなかった。日本の輸出は、ごく少数の産業に集中していたのである。実際、日本の輸出産業集中度は、経済規模が同等の米国やドイツよりも、むしろカナダや韓国など、より小さな経済規模の国の数字に近い。日本の他の大多数の産業は、何らかの理由で国際競争力や生産性の向上を実現できずにいたのである。

第二の危険な兆候は、日本が競争力を有する産業においてさえ、日本企業の収益率が国際水準よりも慢性的に低かったということである。この収益性の差は、各国間の会計基準の違いを考慮にいれてもなお存在する。図1-1が示すように、総資産利益率（ROA、総資産額は減価償却後）を比較すると、日本の全製造業平均値は米国の数値の約半分である。しかも、米国企業の日本子会社の利益率は、日本企業の数値よりも一貫して高い水準にある。したがって、資産の生産性という観点から比較した場合、日本企業は多くの欧米企業よりもはるかに競争力を欠いているのである。

資本の生産性という観点から分析しても、同様の結論に到達する。一九六〇年代から、八〇年代を通じて、日本の労働生産性が急速に上昇する一方で、資本生産性ははるかに低いままであった。図1-2が示すように、日本企業の資本生産性は、七〇年代の初めには米国の水準に近かったものの、九〇年代までには著しく低下した。低い資本生産性が、高い労働生産性を相殺し、結果として、日本の全要素生産性は、米国との相対的なレベルで比較した場合、一九七〇年初頭以来ほとんど変わっていない。

このような低い資本収益性が長期間にわたって日本に存在したのは、日本経済が世界の資本市場の外側で運営されてきたからである。長年、日本の国内市場に対する外国からの投資は制限されてきた。日本政府は外国企業に対して、日本企業の株式保有や、全株式所有の現地法人の設立、さらには株式市場を通じての日本企業の株式売買を制限してきた。日本企業を所有してきたのは、主に、日本の銀行や、保険会社、あるいは永続的な株式持ち合いによって安定したビジネス関係を持続し

日米製造業企業の総資産利益率(ROA)の比較　図1-1

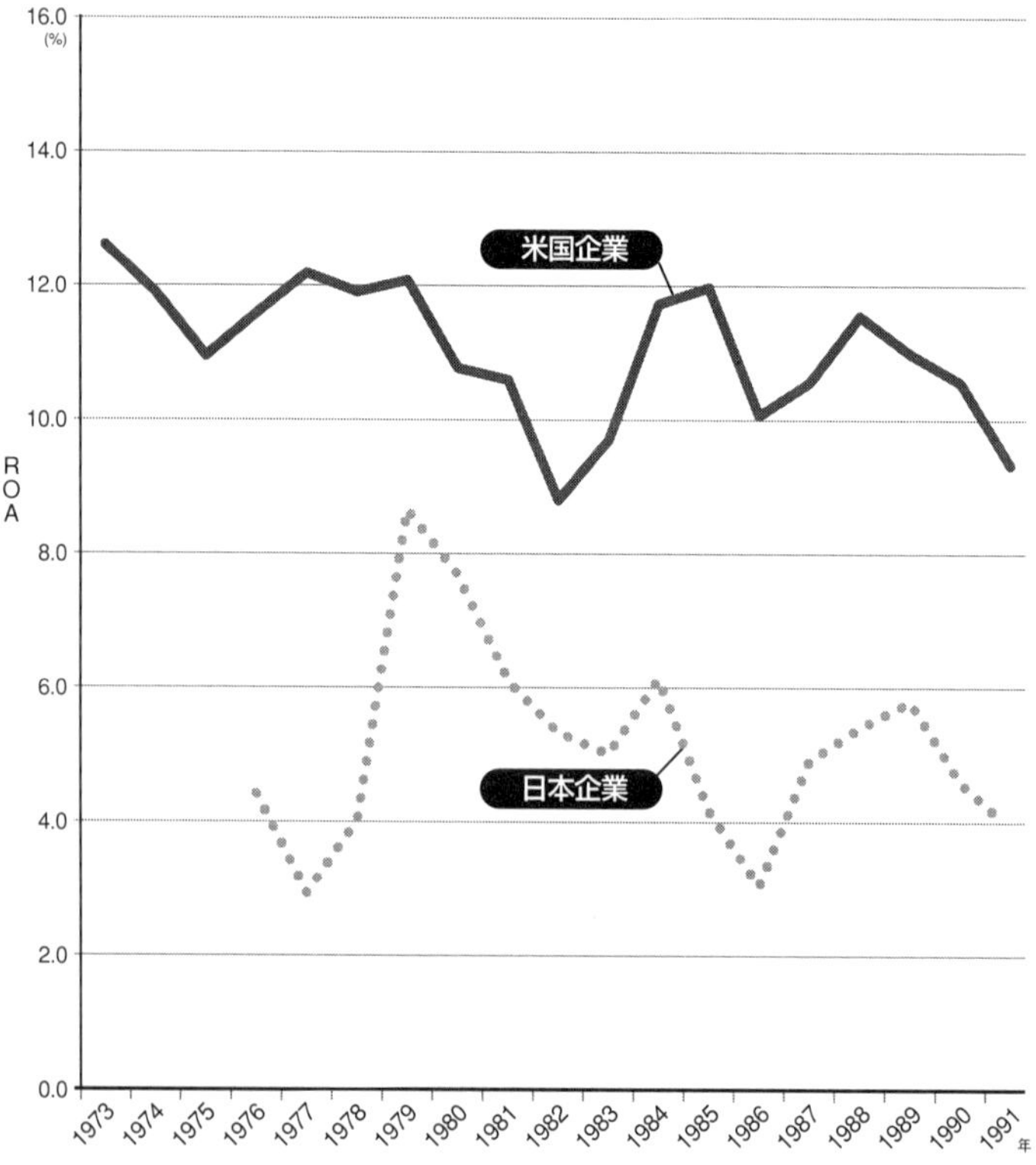

出典：G.N. Hatsopoulos and J.M. Poterba, "America's Investment Shortfall: Probable Causes and Possible Fixes," January 1993

民間企業における日・米・ドイツの資本生産性の比較（1970—93年）　図1-2

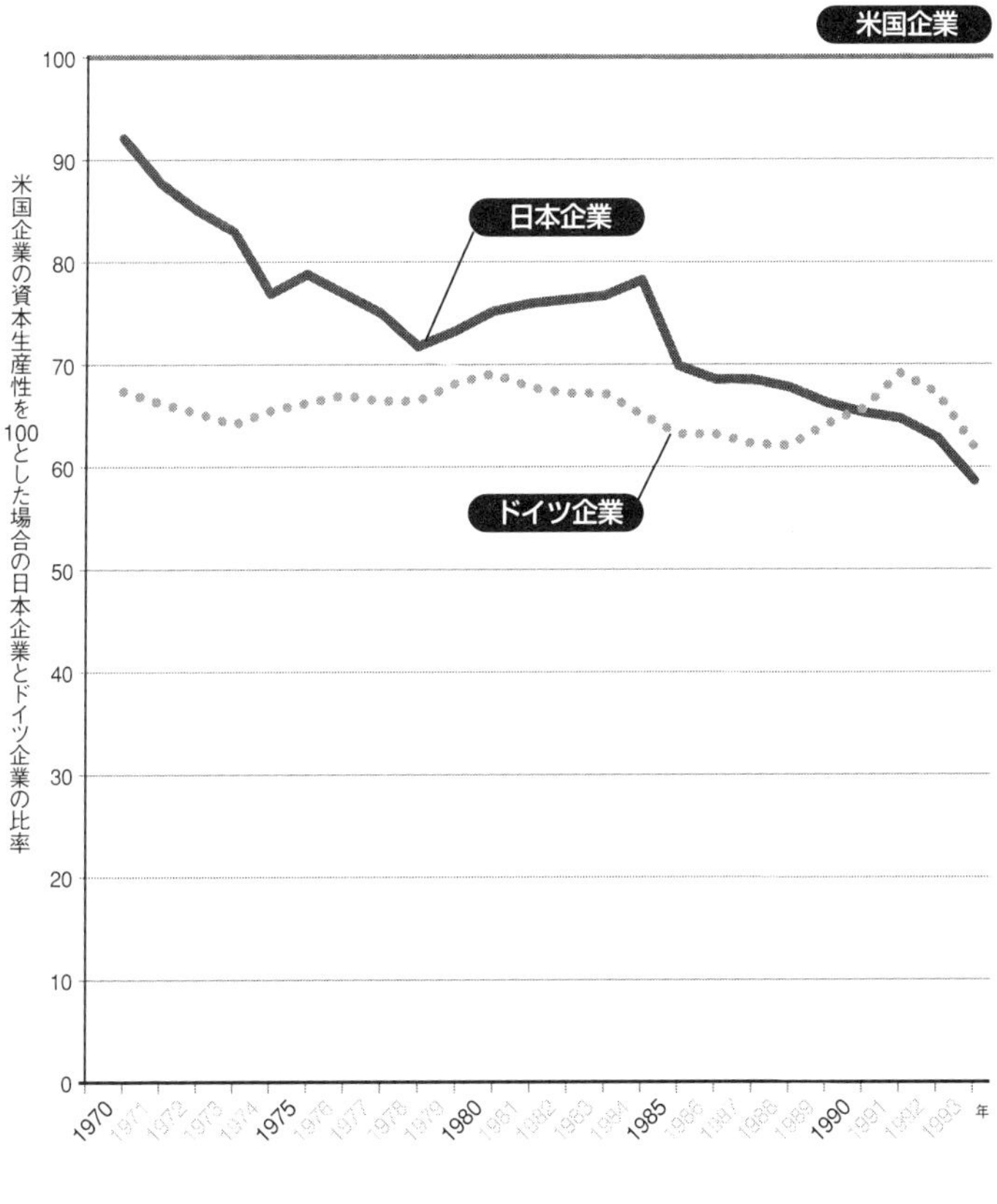

出典：*Capital Productivity*, Washington, DC : McKinsey Global Institute (June 1996)

ようとする国内企業であった。さらに、銀行や保険会社は、大蔵省による規制や保護行政によって守られた結果、資本効率を高める圧力にさらされずにすんできた。外国の金融企業は、日本市場での資金獲得において日本の銀行やその他の機関と効率的に競争することが許されず、日本の投資家は投資先を限定されていた。日本の国民の貯蓄率は高かったが、このような制度のもとでは、貯蓄に対する金利は非常に低いものとなっていた。

したがって国民の投資による所得は、国内において安い資本を潤沢に提供するために利用されたことになる。七〇年代の後半以降、日本の利率は規制によって米国の水準よりもずっと低く設定され、日本銀行は市中銀行に対してさらに低い利率で資本提供を行った。(注3)

以上のような理由から、日本企業の真の競争力は多くの研究者が信じた水準よりも実際にはもっと低いものであったといえる。世界輸出シェアの高い水準は、国内における資本の投資効率を犠牲にすることによって成り立っていたのである。つまり、日本の産業の実際の生産性は、本来のあるべきレベルにはなかった。

日本の競争力の実態が従来信じられてきたものとはかけ離れたものであることを示唆する第三の兆候は、日本国内における産業別の生産性の大きな格差に見て取ることができる。日本の諸産業の実績を過去三〇年以上にわたってみてみると、一貫して「二つの日本」が存在してきたといっても過言ではないだろう。まず一つの「日本」は、欧米で一般に知られてきた、とどまるところを知らない成長を遂げた「日本」であり、国際競争力に富んだ「日本」である。家電製品や、自動車などの産業が日本経済をにない、輸出と生産性の両面において、成長の原動力となってきた。しかし、そのような産業の数は限られており、そして、もう一つの全く異なる「日本」、つまり非効率な「日本」と共存してきたのである。

もう一つの競争力に欠ける「日本」は、多くの産業から構成されるが、日本経済の全体的な生産性の足を常に引っ張ってきた。この「日本」は、次の二つの要素から成る。一つは、世界的に取引が行われている産業であるが、輸出面で日本が全くふるわない産業である。例をあげると、農業のほか、化学、日用品、医療製品、ソフトウエア等の製造業と、サービス産業全般である。これらの産業では、日本企業は、「輸出できるほどの競争力をつけるまでは幼稚産業として保護する必要がある」という名目の下に、貿易障壁やその他競争を抑制するような様々な規制によって守られてきた。実際には、これらの産業は、永久に競争力をつけることはなく、今でもその多くは保護されたままである。

競争力のない「日本」を構成するもう一つの要素は、流通業や卸売業、交通、物流、建設、エネルギー、医療サービスや食品加工など、いわゆる内需型の産業である。これらの産業は総じて非効率である一方、多数の雇用を生み出し、一種の社会保障制度としての役割を果たしてきた。様々な政府の政策や介入によって保護されているために、これらの産業ではこれまで企業の統廃合やリス

生活必需品・サービスの価格水準の比較　表1-1

（1993年のOECD諸国の平均値を100として比較）	日本	米国	英国
食品	205	78	74
レストラン、カフェ、ホテル	178	68	121
住宅関連用品	171	81	101
衣服、履物	165	77	73
住居費、光熱費	156	91	78
建築費	155	84	74
交通、通信	141	81	110
医療、健康	87	136	70

出典: OECD (1995)

トラクチャリングなどが起こることはなかった。

このような二つの「日本」が存在してきたことの一つの帰結は、極端に高い生活コストである。日本の労働者は高水準の所得を得る一方で、それは食品や住居、ガソリン、衣服、日用品や、サービス全般といった生活必需品に支払う高い費用で相殺される結果となった。表1-1は、いくつかの製品やサービスの価格水準を、日本と英国、米国間で比較したものであるが（一九九三年のOECD諸国の平均値を一〇〇として比較）、日本の価格水準があらゆる面で、非常に高いことを示している。唯一の例外は、医療分野であるが、この産業は政府による規制によってコストが抑えられている半面、サービスの質の向上や、治療方法におけるイノベーション、新薬の開発といった面では遅れている。

日本人は、生活全般にわたって非常に高い費用を支払ってきた。日本人の食費は、家計の約二〇%に達し、米国の一二%と比べて非常に高い。ほとんどの日本人にとって、マイホーム購入は一生に一度の夢であり、ほとんどの持ち家は退職時に購入される。

結果として、日本人の生活水準は、一人当たり国民所得の数字が示すレベルよりかなり低い水準であり続けてきたし、現在も低いままである。たとえば表1-2は、各国の一人当たり国民総生産（単位：ドル）を、購買力平価を考慮する前と、調整した後の数字で比較したものである。購買力平価とは、各国間の生活コストや事業コストを反映した指標である。購買力平価で調整済みの一人当たり国民総生産に注目すると、米国が上位に躍りでる一方で、日本は下位に転じることがわかる。

日本の消費者がこのように重い負担を背負っていることが、日本の生産性や競争力に影響を与えるだろうか。これまで日本の政策決定者が立ててきた前提によれば、答えはノーである。彼らの考え方によれば、二つの「日本」は同時に存在し得るし、互いに影響を与え合うことはないとされてきた。国際的に競争力のない産業も、いつかは競争力を持つように育てられるとされてきた。内需型産業は、雇用を創出する一方で、貿易型産業に悪影響を与えることはないと考えられてきた。消費者が支払わなければならない高い生活コストは、経済的そして社会的利益により正当化されてきた。しかし、このような前提はすでに間違いであったことは明らかで、その結果は前述の通りひど

1998年の一人当たり国民総生産（調整前）と、購買力平価による調整済みの一人当たり国民総生産(調整後)

表1-2

順位	国・地域名	調整前 (米ドル)
1	スイス	40,080
2	ノルウェー	34,330
3	デンマーク	33,260
4	日本	32,380
5	シンガポール	30,060
6	米国	29,340
7	オーストリア	26,850
8	ドイツ	25,850
9	スウェーデン	25,620
10	ベルギー	25,380
11	フランス	24,940
12	オランダ	24,760
13	フィンランド	24,110
14	香港	23,670
15	英国	21,400
16	オーストラリア	20,300
17	イタリア	20,250
18	カナダ	20,020
19	アイルランド	18,340
20	イスラエル	15,940
21	ニュージーランド	14,700
22	スペイン	14,080

順位	国・地域名	調整後 (米ドル)
1	米国	29,340
2	シンガポール	28,620
3	スイス	26,620
4	ノルウェー	24,290
5	カナダ	24,050
6	デンマーク	23,830
7	ベルギー	23,480
8	日本	23,180
9	オーストリア	22,740
10	フランス	22,320
11	香港	22,000
12	オランダ	21,620
13	ドイツ	20,810
14	英国	20,640
15	フィンランド	20,270
16	イタリア	20,200
17	オーストラリア	20,130
18	スウェーデン	19,480
19	アイルランド	18,340
20	イスラエル	17,310
21	スペイン	16,060
22	ニュージーランド	15,840

出典: World Development Indicators Database, 世界銀行、7/1/99

いものだった。

日本の経済モデルがすでにその限界を呈していたことを示す証拠は他にも存在した。すなわち、バブル経済が崩壊するよりもずっと前に、日本の経済成長は鈍化していたのである。図1−3が示すように、実質国内総生産の成長率は、五年間の移動平均値で測った場合、一九七〇年代初頭までは堅調であった（図中の点線）。しかし、七〇年代半ばから九〇年代初頭にかけて、成長率は三〜五%にまで下落し、九一年にバブル経済が崩壊した後は、急降下した。しかし、成長鈍化の前兆はバブル経済以前に存在していた。

また、全世界の輸出に占める日本のシェアが戦後急速に上昇したものの、一九八六年にはピークに達していた（図1−4参照）。日本の世界輸出シェアは、テレビやVTR（ビデオ機器）、オーディオ機器、カメラ、半導体など、日本が伝統的に国際競争力を有してきた産業においても、七〇年代後半からすでに下降の一途をたどっていたものがあった。世界輸出シェアそれだけで、国の国際競争力のすべてを測れるわけではないが、輸出シェアがどのように推移しているか、そのパターンを検証することによって、その国の経済が有する競争構造の健全性や生産性向上の方向性を明らかにすることができる。

表1−3は、日本のすべての製造業（標準国際貿易分類の定義に基づく）の世界輸出シェアについて、九〇年のピーク時以前から九六年にかけての推移を示したものである。たとえば、繊維産業や

日本の実質国内総生産(GDP)成長率　図1-3

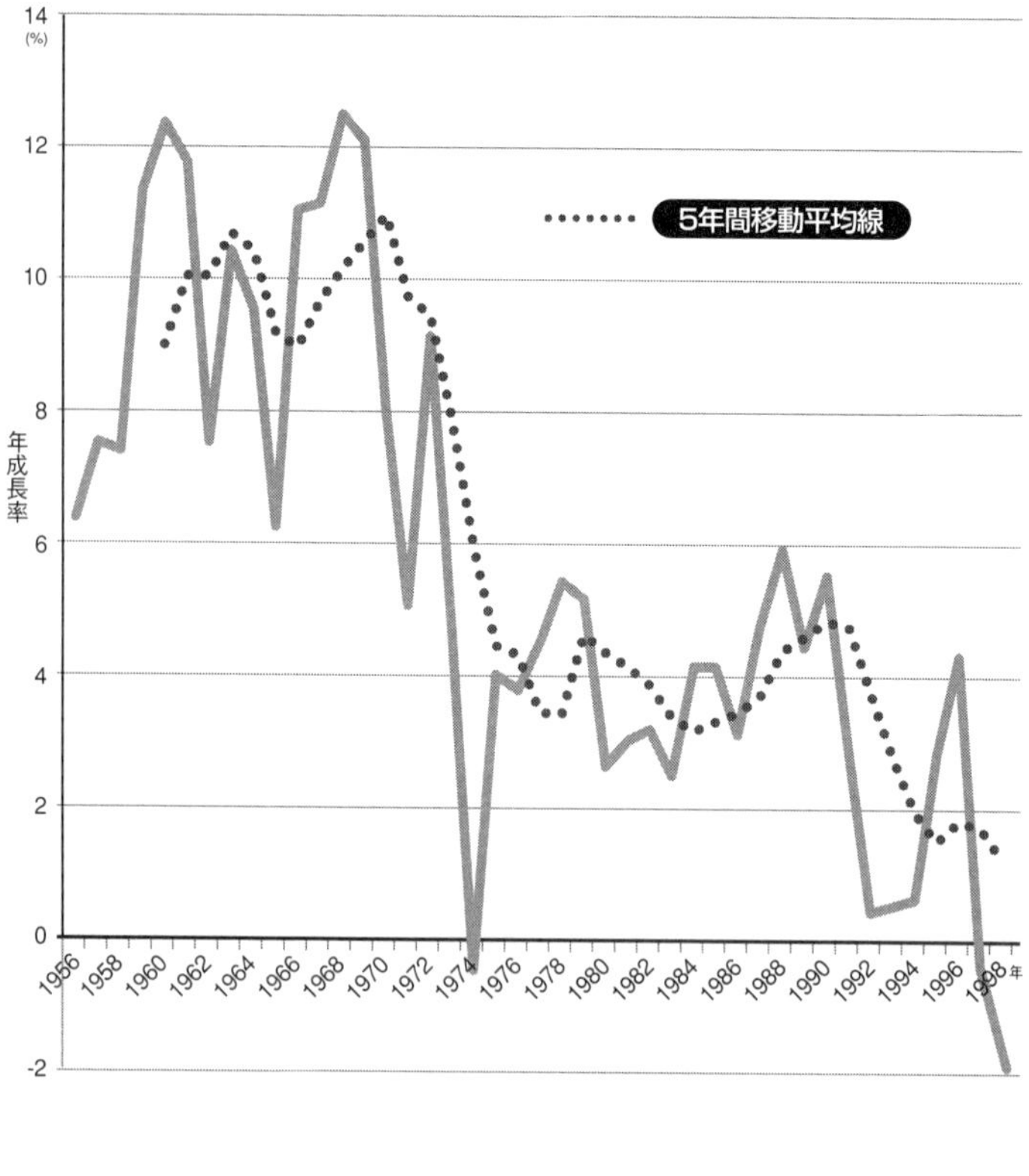

注: GDPデフレーター、1990年=100。1996年の数字は推定。
出典:「経済統計年鑑 1995」日本銀行調査統計局

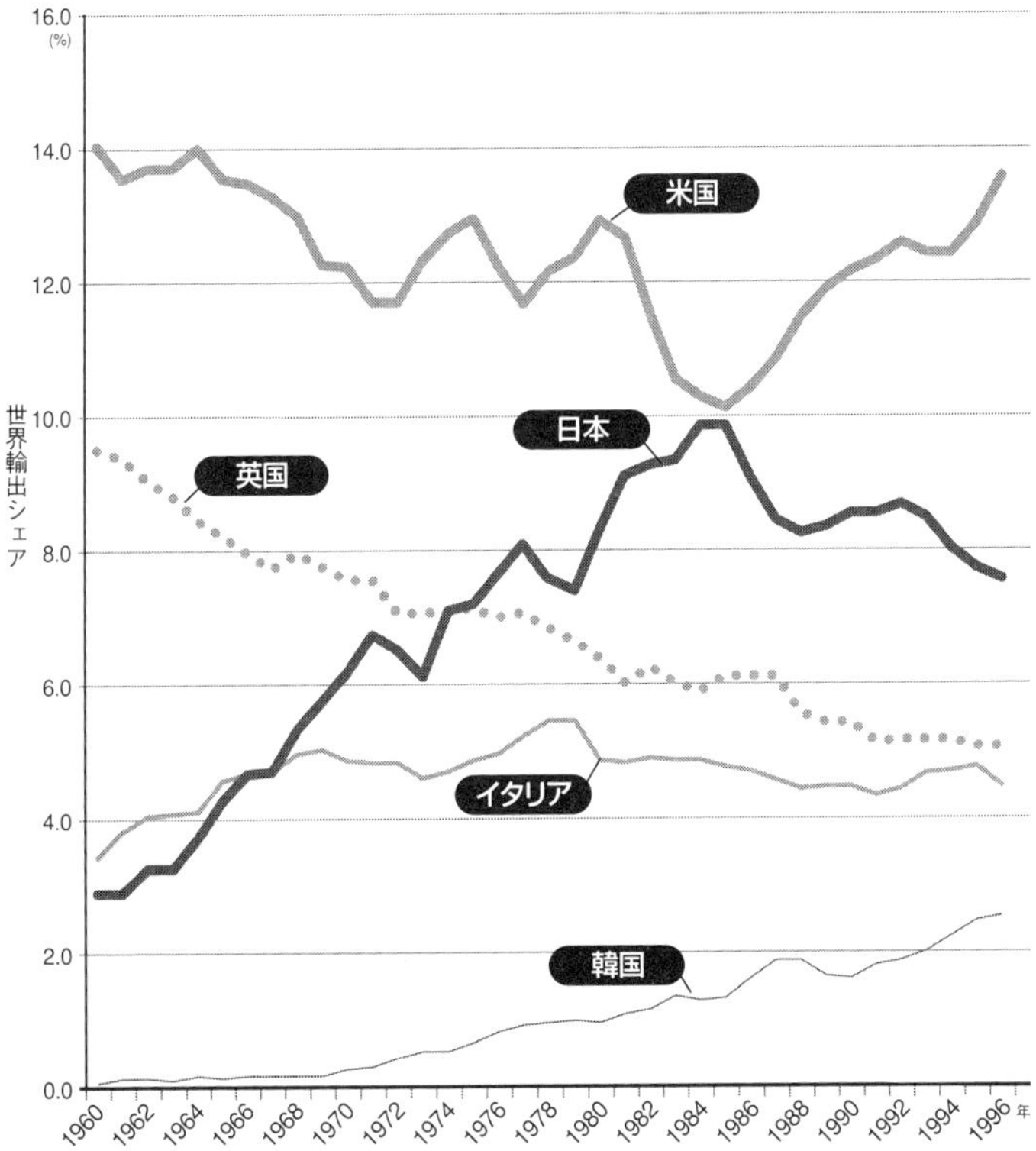

注: 各国の世界輸出シェアの数字は、すべて1995年価格の米ドルをベースに計算されたものである。
出典： 世界銀行国民会計を基に著者が計算。

日本の全産業の世界輸出シェアの推移：1990年以前と1996年の比較　表1-3

産業分野	世界輸出シェアが増加した産業（0.1ポイント以上）	世界輸出シェアが減少した産業（−0.1ポイント以下）	世界輸出シェアに変化がなかった産業（−0.1ポイントから0.1ポイント以内）	日本が輸出していない産業	合計
事務用機器	4	33	1	1	39
半導体・コンピュータ	0	12	0	0	12
娯楽・レジャー	5	59	3	0	67
運輸	9	88	2	2	101
発電および配電	2	37	0	0	39
電気通信	0	6	0	0	6
複数事業	10	130	1	0	141
素材・金属	40	149	27	10	226
医療	4	24	2	0	30
石油・化学	40	134	5	8	187
繊維・アパレル	26	200	17	3	246
パーソナル	2	55	9	0	66
防衛	2	5	4	0	11
住宅・家庭用品	4	126	6	0	136
木材製品	4	55	11	0	70
食品・飲料	14	137	114	21	286
合計	166	1250	202	45	1663

出典：国連貿易統計を基に著者が分析。

アパレル産業は七八年以前にピークを迎えたのに対し、他の多くの産業は八〇年代の半ばから終わりにかけてピークを迎えた。

日本産業の世界輸出シェアの変化は劇的である。日本が輸出している一六一八の産業中、世界輸出シェアが増加したのは、わずか一六六の産業に過ぎず、一二五〇の産業においては減少した。世界輸出シェアが下降した産業の中には、過去に日本が世界を席巻していた産業が含まれている。たとえばコピー機器においては、世界輸出シェアは七〇・六%から四〇・七%に下落した。また、カメラでは七二・二%から三四・八%へ、VTRでは八九・五%から二五・八%へ、そして電話機器では五二・六%から一一・二%へと、日本の世界輸出シェアは減少した。

多数の産業で世界輸出シェアが下落した理由の一つには、日本企業が海外直接投資を拡大し、生産拠点を海外に設立したことがあげられよう。このような日本企業の行動の背景には、貿易摩擦の回避や、ビジネス上の動機（たとえば、顧客により近づこう、といった理由）等、それなりの理由があるだろう。しかし、ここまで広範にわたる産業において世界輸出シェアが大幅に下落している事実は、日本の生産性向上や競争力獲得の障害となる深刻な問題の存在を示唆している。たとえば、日本企業の多くが国外に活動を移転した最大の理由は、国内で事業を続けた場合の非効率性があまりにも高すぎることであった。

ある産業の凋落、また別の産業の衰退を詳しく調べてみると、日本の競争優位が次第に失われてきた様子がよくわかる。たとえば、テレビやVTR、オーディオ機器においては、日本企業はアナログ技術において支配的地位を築いた。日本企業は、アナログ技術を音声や画像信号に変換する、スタンド・アローン型の家電製品を製造することに長けていた。しかし、音声や画像信号を「0」「1」のコンピュータ言語に変換するデジタル技術で先んじたのは米国企業であり、日本企業は後塵を拝している。米国企業はデジタル技術によって家電産業で勢力を伸ばしだしたばかりか、カメラなど他の産業でも新たに活躍し始めた。

さらに、日本経済は国際的に競争力を有するような輸出産業を新たに生み出さなかった。一九五〇年代から八〇年代初頭に至るまで、繊維から、鉄鋼、自動車、半導体と、日本企業は常に、高度な技術を必要とするより高付加価値産業に参入していった。これは、ある国の経済の生産性が上昇し、国民の生活水準が向上する基本過程の典型例ともいえる。日本の場合、これが経済成長の原動力であった。しかし、八〇年代末から九〇年代を通じて、日本においてこのような産業転換はみられなくなった。これは、根本的に何かがおかしいことを色濃く示していた。

世界輸出シェアが九〇年以前のピーク水準を上回った一六六の産業は、ほとんどが次の二つのカテゴリーに属した。まず、八〇年代以前にすでに輸出産業として確立した産業で、それ以降はそれほど高い成長率を示さなかった産業、あるいは、当初の輸出規模が極端に低いため、成長率で測ると一見したところ高成長を遂げたようにみえる新興産業、であった。「新興産業」を、「一九七〇年代や八〇年代にはほとんど輸出実績がなく八〇年代や九〇年代に入ってから急速に輸出を伸ばした産業」と定義するならば、このような産業は、合計で四七あった。個々の産業例は、表1－4に掲載した。

これら四七の産業を詳しくみてみよう。このうち一二の産業はスクラップ用あるいはリサイクル関連用の素材産業であり、およそ競争力活性化の観点からはさほど望ましい兆候とはいえない。さらに、二つの産業は、他の産業に部品を提供する産業である。その他の産業は多岐にわたるが、いずれも将来、主要輸出産業となる兆しのないものである。印刷機械や印刷用インクといった産業が唯一、主要産業において日本企業が重要な世界輸出シェアを獲得した例といえる。他は、産業規模が非常に小さいか、あるいは産業規模は大きくてもその中で日本が占める割合が極端に小さく、高成長として示されたのは統計上の異常値であるかもしれない。

このように、新たな成長産業がほとんど現れない中で、無線通信や、マルチメディア、ソフトウエア、マイクロ・プロセッサー、ネットワーク技術など、新たな企業や輸出機会を創出するような分野において、日本は米国の後塵を拝するようになったのである。さらに、バイオテクノロジーや、環境技術、さらにはサービス産業における成長分野全般にわたり、日本が画期的なイノベーションを起こす兆候はみられない。日本経済に潜む何かが、イノベーションの阻害要因となっていたのであった。

1990年代における、日本の「新興」成長産業：輸出額と世界輸出シェア　表1-4

産業分野	産業名	1996年輸出金額(千ドル)	1996年世界輸出シェア(%)
事務用機器	印刷機器など	323,556	20.96
	印刷インク	310,136	13.99
	製本機器	124,495	13.86
運輸	リアクション・エンジンおよびターボプロペラ用部品など	388,114	3.74
複数事業	石材、セラミック、コンクリート、アスベスト等向け工作機械用部品など	61,089	5.99
素材・金属	銀めっき	14,899	32.59
	非精製チタニウム屑	41,191	20.1
	非精製タングステン屑	7,526	9.88
	ニッケル鋲、焼結物	34,399	8.27
	雲母、雲母屑	3,928	8.24
	ニッケル屑、スクラップ	10,283	5.5
	その他の非精製プラチナ	24,700	5.17
	石英、石英岩	4,097	3.94
	鋳物用銑鉄、鋳鉄屑	7,959	3.17
	ブリキ屑、スクラップ	733	2.63
	非精製モリブデン屑	1,233	2.35
	金屑	22,697	2.19
	貴金属屑	13,568	1.78
	産業用ダイヤモンド	1,691	1.03
	非精製ベリリウム屑	12	0.94
	アルミニウム屑、スクラップ	9,337	0.44
医療	下垂体剤、同様のホルモン	8,488	4.9
	ホルモンを含む医薬	224,666	3.72
石油・化学	塩化ビニル	144,781	20.22
	窒素化合物など	384,799	17.25
	ハロゲン化合物、非金属	26,808	15.93
	スチレン	411,850	14.3
	無機酸化塩など	16,771	11.22
	屑、スクラップ	7,317	10.03
	テトラクロロエチレン	4,535	7.63
	石油ビチューメン、アスファルト	25,289	3.03
	ガス油	425,830	2.46
	燃料油など	497,668	2.34
	塩素	2,276	1.68
	航空用溶剤	196,867	1.65
繊維・アパレル	再生単繊維フィラメント	3,424	26.21
	紡毛織物	63,826	7.29
	非連続合成繊維	2,260	7.1
	パイル織物	1,901	2.43
	植物繊維織物、屑	111	0.72
	牛・馬皮革	11,835	0.36
国防	ロケット推進剤	883	0.95
住宅・家庭用品	ガラス剤など	148,551	21.29
食品・飲料	イースト、ベーキング・パウダー	9,784	2.18
	魚片、生鮮・冷蔵	8,724	0.93
	動物・植物肥料、未加工	1,077	0.89
	シリアル	2,956	0.59

注:「新興」成長産業の定義は、世界輸出シェアが1990年以前のピーク時よりも増加した産業、かつ、1980年代半ば以前には大きなシェアを有していなかった産業、とした。
出典: 国連貿易統計 (Rev 2)を基に筆者が分析。

日本の競争の結果は、長い間、成否が入り混じった状態であった。成功産業においてさえも、世界輸出シェアの増加は、日本の真の競争優位を反映したものではなく、低い資本効率の上に成り立ったものだった。また、生産性が低く、競争力のない産業が広範囲にわたって存在し、新たな産業の生成が見られないことは、日本に根差す問題の深さを露呈した。バブル経済の崩壊は確かに日本経済に大きな打撃を与えたが、それはかりが注目を集めたため、それ以外のより根深い問題が見失われてきた。日本型の競争力モデルには、過去の成功を説明する上でも、将来のための処方箋を構成する上でも根本的な誤りがある。

通説を問い直す

では、日本の過去の成功に関する通説はどのように形成されたのか。そして、我々は、その通説にいかに挑戦しようとするのか。

日本の過去の成功に関する通説は、そのほとんどが比較的少数の産業だけに焦点を当てた研究を通じて形成されてきた。研究者たちは、成功産業の事例だけを調べ、それだけに基づいて議論を飛躍させ、それらの産業事例で起こったことが国全体の成功の理由であるに違いないと結論づけた。半導体や工作機械、鉄鋼といった産業ばかりが何度も繰り返し研究されてきた。多くの事例ではこれらの産業が競争力を獲得したのは何十年も前の話であった。そして、これらの産業における成功物語は、今ではあまり通用しないものであることも多い。たとえば半導体産業においては、日本はすでにリーダーの座を米国に明け渡している。

さらに事態を複雑にするのは、以前に行われた研究の多くは、理解できることではあるが、企業や産業の特徴として日本が他の国と異なる要素ばかりを強調し、根底に流れる普遍的な原理を明らかにしようとはしなかった。大きな影響力を持った研究の中には、政府が果たした役割を主に研究する欧米の政治学者や政治経済学者によって行われたものが多かった。必然的に、彼らは、日本の政府がとった施策の中でも、欧米にはない異質な要素に注目し、それら政府がとった行動がビジネスにおける企業の成功も説明するのだという結論に達した。競争戦略論や経営学の分野の研究も、たとえばカンバン方式や全社的品質管理（ＴＱＣ）など、日本特有の経営手法に注目し、これらが国全体の成功を説明するにあたって重要な役割を果たすと強調した。

さらに、歴史的な面からも疑問を呈する必要がある。従来の研究の対象となった、日本政府の施策の多くは、日本がまだ戦後の荒廃から立ち上がろうとする初期の頃のものである。国家を急速に復興させるために、思い切った対策が必要な時代のものである。日本が発展してもなおこれら多くの施策は継続して行われたが、これらはさらなる成長を阻害することとなった。しかし、従来の研究は少数の成功事例のみに焦点を当ててきたため、このような問題を見逃してきた。

また、従来の日本研究の多くは、グローバル経済の変化と、これに伴い、その中における日本の位置も変化したことを議論に組み込んではいない。日本が台頭し始めたのは活力あふれる一九六〇年代あるいは七〇年代初期であるが、この頃は、欧米企業も成功しており、日本を競争上の脅威として真剣にとらえていなかった時代であった。欧米企業は、自らの知識を日本企業と自由に共有し、安易に提携関係を結んだが、結果としては、これが日本企業に市場や技術に対するアクセスを与えることになった。当時、日本企業はグローバル市場における唯一のアジア企業であり、その経営手法などは欧米ではほとんど知られていなかった。

しかし、八〇年代には、この構図はがらりと変わってしまった。日本企業は手ごわい競争相手として恐れられるようになったのである。九〇年代に入ると、欧米企業は日本企業の優れた経営手法を模倣し、さらには数々の重要な面ではそれを超えるようになった。同時に、低賃金労働を抱える他のアジア諸国やその他の国の企業は、日本企業を真似るにとどまらず、日本企業と同じ産業において同じような方法で競争するようになった。過去の時代に通用したアプローチは、国の競争力を持続し生産性を向上するためにはもはや不十分となったのである。

本研究の概要

我々は、日本の競争力の源泉を解明するにあたって、既存の研究とは異なるアプローチをとった。第一に、成功事例だけではなく、失敗事例も研究対象とした。日本には、競争力に欠け、世界輸出シェアを全く持たない多くの産業が常に存在してきた。これらの産業はこれまで研究対象となることはほとんどなかった。しかし、競争力のない「日本」をも分析することによって初めて、どの説明が日本の成功を本当に説明することができるのかを区別することができる。現在の日本を立て直すための処方箋を作成するためには、何がうまくいっているのかという成功要因だけでなく、何がうまくいっていないのかという失敗要因をも明確に把握しておかなければならない。

第二に、広範にわたる日本の産業の成功事例を再検討した。今日の不況の只中においてもなお、日本の多くの産業は国際的な競争力を維持している。その理由を理解するために、日本経済のすべての重要な分野を代表する二〇の産業事例を研究した。また、産業事例の選択にあたっては、研究成果が日本経済の実態を正しく反映したものになるように、一九四〇年代から九〇年代に至る、様々な時代において発展した競争力をつけた産業を研究対象に含めた。

第三に、日本政府の政策の主要構成要素を解明するために、産業事例のケーススタディに加えて、経済全般を対象とする統計分析を行った。具体的には、様々な産業において行われてきた合法カルテル、政府が支援する共同研究開発、日本市場における競争の度合などを含む様々な変数が、それらの産業の国際的な成功度にどのように関連するか、を調べた。分析結果は、従来の日本政府に関する通説を覆すものとなった。

本書の構成は以下の通りである。第二章では、まず従来の研究が示した、日本型政府モデルとその理論的根拠を概観する。その上で、日本が競争力を持つ産業と持たない産業のそれぞれにおいて、政府が実際に果たしてきた役割について考察する。従来の通説が正しいかどうかを判断する基準は、生産性が高く成長を続ける成功産業と、国際競争力を持たない失敗産業の違いを、その通説が明確に区別して説明することができるかどうかという点にある。さらに、従来から広く議論されてきた政府の役割の中でも、合法カルテルと政府が支援する共同研究開発の実際に果たした役割について、より詳しい分析を試みる。第二次大戦後から一九九〇年代までに行われた、すべての合法カルテルと共同研究開発に関するデータを分析し、日本の競争力との関連について、驚くべき分析結果を呈示する。

第三章では、従来から議論されてきた、日本型企業モデルについて論じる。まず、競争や経営に関する日本企業のアプローチの主要構成要素を解説し、各要素がどのように関連し合うのかを説明する。その上で、我々の研究成果から得られた、日本企業の競争優位に関する新たな視点から、各要素について考察する。

従来の日本型企業モデルはおおむね正しいものの、個々の日本企業が自社と他社を明確に分かつような戦略に欠けている点を指摘する。欧米企業が日本企業の経営手法のうち優れたものを取り入れていくにつれて、戦略における、日本企業の弱さが露呈してきた事実を示す。

もし、従来の日本型モデルが、日本の競争上の成功と失敗を説明することができないとしたら、それにとって代わるモデルはどのようなものであろうか。第四章は、まず多くの国々を対象とした研究に基づいた、国の競争力に関する理論を概説した上で、本研究の対象となった個々の成功事例と失敗事例に応用する。日本は決して日本特有の原理に則って経済運営を進めてきたわけではなく、世界各国の競争上の成功に共通した原理が日本にも当てはまることを示す。我々が用いた分析フレームワークの妥当性を示すため、個々の産業事例のケーススタディに加え、広範囲な産業分野を対象とした統計分析結果を提示する。

第四章までの議論に基づき、第五章では、我々の研究結果から、日本政府への提言を示す。現行の政府政策の中には続行すべきものもある一方、経済政策の大幅な方向転換が必要である。最も重要な政策課題と、その実行を支援する政策の優先順位についても言及する。

第六章では、日本企業に対して提言する。日本企業の競争と経営に対する新たなアプローチの要素を示す。また、この新たなアプローチが、競争力ある新興の日本企業の間ですでに実行されている様子についても解説する。

　最後に第七章では、日本がはたして変わることができるのか、を問う。日本は競争していくことができるのか。我々は可能である、と考える。日本では、多くのことが有効に働いており、依然として競争力を有する企業や産業が数多く存在する。さらに、過去において日本という国は逆境に対応する能力を見せてきた。しかし、現存する競争力を再生し拡大するために、あるいは経済を活性化し復興するためには、過去の成功の本当の原因を理解し、国際競争の変化に対応していかなければならない。昨今のマクロ経済的対策は、その場しのぎの応急処置としては妥当かもしれない。しかし、日本を蝕む問題を真に解決するためには、日本がいかに競争するのかという姿勢において根本的な大転換が必要である。日本が再生するためには、政府あるいは企業が今までとってきた手法の様々な要素を徹底検証する必要がある。

第二章

日本型政府モデルの再考

戦後における日本経済の成功の大部分は、政府がとった様々な施策が功を奏したものであると一般には考えられている。なかでも日本に関する議論に必ず出てくる、いわゆる「日本型政府モデル」と呼ばれる一連の経済政策が成功の原因とされている。しかし、このような通説は誤りであると我々は考える。

日本型政府モデルの中心となっているのは、経済発展のプロセスと競争力の基盤に関する、日本独特の考え方である。それは、ある種の競争形態を暗黙のうちに回避したり、様々な方法で競争を抑制しようとする形となって現れている。

日本政府が自国経済の運営に積極的な役割を果たそうとする背景には、いかなる一企業も持ちうることのできない広範な視野に立って経済運営に当たることができるのは政府をおいて他にない、という考え方がある。日本型政府モデルの根底には、次のような考え方が基本前提として存在する。まず、経済成長を促進するのは輸出の増大である。したがって、経済成長や輸出拡大、生活水準向上等に大きく貢献するような産業は振興政策の対象とされなければならない。また、資源を節約し、資源の無駄や破壊につながるような競争は回避すべきである。さらに、国際的な競争が可能な規模を獲得するまでは、諸産業は保護されなければならない。日本の急速な経済成長と国際競争力の拡大は、このような考え方をもとに生まれた一連の政策が有効に働いたため達成された、というのが一般通説である。

日本型政府モデルは、これまで多くの研究者が研究対象として何度も取り上げた成功産業の事例を議論の拠り所としている。たとえば、一九五〇年代における石炭産業、六〇年代における鉄鋼業および造船業、七〇年代における半導体産業、そして八〇年代におけるコンピュータ産業等である。しかし、問題は、これら研究対象となった産業が、日本経済を代表するような産業事例ではないことにある。したがって、我々はより広範な事例研究を行い、各年代において、一般に日本型政府モデルと考えられているような施策が全く適用されなかった産業こそが、実際には国際競争力を持つに至っていることを見出した。たとえば、六〇年代におけるオートバイ、七〇年代のオーディオ機器、八〇年代における自動車、そして九〇年代におけるゲームソフト等が、そのような事例である。事実、日本が競争力を有する大多数の産業においては、日本型政府モデルの典型的な政策はほとんど存在しなかったことを発見した。むしろ、日本型政府モデルは、競争力のない失敗産業において広くみることができる。さらに、日本型政府モデルは、後に日本経済全体の重荷になるような非効率な国内産業を肥大化することにつながった。

後節において説明するように、これらケーススタディの分析結果は、日本型政府モデルの代表的な二つの施策例――合法カルテルと政府が支援する共同研究開発――の効果を経済全般を対象として統計分析した結果とも一貫している。ここでもまた日本型政府モデルという一般通説は誤りであったことがわかったのである。

日本型政府モデルの起源

日本政府が産業発展に介入し始めた歴史は、第二次大戦後では、復興期にさかのぼる。日本は混迷の中にあり、政府は経済再建と国際収支の回復を模索していた。日本型政府モデルを提唱する者は、時代が経過してもなお、引き続き政府介入を継続することを正当化してきた。日本のような後発国が先進国に追いつき競争していくためには、政府が産業に介入する必要がある、というのがその論拠であった。

当初、政府介入は、鉄鋼、電力、化学、石炭といった基幹部門に限定されていた。たとえば、化学産業においては、政府は一九四九年に合成繊維産業育成対策を通じて、ナイロンおよびビニール生産に外貨を優先配分した。また、五三年には合成繊維産業育成計画を策定し、合成繊維の生産規模拡大を図った。さらに、五五年には、石油化学工業育成対策に基づき、合成繊維の原材料となる石油化学製品の生産を国内で確立するために補助金や低利融資を提供し、原材料価格を抑えようとした。

この期間を通じて、様々な行政指導や許認可の仕組みが制度化された。たとえば五四年の肥料需給安定臨時措置法により、政府は化学肥料に価格上限を設定し、六四年に制定された同様の法律によって、農家への販売価格については生産者が互いに協調したうえで決定するよう促した。また、七八年の特定不況産業安定臨時措置法、および八三年の特定産業構造改善臨時措置法によって、政府は、指定企業が過剰設備削減のためにカルテルを形成することを認めた。これら法律は、多くの基幹産業を対象とした。

政府はすべての産業に介入したわけではなかった。既存の研究で繰り返し取り上げられてきた石炭や鉄鋼、造船、半導体、コンピュータ等の特定の産業を選択し、産業振興政策の対象として指定したのである。政府は、より高い経済成長率を実現するために、繊維産業のように当時日本が比較優位を有していた産業ではなく、機械、エレクトロニクス、自動車等、需要の所得弾力性が高い産業を対象とした(注1)。また、七〇年代初めには、ハイテク産業を振興対象とし、経済的利益が最も大きいと考えられる技術開発の最前線に日本企業が立てるように図った。

日本型政府モデルを最初に概念化したのは、チャルマーズ・ジョンソンである。時に「日本型経済発展概念の父」と称されるジョンソンは、日本では政府が実際に産業発展を支援したのに対し、欧米各国では政府は単に市場経済でのゲームのルールを定めたにすぎなかったと論じた。ジョンソンは日本の産業構造に生じた大規模な変化に注目し、これを日本政府の産業政策の成果であるとした。たとえば、一九五〇年代前半から六〇年代前半にかけて、日本の全輸出に占める繊維・織物の割合は三〇%から八%へと低下し、その一方で、機械類の占める割合は一四%から三九%へと増加した。ジョンソンは、六〇年代から七〇年代前半にかけて、生産高が急速に拡大し、労働生産性が著しく向上した事実は、単に、経済的、制度的、文化的な要因のみでは説明できないとした上で、「政府の産業政策が経済的な戦略重要性の高い産業における投資性向の増大をもたらした」と主張した。(注2)

経済成長を導く責任を担ったのは、産業政策の策定・実施にあたった中央省庁の官僚たちである。とりわけ、通商産業省は、産業政策の中心的な策定機関であり、日本経済発展の「奇跡」を実現する触媒の役割を果たした。ジョンソンは、通産省の成功の原因は、市場の現実に即した産業政策を策定することで、企業の投資を刺激し、急速な産業成長を促進したことにある、と結論づけた。この見解は後に広く受け入れられた。こうした、日本独特の産業政策の恩恵を受けた産業としてしばしば引き合いに出されるのは、鉄鋼、大型造船、自動車、そしてコンピュータ等の産業である。

しかし、ジョンソンは通産省が経済発展に果たした役割を強調するあまり、日本経済において他の諸機関が果たした役割を著しく低く評価した。その後の研究は、様々な機関が競争しつつも協調する中で形成された複雑なネットワークの役割が大きいとしている。通産省とともにこれらの諸機関に含まれるのは、大蔵省、郵政省、日本銀行、経済企画庁、自由民主党、産業団体、系列、経団連およびその他の経済団体、大企業、多層構造を持つ流通チャネル、労働組合上部団体、そして企業内組合等である。通産省が産業政策の策定や調整に影響力を行使できたのも、これら諸機関から成るネットワークの存在があったからである。(注3)また、このネットワークは、高度に発展し制度化された利害調整の仕組みとしても機能した。そこでは国内の利害関係者間の調整は、勝者が敗者に対し何らかの形で補償をするという形で解決された。(注4)

同時に、こうしたネットワークは、外国企業の日本への参入を困難なものにした。特に、供給業者や卸売業者、小売業者を含むネットワークは、外国企業が日本企業と同じ条件で競争することを妨げた。しかし、後述するように、長期的な観点からみると、まさにこれらネットワークのある側面こそが、消費者用パッケージ商品、加工食品、アパレルをはじめとする諸産業の弱点となり、日本企業が海外市場で競争力を獲得することを阻んだのである。

なお、すべての経済学者が、戦後の経済発展における政府の役割を前述の議論と同じ程度に重視しているわけではないことは特記しておくべきであろう。たとえば、ヒュー・パトリックとヘンリー・ロゾフスキーは、政府が経済発展に役立つ良好な環境を用意したことを認めつつも、経済成長の原動力は民間部門にあったとしている。政府の介入は、すでに民間部門が市場の力学を通じて生み出していた経済成長の勢いを後押ししたに過ぎない、と彼らは主張している。日本の急速な成長の主要因として彼らがあげるのは、高度な教育を受けた労働力が豊富に存在したことや、経営・技術両面において優れた技能を有した人材の供給が潤沢であったこと、投資性向が高かったこと、急速な技術進歩が実現されたこと、等である。(注5)

同様に、我々の研究も、従来の日本型政府モデルとは異なるモデルを提唱するものである。しかし、そうした見解は少数派にすぎない。特に欧米においては、日本型の産業政策アプローチが、伝統的な欧米型資本主義に対抗しうる、厳然たる脅威と見なされたため、日本型政府モデルに疑問を呈することは容易ではない。(注6)

日本型政府モデルの構成要素

日本型政府モデルを構成する基本要素は、表2-1に示す通りである。これらの政策事例は、日本型政府モデルについて研究者や他の人々が議論する場合、その例としてあげられる。

①安定した官僚機構を持つ中央政府による積極的介入

経済運営において政府が積極的な役割を果たすべきであるという考え方は、日本型政府モデルの中核を成すものである。この役割を演じる中心にいるのは、強力な中央省庁、特に通産省と大蔵省であった。エリートであるキャリア官僚を擁するこれら省庁は、政治家の任期を大きく超えて、政策に連続性を確保する役割を果たしてきた。事実、日本の国会において答弁にあたるのは主に官僚であって、政治家ではない。官僚たちは、比較的若い年齢で退官した後、他の公的機関や民間部門

日本型政府モデル　表2-1

①安定した官僚機構を持つ中央政府による積極的介入（主に通産省）

②経済成長に貢献する特定産業の重点育成

③輸出の積極的促進

④広範にわたる「指導」、許認可、規制

⑤国内市場の選択的保護

⑥外国企業による直接投資の制限

⑦独占禁止法の緩い運用

⑧不況産業にとどまらない政府主導の合理化

⑨カルテルの公認

⑩規制に縛られた金融市場および限定的なコーポレート・ガバナンス制度

⑪政府が支援する共同研究開発プロジェクト

⑫堅実なマクロ経済政策

における重要なポストに天下りした。

②経済成長に貢献する特定産業の重点育成

政府は望ましい産業を絞り込み、重点的に育成した。重点育成の対象となる産業は、法律によって定められる他、企業に示される政策指針や、通産省をはじめとする省庁によって準備され広く流布される「ビジョン」と呼ばれる政府の経済展望の中で示された。一九五〇年代および六〇年代においては、重点育成政策は産業振興のための金融的措置を伴う形で進められた。七〇年代以降、重点育成はよりガイドライン的色彩を強め、特定産業の重要性を強調することで民間企業の投資行動に影響を与えようとはするものの、補助金や税制上の優遇措置といった直接的な手段は必ずしもとられなくなった。しかし、今日でもなお、特定産業に対する政府介入は、しばしば情報技術の促進、エネルギー節約といった名目の下で、引き続き行われている。

③輸出の積極的促進

日本は、重点産業における輸出拡大を徹底的に追求することによって経済発展を実現した。天然資源に恵まれない小国である日本が、経済繁栄を実現するための道は唯一、輸出財の生産によるしかない、という信念が日本政府にはあった。重点育成の対象となった特定産業には、様々な輸出振興上の優遇措置がとられた。たとえば、輸出拡大に応じて原価償却を加速化させるといった税制優遇措置や、市中レートを下回る利率での資金調達、部品や原材料生産の確立を目的とした投資への低利融資、等である。

たとえばミシン産業は、第二次大戦直後に輸出産業として振興された。当時、日本の民間企業が外国顧客と直接取引を行うことが、連合国占領軍政府によって認められていなかったため、政府は日本の製造業者に対する商社としての役割さえ果たした。さらに、大戦直後の待機需要と家庭裁縫の必要性から国内市場が急成長していたにもかかわらず、政府は一九四八年に為替レートを暫定的に四一五円に固定化し（それ以前は、一ドル＝一七〇円であった）、輸出拡大を図るとともに、他にも様々な措置を講じて、ミシンメーカーの生産配分を輸出に向けるように促した。

④広範にわたる「指導」、許認可、規制

政府が広範にわたって行う規制は、公式の許認可制度をはじめ、いわゆる「行政指導」や、産業団体との合意により決められる「自主」規制等、様々な形態をとって行われた。たとえば、証券業界では、参入企業は事業免許の取得が義務づけられているだけでなく、新規支店の開設、企業間の合併、伝統的な証券業務以外の分野への事業参入といった決定事項に至るまで、大蔵省の認可を受けなければならなかった。公式の法律・政省令に加えて、大蔵官僚は無数のガイドラインを発令し、

その多くは口頭で通達された。証券業界の専門家はこのような大蔵省の役割を指して、「大蔵省は業界の箸の上げ下げまで規制する」と揶揄した。さらに業界の自主規制団体である日本証券業協会によっても、多くの規則が定められた。

⑤国内市場の選択的保護

輸入製品による競争から国内企業を保護するため、外国企業の日本市場への参入はしばしば排除された。成長産業として選ばれた産業においては、国内企業が海外の競争業者に「追いつく」ことができるように、様々な貿易制限や外貨管理が行われた。原材料から最終製品に至るまで、実に多くの産業がこうした保護に浴していた。たとえば、当時世界最大のミシンメーカーであったシンガーは、終戦直後に活況を呈する日本市場への参入を一時的に禁止されていた。

こうした制約の撤廃は遅々として進まず、外国や国際機関からの圧力が増してもなお、不完全な形でしか進行しなかった。一九六四年に、日本はＩＭＦ八条国となるべく輸入自由化に着手した。しかし、保護が必要と考えられる産業では、自由化は非常にゆっくりとしたペースでしか進められなかった。最も強力な保護形態である輸入数量制限は、カラーテレビでは一九六四年に廃止され、乗用車では六五年に、カラーフィルムは七一年、電卓とキャッシュレジスターは七三年、半導体では七四年、そしてコンピュータは七五年にそれぞれ廃止された。しかし、日本市場は、外国企業に

開放された市場と呼ぶには程遠い状態である。（注7）

⑥外国企業による直接投資の制限

外国企業による直接投資に対する厳しい制限や、日本企業の株式所有に関する複雑な規則も、日本市場参入を目指す外国企業を阻む働きを果たした。政府は、幼稚産業や、周辺産業に高い波及効果をもたらす裾野の広い産業は保護する必要があるという論理の下、この政策を正当化した。（注8）たとえば、洗剤産業においては、一九五〇年代から六〇年代を通じて、日本企業の外国人所有は禁止された。七〇年以降になって初めて、対等出資比率による合弁企業の設立が認められた。また、証券業界においては、外国企業による直接投資は一九六七年まで自由化されず、八六年になってようやく東京証券取引所の会員資格が外資系企業六社に対して与えられた。

外国企業による直接投資に対する公的規制は、一九五六年以降、段階的に自由化され、七三年にはおおむね撤廃された。保護措置が延長された産業としては、自動車（一九七一年）、集積回路（一九七四年）、医薬品およびコンピュータ（一九七五年）、情報処理および写真フィルム（一九七六年）がある。

⑦独占禁止法の緩い運用

日本の重点成長産業に対する政策は、世界市場に通用する、十分な規模の競争業者を少数育成することを目標としていた。一九七〇年に富士製鉄と八幡製鉄の合併により形成された新日本製鉄はその典型例である。これら二企業はもともとは一つの企業であったが、第二次大戦後の一九五〇年に、連合国占領軍政府よって進められた、日本企業の集中排除政策の一環として分割されていた。通産省は主要鉄鋼製品市場において三〇％以上のシェアを有することになるこの合併企業の誕生を歓迎した。この合併に対して、公正取引委員会は当初こそ反対したものの、最終的には若干の条件を付加した上で認可した。当時、専門家は、「このような合併を認めるのなら、公正取引委員会は、今後いかなる類の合併をも認可するであろう」というコメントを残した。

政府は、このように主要産業において市場集中をもたらすような大型合併を認可した他、新規設備投資の配分を調整することも行った。これは特に、石油化学や、合成繊維、紙・パルプ産業において行われた。(注9) その目的は、過剰設備や「過当」競争を回避することにあった。

一九七〇年代から八〇年代にかけて、独占禁止法の運用強化を目指して、いくつかの施策が試みられたが、いずれも政治的な反対により失敗した。その典型例としては、八一年に起きた公共建設事業の入札談合事件がある。公正取引委員会は事件に対する調査を進めたものの、建設業界が与党自民党に働きかけた結果、「公正取引委員は建設業界における独占禁止法運用を緩和すべきである」

との自民党見解が公表された。その結果、公正取引委員会は調査の中止を余儀なくされた。[注10]

公正取引委員会は、独占禁止法違反を追及するにあたり、限られた予算と人的資源しか持ち合わせてこなかった。一九七〇年代および八〇年代においては、公正取引委員会の活動は、違法行為を定めたガイドラインを公表することにとどまり、法律を遵守するかどうかは産業の自主性に任されていた。しかし、これらのガイドラインは罰則規定を伴うものではなかった。たとえば、一九七七年に至るまで、公正取引委員会がカルテルを違法と見なしたとしても、罰金は課せられることはなかった。公正取引委員会がより積極的な活動を始めるのは九〇年代に入ってからで、それは八九年の日米構造協議においてより厳格な独占禁止法運用が要求された結果によるものであった。[注11]

⑧不況産業にとどまらない政府主導の合理化

経済政策の策定にあたる官僚たちは、ある産業の長期的な成功のためには、産業の生産規模を管理し、過当競争を回避することが必要であると信じていた。また、国際競争力の構築に必要な規模の経済を享受するには日本企業は小さすぎる、とも考えていた。規模の経済を実現するためには、企業は互いに協調して棲み分けた各製品分野の中で、それぞれ生産規模を拡大するよう奨励された。企業合併は、規模の経済を迅速に達成する上で最も効果的な手段であったため、特に奨励された。[注12]

このような考え方は、通産省によって一九六三年に最初に示されたが、九〇年代に至って、日本企業が大規模化し、グローバル市場における主要競争業者に成長した後もなお、政府内に根強く残っていた。

産業の生産規模を拡大し、過当競争を防止しようとするために、政府は、再三にわたり企業合併を推進する役割を担った。たとえば、海運業界においては、政府は六〇年代半ばに日本開発銀行による融資の金利を免除し、それまで多数の企業により細分化していた業界が六つの企業グループへと整理される過程を先導した。また、銀行業界においては、大蔵省が合併を促進し、合併した銀行に対しては支店の統廃合を認めた。その結果、第一勧業銀行や太陽神戸銀行等の銀行が誕生した。

⑨カルテルの公認

政府はまた、景気変動への対応や、産業規模の拡大を図るための手段として、合法カルテルを適用した。政府は、景気下降に際して、生産規模および生産能力の削減を、各競争業者間に振り分けることで調整した。その一つの手段は、「不況カルテル」であり、不況期に産業の延命を図り、企業が不況を乗り越えるための支援をすることを目的とした。これらの措置の目的は、企業倒産に伴う（主要製造業者およびその下請業者における）失業を防止することであった。日本において労働市場の柔軟性が低いことを考えると、これは社会的優先度の高い問題とされた。政府は、カルテルによって雇用保護を図るほうが、失業がもたらす問題に直面するよりも社会的費用が低いと見なしたわけである。

たとえば、一九六五年不況時においては、鉄鋼、製紙、製糖、自動車タイヤ、カメラ、化学、紡績等の様々な産業でカルテル形成が認められた。また、一九八一年不況時には、ポリ塩化ビニール、紡績、製紙、ポリエチレン、ガラス繊維製品、エチレン、石綿スレート、およびセメント産業においてカルテルが形成された。さらに、一九八七年不況時には、造船およびディーゼル内燃機関産業でカルテルが認可された。合計すると、一九五三年から八九年の間に八一の不況カルテルが認可されたことになる。なお、八九年以降は、不況カルテル形成は認められていない。

日本では、不況カルテル以外にも、様々な形態のカルテルが法律によって認められている。合理化カルテルや輸出入カルテル等は、その例である。これらのカルテルについては、後節において詳述する。

⑩規制に縛られた金融市場および限定的なコーポレート・ガバナンス制度

戦後初期には、銀行と証券会社の分離、専門金融機関の設立（長期信用銀行、中小企業融資専門の銀行等）をはじめとして、金融市場を規制するための一連の政策が導入された。これらの規制は、資本市場が未発達で、銀行融資が企業金融の主たる形態であった環境において、希少な金融資源を必要な産業部門へと配分することを意図したものであった。その後、規制緩和への努力は続けられたものの、日本企業が海外の資本市場に自由にアクセスできるようになった一九九〇年代においてもなお、基本的な規制の枠組みは依然として変わらなかった。

日本の資本市場規制は、「株主を保護する」ことを目的としていたが、それは証券会社の事業継続を確保することによって行われた。こうしたアプローチは一般に「護送船団方式」と呼ばれる。そこでは、遅い船（最も弱い金融機関）も船団について来れるよう、すべての船が減速する。具体的には、手数料の固定化を通じて、証券会社の収益を保証することによって達成された。もちろんその費用は、資本市場で株式を売買する投資家によって負担された。大蔵省は行政指導を通じて、証券会社の事業を詳細に監督した。金融機関の役員は、日に一度ないし二度は大蔵省の担当官を訪問し、高級料亭で接待した。大蔵省が情報を一手に管理していたからである。結果として、株主利益や、市場の効率性および透明性といった事柄は、重要な問題とは見なされなかった。

また、金融市場に対する政策では、企業あるいは経済全体の目標追求を優先し、それとは異なる目的を追求する株主の利害は軽視された。たとえば企業の情報開示基準は甘く、業績報告を行うにあたって大幅な裁量の余地が与えられるものであった。また、様々な規則が存在したために、日本での株式公開買付は、米国をはじめとする諸外国に比べて困難を極めた。さらに、企業間の株式持ち合いによって、企業は資本市場の圧力から自らを守っていた。また、日本企業の取締役会は、その構成メンバー全員を企業内部者とすることが認められているために、極めて限られた監視能力しか持たなかった。ほとんどすべての企業が同じ日に株主総会を開催することで、株主利益を積極的に追求する人々（利益供与を強いる総会屋も含む）が一企業に集中することを回避した。

⑪政府が支援する共同研究開発プロジェクト

日本政府は複数企業が参加する共同研究開発プロジェクトを積極的に組織し、財政支援した。その目的は、研究開発の固定費用を多くの参加企業間に分散し、研究の分業によって無駄な重複努力を避けることとされていた。政府が支援する共同研究開発事例としては、半導体産業において日本企業が欧米企業に追いつくことを目的とした、超ＬＳＩ（超大規模集積回路）プロジェクトがある。このプロジェクトは一九七五年から八五年にわたって実施され、日本の主要な半導体企業が全社参加した。政府はその開発費用の二二％を負担した。このプロジェクトは、日本企業が半導体産業において世界の主導権を握るのに貢献したと広く信じられている。しかし、後述するように、超ＬＳＩプロジェクトは、政府が支援する共同研究開発プロジェクトの典型例とはいえず、また、半導体産業における日本企業の優位性はすでに失われている。

⑫堅実なマクロ経済政策

これら諸政策と並行して、日本政府は堅実なマクロ経済政策を展開してきた。低い国防支出に助

日本と米国における公定歩合（1970—99年） 図2-1

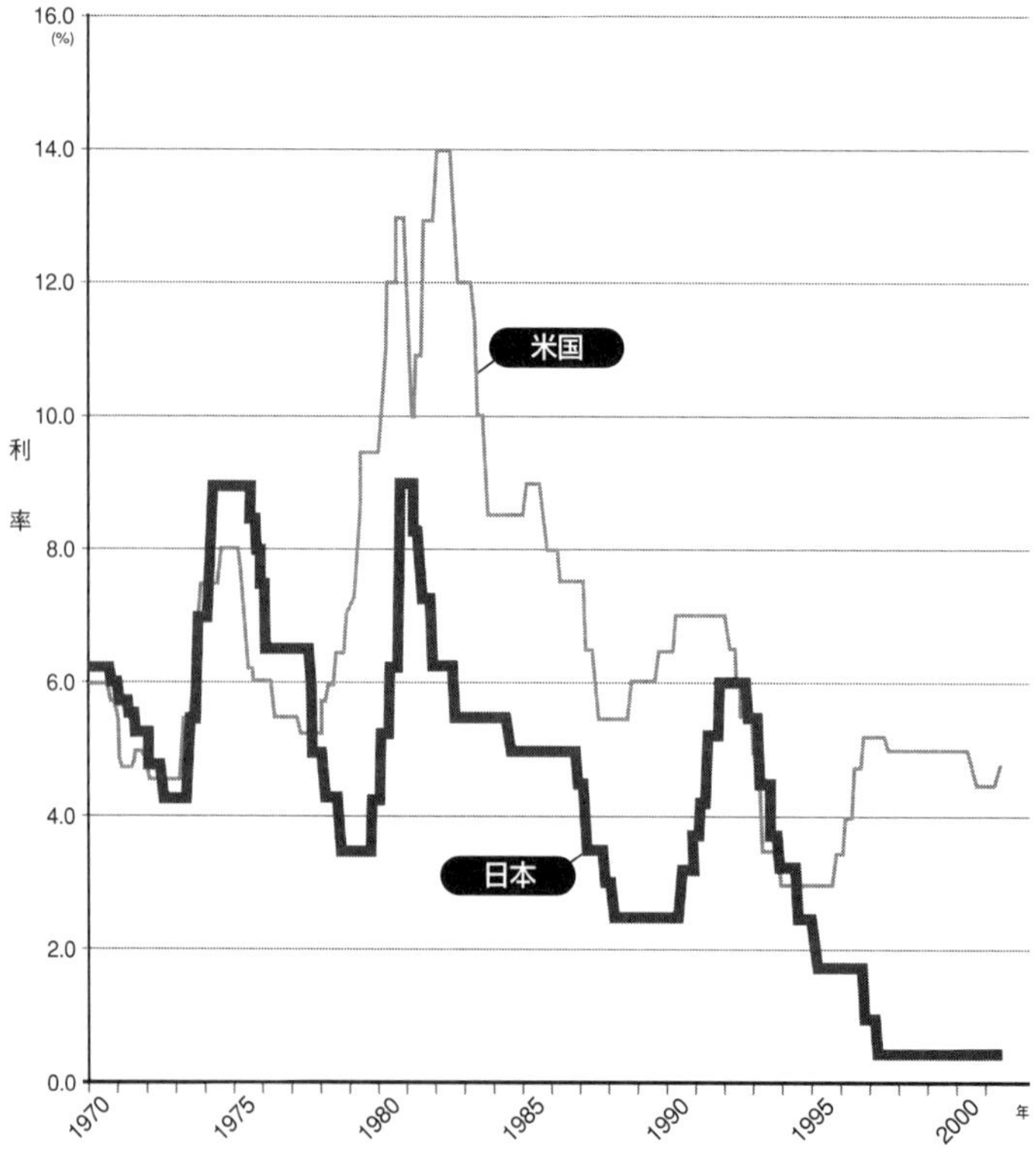

出典: 日本銀行、FRB

けられ、政府は長年にわたって財政黒字を維持してきた。家計貯蓄率は高水準にあり、これは一部には政府の政策によるものであると同時に、将来の住宅購入と退職後の生活への備えが必要であるためでもあった。結果として、これらは低コスト資本の豊富な供給につながり、企業はこれをもとに成長のために投資することができた。(注13) 図2-1は一九七〇年から九九年にかけて、日本の公定歩合を米国と比較して示したものである。八七年まで、インフレ調整を行う前ですら、日本では資本コストが実質ゼロに近かったことを示している。

また、安定した政治体制、政策に長期的な一貫性をもたらした官僚機構、そして高い基礎教育水準等、その他様々な政策が、日本の成功に寄与したとされている。

日本の成功産業における政府の役割

日本型政府モデルは、日本の過去の成功をうまく説明し得るだろうか。この問いに答えるために、我々は日本型政府モデルとその主要な構成要素とされる様々な施策を、日本の成功産業と失敗産業の両方に当てはめ、その違いをうまく説明できるかどうか検証した。表2-2は、成功産業において政府が果たした役割を検討するために我々が分析した産業事例を列挙している。これらの産業は、日本が特に競争力を持つ各産業部門の代表事例として選択された。

本研究が対象とした日本の成功産業　表2-2

部門	産業	日本のポジション
エレクトロニクス	半導体	1990年代前半における世界リーダー
	VTR	世界の生産と輸出シェアを支配(100%を若干下回る)
	ファクシミリ	世界の生産と輸出シェアを支配(100%を若干下回る)
	家庭用オーディオ機器	多くの製品で生産、輸出共に世界リーダー
	カーオーディオ	世界リーダー
	タイプライター	世界リーダー
	マイクロ波および衛星通信機器	衛星通信機器における世界リーダー
レジャー用品	楽器	世界リーダー
機械	産業用ロボット	世界リーダー
	家庭用エアコン	1980年代はじめまで世界リーダー
	ミシン	産業用ミシンにおいて生産・輸出共に世界リーダー
素材	炭素繊維	欧米において主導的地位を占める
	合成繊維織物	世界リーダー
光学・精密機器	カメラ	世界の生産と輸出シェアを支配(80%を若干下回る)
加工食品	醤油	世界リーダー
ソフトウエア	テレビゲーム	世界リーダー
輸送用機器	自動車	世界リーダー
	フォークリフト	世界リーダー
	トラック・バス用タイヤ	米国と共に主導的地位を占める
	トラック	世界リーダー

具体的には、エレクトロニクス部門（半導体、VTR、ファクシミリ、家庭用オーディオ機器、カーオーディオ、タイプライター、マイクロ波および衛星通信機器）、レジャー用品部門（楽器）、機械部門（産業用ロボット、家庭用エアコン、ミシン）、素材部門（炭素繊維、合成繊維織物）、光学・精密機器部門（カメラ）、輸送用機器部門（乗用車、トラック、トラックおよびバス用タイヤ、フォークリフト）から、その代表事例を選択した。さらに、日本が一般的には競争力を持たない部門において、例外的な成功事例を二つ検証した。それらはソフトウエア部門（テレビゲーム）と加工食品部門（醤油）である。ケーススタディ分析の手法に関する詳細は、コラム1（八五ページ）にまとめた。

我々は、これら広範にわたる成功産業において、日本型政府モデルに通じるような政府の役割は、全くといっていいほど存在しなかったことを発見した。章末に添付した表2-Aは主要な政策内容を産業別にまとめたものである。これら産業では、政府による大規模な補助金制度は存在せず、競争への介入もほとんど存在しなかった。唯一の例外はミシン産業である。ミシン産業は、研究事例中の他産業に比べて競争力を得た時期が古く、国内のアパレル需要を満たし雇用を提供するために、第二次大戦後の初期において政府による重点育成の対象となった。しかし、今日のミシン産業において、日本が競争力を有するのは家庭用ミシン分野ではなく、産業用ミシン分野であり、この分野が政府の重点育成政策やその他の優遇措置の対象となったことはほとんどなかった。つまり、日本型政府モデルは、日本の成功産業の要因を説明できないのである。

日本が国際競争力を有するこれらの成功産業をさらに深く検証した結果、政府の関与は確かにあったものの、それは様々な予想外の形で行われたことがわかった。まず、政府は数多くの施策を通じて新規製品に対する初期需要を刺激することで、産業競争力の向上に貢献した。たとえば、ファクシミリ産業においては、当時日本の国有電話会社であったNTTが、オフィスにおけるファクシミリ使用を積極的に促進した。また、一九七〇年代初期には、日本は世界に先駆けて、一般電話回線経由のファクシミリ送信を認めた。七六年にはNTTは、個々の製品モデルに対して「タイプ認証（NTT基準を満たすファクシミリ送信機に与えられる一括認証）」を与えるようになった。それ以前は、ファクシミリ設置に際して一台ごとに認証が必要とされていた他、多くの国ではファクシミリの接続自体が禁止されていた。NTTは、ファクシミリ送信機の販売に積極的に取り組むと同時に、ファクシミリ専用回線への大規模投資を行った。自衛隊や、警察、国鉄および気象庁といった政府諸機関が、ファクシミリの初期導入者となった。すべてのファクシミリ間の通信を可能にするため、G3ファクシミリ世界基準の採用にあたっては、官民が協調し、速やかな合意に至った。

一九七七年には、通産省はファクシミリの償却期間を一〇年から五年に短縮することによって、ユーザーがより高額で高付加価値の機械を導入できるよう支援した。また、政府はファクシミリ送信された書類を公式文書として受理することで、ファクシミリの使用を奨励した。たとえば、一九八五年に特許庁は、ファクシミリ送信された申請書類を公式文書として受理した。対照的に、米国の特許商標庁は、ファクシミリ書類を署名無し文書と同一視し、その提出を認めなかった。日本政府は、ファクシミリ送信されたすべての文書に法的効力を認めたわけではなかったが、その政策は新たな通信手段に信用性を付与するものであった。

こうした一連の政策が功を奏して、ファクシミリの初期市場が日本国内に創出された。それはひいては、より高度な機種への需要を喚起すると同時に、日本企業がこの産業に積極投資を行い、製品に改善を加えていくための契機となったのである。

産業用ロボットにおいても、同様の説明が可能である。まず、中小企業におけるロボット使用を促進するために日本ロボットリース会社が設立された。中小企業金融公庫や国民金融公庫を通じ、中小企業による労働者の安全性向上のためのロボット導入を支援する特別融資も供与された。また、コンピュータを内蔵する高性能ロボットの償却期間が短縮された。一九七八～七九年には、ロボットの特別償却率は最高水準に達し、高性能ロボット価格の二五％を初年度に償却することが認められた。この特別償却率は一九八二～八三年に一〇％まで引き下げられ、ロボット普及が確立されるにつれて、段階的に廃止されていった。ファクシミリ産業の場合と同様、ここでも日本政府がとった政策は、初期需要の創造にとどまらず、より高機能製品への需要を喚起し、日本企業のイノベーションと技術の高度化を促進した。日本だけでなくどの国の経済においても、需要刺激策は供給者側に対する補助金等に比べて、はるかに有効であることが証明されている。

その他の成功産業においては、政府が厳格な基準を設定することにより、イノベーションを引き起こすきっかけを作った。たとえば、家庭用エアコン産業では、一九七九年制定のエネルギー使用の合理化に関する法律は、エネルギー消費を八三年までに平均で一七%減らすという高い目標を設定した。この法律は、エネルギー消費削減に向けた懸命の企業努力を喚起すると同時に、ロータリー・コンプレッサー等の技術革新へとつながった。日本はコンプレッサー技術で世界最先端の地位を構築しただけでなく、冷凍技術、空調技術、圧縮技術、といったその他の冷却技術分野においても競争力を獲得した。

さらに、これら個別の成功産業の発展に貢献した政策に加えて、様々な産業に共通してみられる政府の施策を三点あげることができる。すなわち、長期的視野に立った資本投資を促進する政策、世界に通用する厳格な基礎教育制度、そして工学部卒の豊富な人材供給、である。これら施策は、従来の日本型政府モデルには含まれていないが、成功産業の発展において重要な役割を果たした。

章末の表2-Aが示すように、日本政府は成功産業において様々な役割を果たした。しかし、それらは一般に日本的とされるような政府の役割とは大きく異なっていると同時に、広く模倣されてきた日本型経済政策とも非常に異なっている。たとえば、日本型政府モデルの特徴とされる、競争への直接介入はどの成功産業においてもほとんどみられなかった。実際、自動車等いくつかの成功産業においては、政府は競争を制限しようと試みたが失敗するに至っている。たとえば、一九六〇年代はじめに、通産省は自動車メーカー数を削減して、それぞれ二〜三社から成る企業グループを三つ構成し、各グループが異なる製品分野に特化する計画を策定した。しかし、企業側はこの計画に関心を寄せず、通産省の試みは失敗した。(注14) また、第三章で議論するように、通産省はホンダの自動車産業参入を阻止しようともした。幸いなことに、ホンダは通産省の言うことを聞かず、最も成功した日本企業の一つへと成長したのである。

日本の失敗産業における政府の役割

皮肉なことに、従来の日本型政府モデルが最もよく当てはまるのは、日本の失敗産業である。我々が研究対象とした失敗産業の事例は、日本経済の主要な産業分野を広く網羅している（表2-3参照）。具体的には、産業財部門（民間航空機、化学）、サービス部門（金融サービス、ソフトウエア）、消費財部門（アパレルおよび洗剤）、そして加工食品部門（チョコレート）である。化学、ソフトウエア、アパレル、そして金融サービスは日本経済において大きな比重を占める産業である。民間航空機産業は、複雑な作業工程の調整が必要な大規模製造業であり、これは一般に日本が得意とする分野である。実際、日本は第二次大戦中には航空機技術において世界の先端に位置していた。

また、チョコレート産業は、競争力に欠けた加工食品分野の典型事例である。加工食品分野では

本研究が対象とした日本の失敗産業　表2-3

部門	産業	1998年における日本のポジション
産業財	民間航空機	世界輸出シェア1%以下。巨額の貿易赤字。
	化学	世界輸出シェア6%。世界生産の14%を占めるが、ほとんどは保護された国内市場向け。
サービス	証券業	アドバイザリー業務、デリバティブ、ベンチャーキャピタルといった分野で、米国、欧州に遅れをとる。国際業務展開は低金利と日本企業の海外ニーズに大きく依存。不祥事と倒産で信用を喪失。
	ソフトウエア	世界の大手ソフトウエア会社トップ20に含まれる日本企業は皆無。*
消費財	洗剤	花王とライオンが日本市場の70%を占めるものの、国際市場ではほとんど見られない。
	アパレル	世界輸出シェア1%以下。巨額の貿易赤字。
加工食品	チョコレート	世界輸出シェア0.1%以下。

*出所: The Economist, May 25, 1996

唯一、醤油産業のみが国際競争力を持ち、その他はただ一品目（インスタント麺）がまずまずの競争力を保持している。同様に、洗剤産業は一般消費財産業分野に共通した一連の問題を示唆する事例として取り上げた。日本は、この産業分野においてこれまでほとんど国際的な成功をおさめてこなかった。スキンケア製品における資生堂の成功が唯一の例外といったところであろう。

これら失敗産業事例から何を教訓として学びとることができるだろうか。表2－B（章末）は、日本の失敗産業において政府が果たした役割を詳述している。成功産業における政府の役割とは対照的で、その違いは驚くほどである。つまり、日本型政府モデルの根幹にある諸政策が、失敗産業においては顕著にみられるのである。たとえば、民間航空機産業は、産業全体が実質的には一つの共同事業体のようなものであった。中型ターボプロップ輸送機であるＹＳ－11やＹＸプロジェクト（ボーイング767）といった、すべての主要開発プロジェクトは、日本企業全社が参加する共同事業であった。どの企業が何を担当するかを決めていたのは政府であって、市場における競争力学ではなかった。企業間の競争は、いかなる面においても実質的には全く存在しなかった。

通産省の重点育成政策の対象であった化学産業では、価格規制が広く行われていた。たとえば化学肥料の価格は、一九四六年から八九年まで統制された。化学肥料、合成樹脂、化学繊維、そして石油化学製品の各産業には、優遇税制や政府金融が施された。そして、石油化学産業への新規参入には通産省の認可が義務づけられた。生産能力の拡大は調整され、各企業は輪番で生産規模を拡大していった。また、生産設備に対して複数の企業が共同投資することも奨励された。さらに、化学産業の市況が低迷するたびに、不況カルテルが承認された（たとえば、石油化学、合成樹脂、合成繊維）。一九七〇年代末から八〇年代にかけては、石油化学製品、合成繊維、化学肥料における過剰設備の削減が、カルテルを通じて調整された。八〇年代以降における他の政府支援の例としては、塩化ビニールとポリオレフィンの共同販売会社を設立したことがあげられる。結果的に、これらの会社はこの市場における独占企業となった。

証券業界では、一九六五年以降、事業別に厳格な免許制度が存在したため、企業間の競争は制限されていた。売買および引受業務に関する手数料は固定されており、社債や国債引き受けにおける市場シェアは企業別に割り当てられていた。七一年にいたるまで、外国企業は支店開設免許を与えられず、東京証券取引所の会員資格も八六年までは与えられなかった。また、六四年の証券不況および九〇年代における市況低迷に際しては、産業への緊急融資が提供された。

ソフトウエア産業においては、ソフトウエアの販売、開発、そしてシステム統合業務に対して広範な補助金と税制優遇があった。また、コンピュータのサービス会社に対する融資保証は、情報処理振興協会を通じて与えられた。

チョコレート産業では、一九七四年まで輸入数量制限があった。これは三五%の高率関税によって置き換えられた後に、徐々に引き下げられたが、関税率が一〇%になったのは八八年のことであった。また、六一年以降は、原材料（砂糖および牛乳）に対する輸入数量制限が課せられ、これも後に三五％の関税へと移行した。国内の原材料生産者は補助されていたが、競争力は依然として低いままであった。

同じような政策が、他の失敗産業においても随所にみられた。実際、日本の成功を説明するものとしてこれまで広く信じられてきた諸政策は、成功産業よりも失敗産業においてはるかに多くみられたのである。それら政策は、生産性向上や輸出拡大、経済繁栄に寄与するどころか、むしろそれらを妨げる方向に働いたのである。

失敗産業をさらに深く検討してみると、それらには特徴的な意外な問題点が見出される。第一に、訓練された人材の不足が問題としてあげられる。日本はしばしば、しっかりした初等教育制度を有し、よく訓練された技術者層を豊富に擁する国と賞賛されているが、実際その見方は正しいだろう。しかし、日本の大学は電気工学や生産工学等の分野では多くの卒業生を輩出してきたものの、我々が検証した失敗産業にとって重要な分野では優れた人材を育てていない。具体例をあげれば、化学および化学工学、金融、ソフトウエア・エンジニアリング、そして航空工学等の分野においては日本の大学の教育レベルは驚くほど低い。さらに広くみれば、日本の雇用制度は、その柔軟な職務規定、職場内訓練、企業内での人材ローテーション等の仕組みを通じて、多岐にわたる技能を身につけたゼネラリストを養成することには長けているものの、特定分野におけるスペシャリストを育成するには適していない。これは高度に専門化した労働者を必要とする産業、特に、証券やソフトウエア等の産業では特に大きな問題であり、ますます知識集約化が進む経済においてはこのような産業こそが重要性を増してくる。

第二に、我々の研究から新たにわかったことは、内需型の国内産業が輸出型の産業の競争力に対する重い足かせになっているということである。小売業や、卸売業、農業、物流といった国内部門の非効率が、日本経済の重い負担となっていることは、多数の事例から明らかである。たとえば、卸売業を例に取ると、一九八〇年代半ばにおいて国民一万人当たりの卸売業者数が日本では三四も存在したのに対し、米国では一六であった。(注15) チョコレート、アパレル、そして洗剤等の産業において、日本企業が米国企業に比べて競争力で劣る主要因は、日本の卸売業が持つ高コスト体質または特異な体質にある。

国内産業における非効率性は通常、政府規制ないし免許制度等、非効率な企業を競争から保護するための施策に由来する。たとえばトラック輸送業界では、市場参入には免許が必要である。また、米国においてはかなり前に規制緩和が行われたにもかかわらず、運輸省は料金認可制を継続してきた。

これらの産業部門に依存する日本企業にとって、事業コストは割高となる。しかし、より深刻な問題は、これら部門が持つ構造が日本国内でしか通用しない特異なものであり、このような産業部門を相手にしなければならない日本企業は、海外市場では通用しない方法で事業運営することを余儀なくされた。結果として、多くの輸出型産業において競争力の弱体化を招いた。

第三に、多くの失敗事例がみられる産業部門は、基礎・応用研究そしてイノベーションが競争上特に重要となる部門であった。日本は、全体的にみれば研究開発への投資率は高く、またよく知られた共同研究開発制度があるにもかかわらず、基礎・応用研究が重要な産業においては研究開発はむしろ欠如していた。この問題は、化学や、航空機、ソフトウエア、そして証券等の産業においては慢性化していた。また、研究開発の重要性が低い産業でも、デザイン面におけるイノベーションが成功の鍵を握る産業においては、日本企業は振るわなかった。たとえば、アパレル産業では、独自のデザインを開発する能力が著しく不足しており、ほとんどのデザインは海外からライセンス輸入されたものであった。こうした分野における日本の脆弱性は、日本の企業や諸機関に宿るイノベーションに対する障壁のみならず、日本の大学における研究活動が抱える根本的な問題を反映したものである。

最後に、ほとんどすべての失敗産業に共通してみられる特徴は、日本市場の顧客ニーズと世界市場の顧客ニーズに不一致が存在することである。たとえば、化学産業においては、国内顧客が個別仕様に固執した結果、不必要に多くの製品グレードが作られ、これが高コスト化につながった。また、プラスチック産業では、文字通り数千にのぼる製品グレードが存在した。日本の消費者は、製品の見た目や包装に非常に敏感である。たとえば、彼らは、スーパーマーケット等の買い物袋に対しても「完璧な」高密度ポリエチレンを要求し、製品の本来の性能とは全く無関係な小さなシミがあるだけでも、そのような製品を拒絶した。結果として、日本製品は他のアジア諸国（あるいは米国）製品に対して、競争力を持つに至らなかった。

また、アパレル産業では、日本の消費者は布地や織地、縫製の見た目といった属性にこだわり、着心地や手入れの容易さ、色の調和といった品質には無頓着であった。ソフトウエア産業では、日本の顧客が特注ソフトを強く選好し、日本のコンピュータ・メーカーは、こうしたソフトウエアを大型コンピュータと抱き合わせて販売した。日本の顧客はソフトウエアをコンピュータについてくる「タダ」の物と見なし、汎用ソフトウエアを別個の製品として対価を支払うことに抵抗した。その結果、米国をはじめとする各国では当たり前となった、低コストの汎用ソフトウエア開発を阻害してしまった。

以上のような、特異な国内需要や、国内需要と世界需要の不一致は、政府介入の産物でもあった。たとえば航空機産業では、政府は、陸上輸送（特に鉄道）を振興するために、飛行機旅行の発展には力を入れなかった。政府は、東京や大阪、その他の都市における空港建設を制限した。その結果、日本の航空機産業が、潜在的には巨大な市場に発展しうる国内のコミューター航空市場に供給する機会はほとんど絶たれてしまった。同様の航空需要は欧州市場にも存在したが、それら市場に対する輸出機会も奪ってしまった。また、国内の需要条件を悪化させるほどではない場合でも、政府は需要条件を改善する機会があったにもかかわらずそれを無視してしまうことがあった。たとえばチョコレート産業では、製品中のココアとココアバターの含有量に関して、日本政府が他の先進諸国よりも大幅に低い品質基準を設定した結果、日本企業が低品質の製品を市場に氾濫させる傾向に拍車をかけた。

また、省庁間の争いや、さらには省庁内の部局間での諍いが、時に新しい市場ニーズの生成を妨げ、新産業の誕生を阻み、革新的な新製品への移行を遅らせた。たとえば大蔵省では、銀行局と証券局の間に熾烈な競争が存在した。各局は、それまで伝統的に監督してきた企業の事業領域をそれぞれ守ろうとした。こうした縄張り争いが、変動利付債や中期債等、銀行業と証券業の境界をあいまいにするような新商品の導入を妨げた。その結果、日本は金融サービスにおける競争力を持たず、日本企業は先端の金融商品にアクセスすることができなかった。

日本の情報技術産業（ソフトウエア、コンピュータ、半導体等）や通信サービス産業は、省庁間の争いの犠牲となった産業である。つまり、通産省と郵政省間のいわゆる「テレコム戦争」がそれである。通産省は、郵政省がコンピュータ産業に影響力を行使することを嫌い、郵政省は、通産省を通信産業から遠ざけたがった。特に大きな被害を受けたのは、情報技術と通信が融合する分野で、その発展が妨げられることとなった。

日本型政府モデルの検証

前節において検討したケーススタディ分析を補完する目的で、我々は日本型政府モデルの根幹を成す二つの政策につき、分析対象を日本経済全体に広げ、詳細かつ体系的な検証を試みた。それら二つの政策とは、合法カルテルと共同研究開発である。

カルテルと日本の競争力

政府が、独占禁止法の寛容な運用と合法カルテルの認可によって、国内市場の競争を和らげようとしたことが部分的には日本の国際競争における成功に貢献していると一般的には考えられている。こうした政策は、特に米国産業にみられる「破壊的」競争を回避し、企業間の協調および協働を促進することで、日本企業の効率性をさらに向上するものと考えられている。こういった日本の政府や企業の慣行を真似るために、共同研究や共同生産といった分野においては、米国の独占禁止法が緩和された。日本のこうした政策は、他の諸国における、競争政策にも影響を与えている。

日本の独占禁止政策は、米国から輸入されたものである。第二次大戦後直後に、連合国占領政府が日本に導入したのである。最初の独占禁止法は一九四七年に制定され、米国と同程度あるいはより厳しいものであった。その目的は、財閥を解体することにあった。財閥は、戦後日本の民主主義と競争を阻害するものと見なされていたからである。しかし、独占禁止法とその運用はその後徐々に緩められていった。

「中小企業カルテル」は、最初の独占禁止法制定時から認められていた。このカルテルは、小規模企業間に集団的な交渉力を作ることで、大規模な売り手ないし買い手から企業を保護することを目的としていた。こうした形で小企業を保護することは、大企業の力を制限することにつながるため、競争を促進するものであると考えられた。このタイプのカルテルにおいては、企業は生産量から、価格、販売条件、生産能力拡大にいたるまで、あらゆる項目で合意することが認められる。他のカルテルと比べて、こうしたカルテルはより広範囲にわたって認可された。

朝鮮戦争後の一九五三年には、いわゆる「不況カルテル」が、深刻な景気後退に対処すべく認可された。不況カルテルは、中小企業や大企業の別にかかわりなく認められ、企業は、生産水準や、価格、そして生産能力の制限について合意することができる。前述したように、その目的は失業の回避にあった。

同年にはまた、コスト削減と品質向上のための「合理化カルテル」も導入された。このタイプのカルテルでは、企業は、製品規格、企業間での生産品種の分配、保管・輸送施設の共有、技術の共有、そして廃棄物や副産物の共同利用について合意することが認められた。合理化カルテルは、特定の技術や製造工程に対する産業全体としての投資を最小化することを目的とした。こうした慣行は、日本の産業が欧米に追いつくためには必要と考えられた。

最後に、一九五二年に導入された「輸出カルテル」は、元来は小規模企業による低価格でのダンピング輸出を防止することを目的としていた。日本政府はダンピングが、戦後初期における重大関心事であった外貨準備の減少につながることを心配した。輸出カルテルでは、企業は輸出製品の数量、価格、品質について合意することができた。

これら四つの一般的カルテルに加えて、特定産業別のカルテルが、状況に応じて機械工業振興臨時措置法や電子工業振興臨時措置法といった特別法により認められた。

日本の競争力に対してカルテルがどのような役割を果たしたかを検証するために、我々は一九五二年から九四年の間に日本において認可された全カルテルに関するデータを、公正取引委員会年次報告書を基に作成した。(注16) カルテルのタイプ別要約データは、図2-2および表2-4に示されている。なお、各タイプ別に数えられているカルテル数は、カルテルが対象とする製品範囲に相違が存在するため、必ずしも直接比較可能ではないことに注意されたい。

カルテル件数は一九六〇年代から七〇年代にかけてピークに達した。九〇年以降、日本は深刻な景気後退に苦しんでいるものの、八九年以降、不況カルテルは認可されていない。カルテルの大多数を占めるのは、輸出カルテルである。このうち、五〇年代および六〇年代に形成されたカルテル

日本のカルテル件数（1952—94年）　図2-2

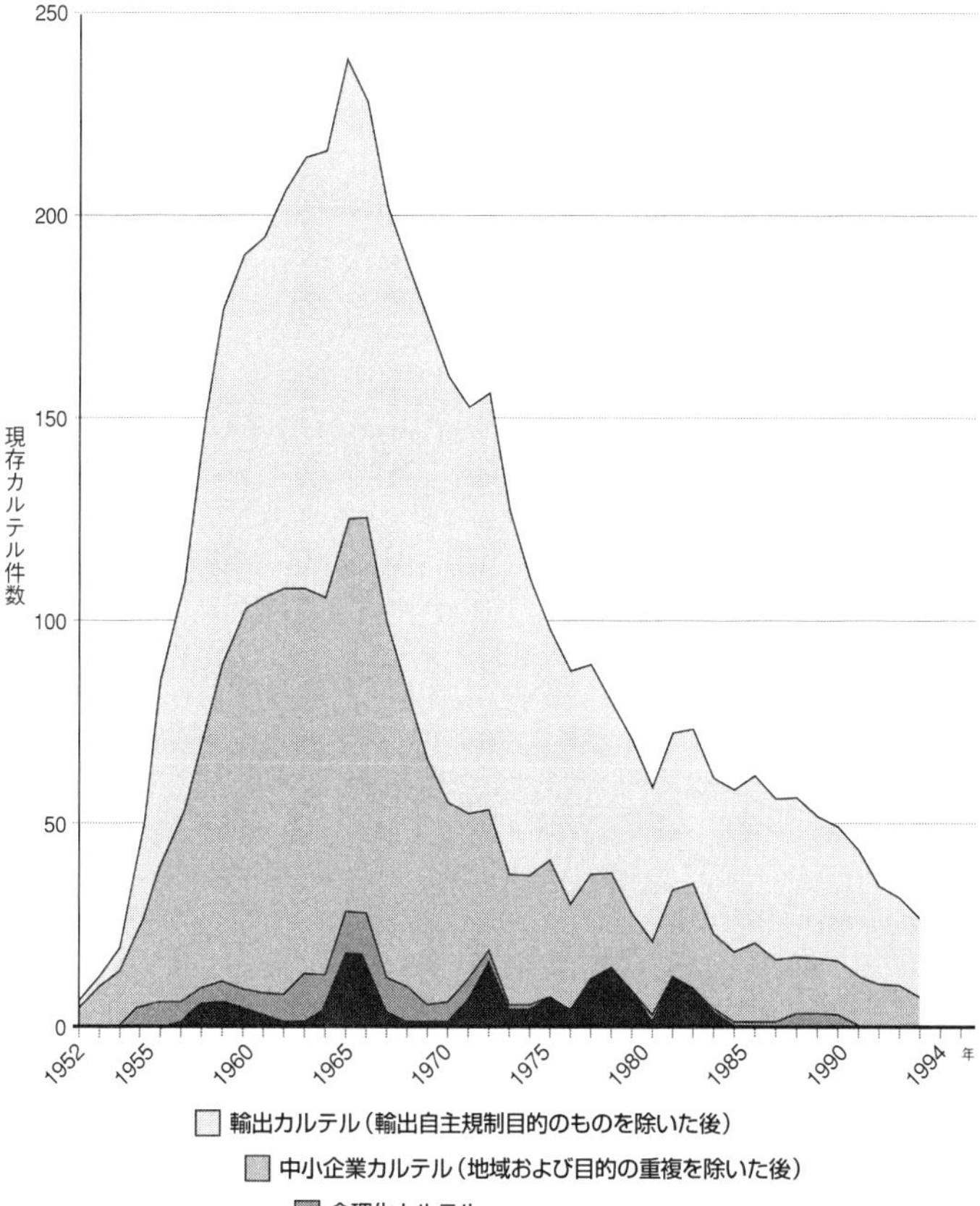

出典：公正取引委員会年次報告書（各年）および著者分析。

日本の産業分野別カルテル件数(1952—94年) 表2-4

産業分野	不況カルテル	合理化カルテル	中小企業カルテル*	輸出カルテル	輸出カルテル(輸出自主規制実施目的)	計
素材・金属	17 (13)	2 (2)	12 (8)	29 (21)	18 (14)	60 (44)
木材製品	12 (7)	0 (0)	22 (7)	11 (6)	0 (0)	45 (20)
石油・化学	14 (8)	0 (0)	4 (3)	25 (20)	0 (0)	43 (31)
半導体・コンピュータ	0 (0)	0 (0)	0 (0)	0 (0)	0 (0)	0 (0)
複数事業	5 (3)	1 (1)	7 (6)	17 (10)	3 (2)	30 (20)
運輸	4 (3)	1 (1)	6 (6)	18 (6)	2 (1)	29 (16)
発電および配電	3 (1)	0 (0)	0 (0)	2 (2)	0 (0)	5 (3)
事務用機器	0 (0)	0 (0)	0 (0)	2 (1)	0 (0)	2 (1)
電気通信	0 (0)	0 (0)	0 (0)	1 (1)	1 (1)	1 (1)
国防	0 (0)	0 (0)	0 (0)	0 (0)	0 (0)	0 (0)
食品・飲料	4 (4)	2 (2)	86 (14)	27 (22)	0 (0)	119 (42)
住宅・家庭用品	16 (6)	7 (7)	569 (37)	183 (54)	39 (18)	775 (104)
繊維・アパレル	5 (2)	0 (0)	68 (29)	43 (15)	0 (0)	116 (46)
保健サービス	0 (0)	0 (0)	1 (1)	2 (2)	0 (0)	3 (3)
パーソナル	0 (0)	0 (0)	16 (11)	8 (4)	0 (0)	24 (15)
娯楽・レジャー	1 (1)	13 (13)	8 (8)	40 (9)	4 (2)	62 (31)
その他			70 (17)	8 (8)		78 (25)
計	81 (48)	13 (13)	869 (147)	416 (181)	67 (38)	1379 (389)

(カッコ内はカルテル化された製品数)

*地域および目的の重複を除いた後の値。
出典:公正取引委員会年次報告書(各年)より算出。製品ごとの公正取引委員会による認可件数。あるカルテルが2つ以上の製品カテゴリーで認可されている場合は、それぞれのカテゴリーでカウントした。

は、主に大蔵省による外貨割当を受けるための最低輸出数量を定めるために用いられた。日本と諸外国との貿易摩擦は早くも六〇年代に始まっており、米国に対する輸出自主規制は六九年に始まった。六二年以降に認められた輸出カルテルのうち、六七は輸出自主規制を実施するために作られた。

カルテルは、限られた一部の産業で繰り返し形成される傾向があった（表2-4参照）。カルテルが最も頻繁に見られたのは、繊維・アパレル、食品・飲料、素材・金属（特に鉄鋼）、そして化学産業においてである。すべてのカルテルのうち、六四％はこれら四部門に属している（何らかの時点で、カルテルの対象となった製品の四六％を含む）。これら頻繁にカルテル化された産業は、おおむね競争力に乏しかった。逆に、半導体やコンピュータのような、日本が競争力を有する部門では、カルテルは全く存在せず、わずかに通信機器において一件、事務用品において二件が存在した。日本の成功産業では、ごく一部でしかカルテルは存在しなかった。その大半は、輸出自主規制を実施するためのカルテルであり、政府による輸出の管理と抑制を意図したものであった。

カルテルが形成された成功産業としては、鉄鋼（一九六二～六四年、六五～六六年、七一～七三年、七五～七七年にカルテル形成）、自動車タイヤ（一九六五年）、造船（一九七九～八二年）、カメラ（一九六五～六六年）、そしてベアリング（一九五六～六六年）がある。しかし、これら産業は、カルテルがあったおかげで競争力を得たのであろうか。あるいは、カルテルがあったにもかかわらず競争力を得たのだろうか。

この問題をさらに詳しく検討するために、我々は代表的な三つの産業事例に焦点を当てて分析を進めた。具体的には、鉄鋼、自動車タイヤ、カメラの三産業である（詳細についてはコラム2（八六ページ）参照）。鉄鋼産業では、カルテルは生産に大きな影響は持たず、価格の安定化ももたらさなかった。自動車タイヤでは、どのカルテルも所定の目的である競争の制限を達成できなかった。カメラ産業では、ほとんどのカルテルが、低価格のローエンド製品の輸出抑制を目的としたと考えられる輸出カルテルであった。どのカルテルも輸出価格と輸出数量に目立った影響は及ぼさなかった。

全体的にみた場合、カルテルは成功産業ではほとんどみられなかった。カルテルが形成された比較的少数の成功産業では、競争を促進する産業構造が存在したゆえに、カルテルは競争を制限するほど強力にはならなかった。むしろ、カルテルは日本の失敗産業において一般的であった。したがって、合法カルテルは競争力の源泉ではなく、競争力の欠如をもたらしたのである。この発見は、第四章で詳述される統計的分析によっても確認される。

共同研究開発と日本の競争力

これまで広く賞賛され模倣されてきた日本型政府モデルのもう一つの主要政策は、政府が支援する共同研究開発プロジェクトである。研究開発コンソーシアムは、研究開発にかかる固定費用を各参加企業間に分散させ、企業間の分業により無駄な研究開発努力の重複を避けるものであると考えられている。日本政府はこうしたプロジェクトを組織して、企業の参加を「奨励」する他、資金調達においても重要な役割を果たしている。

おそらく、最もよく知られた日本の共同研究開発プロジェクトは、超ＬＳＩ（大規模集積回路）プロジェクトであり、それは半導体産業において日本が欧米に追いつくことを支援するためのものであった。このプロジェクトは一九七五年から八五年にかけて、一三〇〇億円の予算（当時の為替レート一ドル＝二二〇円で五億九一〇〇万ドル）で実施され、日本の主要半導体メーカーのすべてが参加した。全費用のおよそ二二％は政府によって補助された。このプロジェクトは最先端の半導体製造技術を生み出し、このプロジェクトの直後に日本の半導体メーカーは世界における主導権を獲得した。これらの出来事は、原因—結果として理解されており、数ある成功事例の一つにすぎないと広く信じられている。

諸外国は、この「日本型」の共同研究開発を模倣してきた。米国で一九八四年に制定された国家共同研究法は、独占禁止法の緩和等を通じて、研究ジョイントベンチャーの形成を促進することを目的とした。一九八七年に設立されたセマテックは、米国の半導体企業から成るコンソーシアムだが、共同で半導体製造技術の開発に当たることを目指していた。一九九五年時点でセマテックの総予算は一六億ドルに達し、その半分は米国政府によって支援されていた。一九九三年の国家共同研究製造法は、独占禁止法をさらに緩和し、生産のためのジョイントベンチャーを促進した。政府が支援する共同研究開発プロジェクトは、液晶ディスプレイ、電気自動車、そしてコンピュータ統合生産技術等の分野でも始められた。しかし、これらコンソーシアムの成果は様々である。

欧州では企業間の協調へ向けた機運がより早く生じ、かつ強力であった。日本の第五世代コンピュータ・プロジェクトの成功に刺激され、コンピュータおよび情報技術分野における欧州の競争力を高めるため、一九八四年には数十億ドル規模にのぼる欧州情報技術研究開発戦略プログラム（エスプリ）が開始された。

一九九九年時点で、二六カ国より構成される欧州研究調整庁（ユーレカ）は、半導体から携帯電話、バイオテクノロジーにわたる技術を対象として支援してきている。この共同研究開発プログラムは、これまでに完結したもので七六四、進行中のもので六八二におよぶ。ユーレカ・プログラムにおける累積投資額は、九九年までに二一五億ドルに達した。その中には、八年間にわたり五〇億ドルの予算で実施された共同欧州極小シリコン半導体プログラム（ジェシー）も含まれている。また、英国で一九八三年に始まったアルベー・プロジェクトは、英国版第五世代コンピュータを開発しようとする試みであった。プロジェクトには一一三の企業、五五の大学と工科学校、そして五つの国立研究所が参加した。四億七〇〇〇万ドルの予算は、政府と産業界の双方により分担された。しかし、これらの分野において、欧州企業は目立った前進を遂げていない。

日本型政府モデルの多くの側面についてこれまでみてきたように、共同研究開発が日本の産業競争力に果たした役割に関する既存の議論は、ある特定の逸話か、ごく少数の非常によく知られたプロジェクト事例に基づいている。そこで、この共同研究開発の役割をより体系的に検証するために、我々は一九五九年から九二年の間に実施された、政府が支援する研究開発コンソーシアム全二三七件に関するデータを収集した。(注17) ほとんどのプロジェクトは通産省によって支援されたものであるが、中には、運輸省、農林水産省、郵政省、そして厚生省の支援によるものも含まれている。三四年間にわたる全プロジェクトの予算合計は二・三兆円(一〇五億ドル)にのぼり、プロジェクトの平均規模は四五〇〇万ドルであった。一〇年ごとのプロジェクト開始件数を比較すると、一九六〇年代には一八であったが、一九八〇年代には一四三に増加した(図2-3参照)。平均すると、一九五九~九二年の期間において、毎年四二のプロジェクトが活動していた。

プロジェクトは多様な産業で実施された。大型予算プロジェクトは半導体・コンピュータ、発電・配電、そして石油・化学産業に集中している。プロジェクト一件当たりの政府予算を比較すると、大規模なエネルギー関連事業の影響のため、発電・配電関連のプロジェクトが抜きん出ている。

しかしながら、一般的な認識とは異なり、日本政府の研究開発コンソーシアム補助のための支出額は驚くほど小規模である。三四年間にわたる政府予算の合計は七五億ドル、一年当たり二億二〇〇〇万ドル、プロジェクト当たり三二〇〇万ドルであった。対照的に、セマテックは一九八七年から九五年の間に、米国政府より単独で八億ドルの援助を受けていた。

研究開発コンソーシアム開始数の年次推移　図2-3

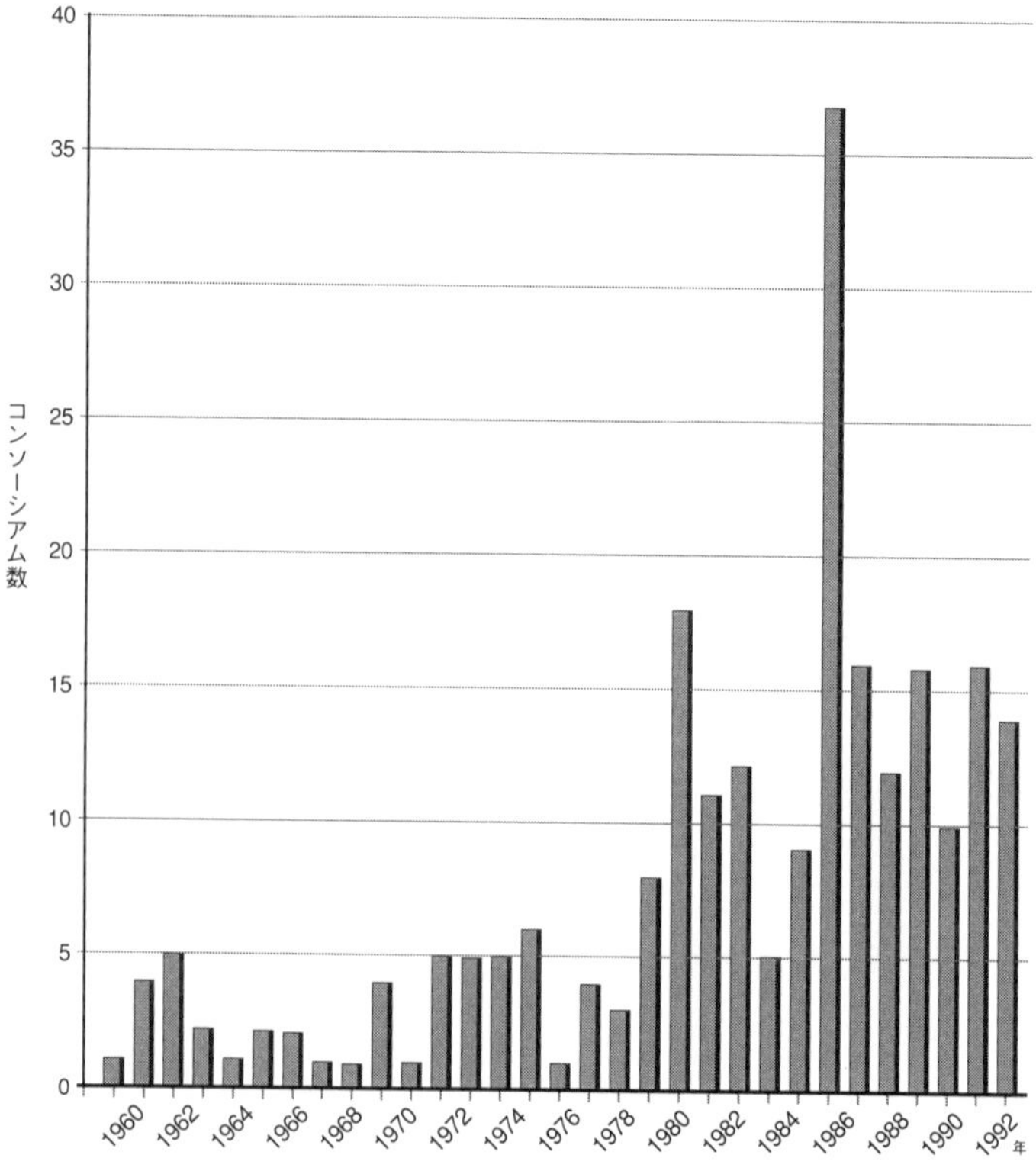

出典: Sakakibara（1994）

共同研究開発プロジェクトと競争力との間には、明確な相関関係は存在しない。表2-5が示すように、石油・化学、食品・飲料といった失敗産業部門でも、多くのプロジェクトが存在している。逆に、娯楽・レジャー、事務用品およびサービスといった成功産業部門では、研究開発コンソーシアムは稀にしか存在しないか、多くの場合は全くみられなかった。

日本企業のマネジャーたちからみた研究開発コンソーシアムが競争力に果たした役割に関する詳細なデータからも同様の結論が導き出された。我々は、八六の政府が支援する共同研究開発プロジェクトに参加した六七社の研究開発部門の上級マネジャーに対して、アンケート調査を行った。三九八の回答を基にした分析結果によれば、典型的なプロジェクトは、ある程度の成功を収めた程度にしか認識されていない。また、日本のマネジャーたちは、研究開発コンソーシアムが自社の競争ポジションの向上に役立ったとは考えていない。(注18)

共同研究開発の役割に関する一般認識は、多分に超LSIプロジェクトの成功によって影響されている。しかし、超LSIプロジェクトは誰もが成功と認めるおそらく唯一の事例である。逆に、その他多くのプロジェクトは、広く失敗と考えられてきた。他国に与えた影響からみれば皮肉なことではあるが、失敗の典型例は、一九八二年から九二年にかけて行われた第五世代コンピュータ・プロジェクトである。これは、並列処理型コンピュータの開発を目指すものであった。総予算は五四一億五〇〇〇万円（三億六一〇〇万ドル）にのぼり、一〇〇%政府により負担された。しかし、

産業分野別の日本の政府後援研究開発コンソーシアム数　表2-5

産業分野	～1960年代	1970年代	1980年代	1990～92	計	世界輸出シェア(1992)
素材・金属	4	3	14	0	21	7.8
木材製品	0	0	6	2	8	2.2
石油・化学	5	6	18	3	32	4.7
半導体・コンピュータ	2	5	20	5	32	22.6
複数事業	0	6	9	4	19	12.2
運輸	2	6	8	2	18	18
発電および配電	0	6	9	2	17	14.5
事務用機器	0	0	0	0	0	19
電気通信	0	0	21	5	26	26.3
国防	0	0	0	0	0	4.2
食品・飲料	1	1	14	12	28	1.3
住宅・家庭用品	1	1	5	0	7	4
繊維・アパレル	2	0	5	0	7	4.6
保健サービス	0	2	14	5	21	5.8
パーソナル	0	0	0	0	0	4.7
娯楽・レジャー	1	0	0	0	1	18
合計	18	36	143	40	237	10.4

注：本表は日本において1959年から92年の間に、政府によって後援された研究開発コンソーシアムをカバーしている。プロジェクトは、プロジェクト開始年で分類している。
出典：Sakakibara (1994).

プロジェクト期間中にコンピュータの分散処理技術が発達した結果、大型コンピュータの重要性は低下した。結局、このプロジェクトで開発されたアーキテクチャーは商業化されることはなかった。

別の特筆すべき例としては、高品位テレビ（ＨＤＴＶ）がある。ＮＨＫは、三〇年間にわたり一億一〇〇〇万ドルを費やして、送信機や、デコーダーＩＣ、カメラといったＨＤＴＶシステムの核となる機器の開発を進めた。一九六四年に採用されたアナログＨＤＴＶ規格は陳腐化していたにもかかわらず、ＮＨＫは当初のプロジェクト目的を修正し、急速に発展していたデジタル技術を取り込むことができなかった。逆に、米国企業は、アナログ技術を飛び越して、より優れたデジタル技術の開発を目指した。こうした事例は、日本型の共同研究開発に共通する問題点を指摘している。すなわち、プロジェクト運営における硬直性とコンセンサスの必要性であり、これらはプロジェクトの進行を遅らせ、イノベーションを阻害する。

それでは、もし共同研究開発が面倒なだけで、日本の競争力の重要な源泉ではないとすれば、なぜ日本企業はこれに参加するのであろうか。これには、日本特有の理由があり、それは日本のイノベーション・システムの脆弱性を反映するものである。まず、日本における一つの説明は、日本における新規事業参入が、しばしば大企業による内部的多角化を通じてなされるということである。（注19）こうした企業は、共同研究開発プロジェクトに参加することで、多角化に必要な新技術を取得しようとする。また、共同研究開発プロジェクトは、米国の研究開発技術者にみられる高い労働流動性や、異なる企業の技術者間に頻繁に行われる非公式なコミュニケーションを部分的に代替するものとも考えられている。これらは日本においては、終身雇用制により制限されている。（注20）

最後に、最も重要な点は、日本の大学と国立研究機関の研究能力が限られていることである。さらに、これら研究機関と企業とのつながりが弱いことが相俟って、企業が組織間の知識移転をする手段としての共同研究開発の必要性を高めている。米国では優れた研究能力をもつ大学と、その大学と企業の間に緊密な絆が存在し、これが技術知識の創出や、迅速かつ広範な普及を促進している。日本の共同研究開発は、最善の政策選択肢として行われているというよりは、日本の現状に即した現実的な選択肢であるといったほうが正しいであろう。

また、日本企業が共同研究開発に参加する動機も従来誤解されてきた。共同研究開発は、固定費用を企業間で分散し、研究開発の無駄な重複を避けるものと広く信じられている。しかし我々のアンケート調査結果によると、最も重要な動機は、自社が持つ知識を補完するために参加企業間で知識を共有し合うことであり、これは産業用ロボットのようなシステム指向型の産業分野で特に重要である。対照的に、研究開発の固定費用分散と重複の回避は、日本人マネジャーがあげた参加理由としては、最も重要度の低い部類に入る。実際、参加企業が補完的な知識を持ち寄る場合には、政府が支援する共同研究開発プロジェクトが、民間企業の研究開発を刺激するという証拠がある。共同研究開発プロジェクトは、特定の技術に正当性を付与し、注目を集める役割を果たす他、ある企業がそうした技術に取り組んでいることをすべての企業に周知させる機能も果たす。また、日本では研究開発分野の人材採用が困難で時間を要する他、企業買収は稀であった。したがって、自社の専門領域外の技術を取得する上で、他企業との協力を図ることが、すべての企業にとって最も実用的な方法なのである。

日本においてすら、共同研究開発は困難で、費用のかかるプロセスである。コミュニケーションの困難さや、参加企業間の文化的差異、インセンティブにかかわる問題、他社を利することに対する懸念といった、共同事業マネジメントに伴うあらゆる問題に対処しなければならないからである。ある統計分析によれば、日本の共同研究開発プロジェクトは、直接の競争企業同士を参加企業に含む場合には、成果をあげてこなかったことを示している(注21)。

最後に、共同研究開発は産業内の各個別企業の競争力を損なう危険性を孕んでいる。仮にすべての企業が同じような研究を続けた場合、企業の技術と製品は収斂していくであろう。結果として、競争は阻害され、イノベーションは鈍化するであろう。したがって、共同研究開発の普及は、日本企業が独自の戦略を打ち出すのが稀であることの一つの原因である可能性が高いのである(第三章参照)。

要旨

日本型政府モデルの真偽を検証するには、それを成功産業と失敗産業に当てはめることによって、その違いを説明することができるかどうかを調べてみることが必要である。我々の検証結果から明らかになったことは、日本型政府モデルは成功産業と失敗産業の違いを全く説明できないということである。成功産業では、日本型政府モデルはほとんど何の役割も果たさなかった。そこでは政府による競争への介入、カルテルの認可、共同研究開発はほとんど存在しなかった。失敗産業では、むしろ日本型政府モデルが顕著にみられた。政府による競争への介入は日常茶飯事であり、数多くのカルテルが存在し、しばしば広範な共同研究開発が行われた。

政府介入は、失敗産業ではその失敗ゆえに求められたのであり、失敗の原因は政府介入以前から問題として存在するとの議論もある。これは正しいかもしれないが、政府による介入が機能しなかったという事実は依然として残る。したがって、日本型政府モデルは日本の競争力の源泉ではありえなかったのである。さらに、日本型政府モデルが日本の競争力の拡大に貢献したことはなかった。

一般通念として信じられてきたことが何であれ、また、日本政府が従来のアプローチにいくら固執しようとしたとしても、日本型政府モデルが日本の奇跡的な成功の源泉ではなく、むしろ失敗の原因であった事実は、本章で示した圧倒的多数の証拠が示すところである。

コラム1　ケーススタディの方法

日本の成功産業二〇事例および失敗産業七事例を対象とした研究は、マイケル・E・ポーター、竹内弘高、榊原磨理子の主導の下、マイケル・J・エンライト（現香港大学）、および一橋大学の藤川佳則、阿久津聡、土合朋宏をはじめとする大規模な研究チームの協力を得て行われた。日本の各産業の競争力に関するデータ収集および要約資料の作成にあたっては、ルシア・メンザー・マーシャルの協力を得た。

事例研究は書籍、学術・ビジネス誌、新聞の他、非営利研究組織、通産省、各種産業団体による報告書など多数の出版資料に基づいている。著者たちならびに研究チームはまた、実務家、産業専門家、産業団体役員、政府官僚へのインタビューを多数行った。

元資料は膨大な量にのぼるため、本書ではすべてのケーススタディで用いられた詳細な文献は収録していない。

コラム2

成功産業におけるカルテルの役割

日本の鉄鋼業は高炉メーカー七社と電炉メーカー約六〇社により成り立っている。一九七〇年まで上位六社間の競争は熾烈であった。川崎製鉄と住友金属工業が首位の八幡製鉄のシェアを奪うことで、市場シェアは頻繁に変動した。メーカーと政府は、価格を統制し、生産能力投資に秩序を維持しようと、数々の試みを行ったが、失敗した。一九六五年に形成された不況カルテルはそうした試みの一つである。その目的は厚中板の生産を制限することにあった。七一年には別のカルテルが、ステンレス鋼、厚中板、薄板類、普通線材、鋼管、そして構造用炭素棒鋼の生産制限のため形成された。いずれのカルテルも生産に対する目立った影響は持たず、価格を安定化することはできなかった。

自動車タイヤでは、一九九四年時点で七社の日本企業が存在していた。ブリヂストン、横浜ゴム、住友ゴム、東洋タイヤ、オーツタイヤ、ミシュラン岡本、遼東タイヤである。産業は激しい競争を特徴とし、五五年から九一年まで、企業間の市場シェアは大きく変動した。タイヤメーカーは第二次大戦後、三つのカルテルに参加した。六三年の合理化カルテルは、品種の数を減らすために形成されたものの、カルテル以降においても単価は低下し続けた。六五年の不況カルテルは、生産数量の抑制を意図したものの、実際には生産は増加した。六七年の輸出カルテルは輸出価格を引き上げるために形成された。しかし、輸出価格は上昇せず、輸出数量が増加した。自動車タイヤにおけるカルテルは、一つとして所期の目的を達成しなかったのである。

日本のカメラ産業は、歴史的に極めて競争が激しく、頻繁な市場シェア変動を伴っている。今までに一つの不況カルテルと一二の輸出カルテルが存在している。不況カルテルは一九六五年に停滞した国内需要に対処すべく形成された。九カ月続いたこのカルテルは、生産数量の制限を目的とした。生産は前年に比べ減少したものの、需要もまた低下した。輸出カルテルは、安価な低付加価値製品の輸出を防止することを目的としていたように見受けられる。多くのカルテルは一九七一年ないしは七二年までに廃止された。七三年一月には、外国政府とのカメラ輸出自主規制が始まった。にもかかわらず、日本のカメラ輸出額と輸出量は増加を続けたのである。

全体としてみると、高い競争力を持つ産業では、カルテルはほとんど見出されない。そしてカルテルが形成された一握りの例外においては、産業の構造ゆえに、カルテルは競争を制限するほど強くは作用しなかったのである。

技術 研究開発補助、規格設定	サプライヤー 下請産業への介入	需要 政府調達、需要への働きかけ
・産業団体への研究開発助成金（1951−59）。 ・様々な分野でのR&Dコンソーシアムが71年に始まる（排ガス制御、電気自動車、自動車コントロールシステム、燃焼システム）。 ・電気自動車への補助金は、政府へと返還された。これは同プロジェクトの成功を示す。	・自動車部品産業は、機械工業振興臨時措置法（1956−70）における重点産業に指定される。 ・約500社が加速度償却等の優遇措置ほか、15年にわたり好条件での融資（合計1億ドル）を受ける。 ・1960年から65年に、融資対象企業は非対象企業よりも4%高い成長を達成（しかしながら、優良企業が助成対象となっていた可能性あり）(Cole and Yaku shiji, 1987. p.87)。	・1950年代に小型乗用車への物品税優遇。輸入大型車を不利化。税率は62年より徐々に引き下げられ、89年に廃止。
・光学技術でのR&Dコンソーシアム。参加メンバーは中小企業含む、光学技術における全主要企業 (1962−81)。総予算は16億6000万円（1ドル220円換算で800万ドル）。	なし	なし
なし	・半導体産業へ助成措置	なし
・1961年に工業技術院大阪工業技術試験所の進藤博士が、世界初のPAN 炭素繊維を開発。	なし	なし
なし	・49年に合成繊維に税制優遇と低利融資。 ・化学繊維産業の再編と能力削減への取組。不況カルテル（1975、78−79、81）。	・合成繊維の政府調達（1953年）。効果は不明。
・郵政省が70年代初期にファクシミリ送信機の標準化推進。全機種は同じ技術に依拠するよう確保。 ・NTTがタイプ認証の発行を開始。76年のNTT基準を満たすモデルの一括承認。需要を刺激する。 ・NTTの研究所が80年代初めに、ブックファクシミリ技術と呼ばれる技術により、厚い文書を直接送信する技術の研究を実施。NTTはまた1ページ3秒で送信する超高速ファクシミリを開発。既存メーカーの技術基盤の強化を助ける。	・半導体産業への支援	・NTTが73年に専用回線、74年に一般電話回線を通じた公共電話システム上でのファクシミリ交信を認可。 ・70年代にNTTはファクシミリ送信機の販売促進。 ・77年に通産省はファクシミリ送信機の償却期間を10年から5年に短縮。新規の高価格、高付加価値機種の購入を促進。 ・85年に特許庁がファクシミリ文書を公的文書として承認。ファクシミリに日本における通信手段としての信用を付与。
なし	なし	なし

日本の成功産業における政府の役割①

	参入 輸入制限、外国企業や新規企業の参入制限	競争 カルテル、価格統制、生産能力統制	補助金 補助金、低利融資、税優遇
自動車	・GM、フォードが日本での組立生産を禁止される。輸入は1936年に禁止。 ・1963年に輸入数量制限廃止。 ・小規模な国内メーカー保護のため関税設定。関税率は徐々に引き下げられ、78年に廃止。 ・71年に対内直接投資の自由化始まる。	・通産省は規模の経済性を活かすため、1955年に製品標準化、1961年には競争企業数の削減(2、3社より構成される3グループへの集約)を試みるが失敗。 ・合併促進のための開銀融資供与(1966−71)。集約はほとんど起きず。 ・81年より輸出自主規制。	・資本設備への開銀融資(1954−71)。 ・加速償却(1951−71)。 ・生産設備の関税免除。
カメラ	なし	・1965年に生産制限のための不況カルテル。カルテルは9カ月存続。企業は輸出へと傾注。	なし
カーオーディオ	なし	なし	なし
炭素繊維	なし	なし	なし
合成繊維織物	なし	・1980年代半ばの設備のスクラップ・アンド・ビルドが、生産能力増をもたらす。新型織機は旧型よりも、一般に大きな能力を持つため。	なし
ファクシミリ	なし	なし	・生産コスト削減と送信時間短縮のための低利融資(少なくとも1979年には存在)。
フォークリフト	・輸入障壁は1964−65年に全廃。日本メーカーの改善を刺激。	なし	・品質向上のため、1954年に少数のメーカーに小規模な融資供与。 ・1964年に小型リフト生産メーカーへの低利融資導入。メーカーへの銀行の与信改善。

表2-A

技術 研究開発補助、規格設定	サプライヤー 下請産業への介入	需要 政府調達、需要への働きかけ
なし	なし	・1979年の省エネ法がエネルギー消費削減を促進。ロータリーコンプレッサーの発明に至る。
なし	・半導体産業への支援	なし
・NTTがNEC、三菱、沖電気、日立と共同でマイクロ波システムを開発。 ・NTT通信研究所がマイクロ波および衛星通信技術に関する基礎研究を実施。	なし	・マイクロ波機器の主要な購入者。NTT（1985年まで国有）が全販売の50%を占める。他の主要な購入者は政府機関。購入は国際公開入札によるものの、NTTが各社の技術力を周知していたため、名目のみ。 ・政府機関および政府関連組織が国内および地域衛星通信機器の主要な購入者。 ・日本国内における大きな需要が産業の発展に寄与。
なし	なし	・小学校での音楽教育の導入により、政府が初期需要を創出。
・政府が支援する共同研究が行われるが、規模は民間各社の独自研究を大きく下回る。 ・宇宙、水中、核燃料処理プラント用の特殊ロボット開発のためのR&Dコンソーシアム（1983―91）。政府による支出総額は、200億円（1600万ドル）。	なし	・1980年に、リース制度と日本ロボットリース会社の設立。中小企業でのロボット普及を目指す。 ・1980年に、職場安全向上のための中小企業のロボット導入に特別融資。 ・コンピュータ内臓の高性能ロボット向けに特別償却制度を導入。 ・1980年に、中小企業の設備近代化支援のため、地方自治体による融資とリース制度を導入。 ・1984年に、政府融資向けの特別金利によるフレキシブルマニュファクチュアリングシステムのリースシステムを設立。 ・1984年に、中小企業でのエレクトロニクス化された高付加価値機器への投資促進のための税制導入。 ・これら措置は産業の成長にとって重要ではなかったと考えられている。
・1956年に通産省の電子研究所が初の国産ICを生産。 ・1973―74年にLSI開発への50%補助（35億円、970万ドル）。 ・超LSIプロジェクト（1976―86、1300億円）。22%が政府により支出される。生産技術での前進。 ・1985年にLSIデザインに知的所有権設定。 ・1970年代における電子工学専攻の大学卒業生の数は、米国の1.8倍。エンジニアの潤沢な供給。	・半導体製造機器メーカーは、超LSIプロジェクトの正式メンバーではなかったものの、同プロジェクトより利益を得た。	・1961年にコンピュータリース会社（JECC）設立。コンピュータ購入に対して、開銀融資。JECCは1980年代までコンピュータ需要の30―70%を占める。 ・62年以降、数々のコンピュータ開発の共同プロジェクト。

日本の成功産業における政府の役割②

	参入 輸入制限、外国企業や新規企業	競争 カルテル、価格統制、生産能力統制	補助金 補助金、低利融資、税優遇
家庭用エアコン	なし	なし	なし
家庭用オーディオ	なし	なし	なし
マイクロ波および衛星通信機器	・公的な参入制限ははないものの、NTTファミリー企業（NEC、三菱、沖電気、日立）が優遇される。	なし	なし
楽器	なし	なし	なし
産業用ロボット	なし	なし	・1970年代にロボットメーカーに対し、低利融資供与。市場利子率との格差小さく、各社とも適切な資源を有したため、利用社数は限られた。
半導体	・1968年の合意により、テキサス・インスツルメンツの日本への参入を遅らせることに成功。通産省は100％子会社の設立認めず（ソニーとの折半出資ジョイントベンチャーは後に100％子会社化）。 ・74年に他産業に遅れて、輸入と外国直接投資の自由化。	なし	・1966年より設備投資に対して日本開発銀行の低利融資供与されるも、10年間で60億円（1400万ドル）にしか達せず。 ・1960年代より生産設備の加速度償却。

表2-A

	技　術 研究開発補助、規格設定	サプライヤー 下請産業への介入	需　要 政府調達、需要への働きかけ
	・ミシン技術委員会が通産省の指導の下でミシンと同部品の共通規格を設定、1947年に130の部品を持つ初の標準モデルHA-1を作る。多数の中小企業が下請として参入することを認め、コスト削減。 ・1947年に自主検査委員会が、多くの基準に基づき製品検査。品質の向上と改善を促す。	（技術参照）	・公立小中学校で女子生徒にミシンの必修授業。文部省はミシンの購入に補助金を与え、需要を刺激。 ・1947年に通産省は輸出用ミシン800機の生産のため4社を指定、輸出を刺激し、産業を早くに国際競争へと開かせた。 ・1948年に輸出時の面倒な書類作成と政府認可を廃止。輸出をさらに促進。 ・1960年 に輸出向け製品の品質検査を廃止。政府介入は終了。
	なし	なし	・品質安定のため、53年に製品品質基準を設定。
	なし	なし	なし
	なし	・1956年より部品メーカーに低利融資。全設備投資の30％を占める。	なし
	なし	なし	・1950年代にタイプライター輸入で外貨割当が得られなかったことが、国内産業を育成。
	・通産省が58年に研究開発助成金を供与。ソニーとNHKが米国のアンペックス製品を模倣し、技術を学習。 ・政府はベータ方式を中心とした産業標準の確立を試みるが、失敗。	半導体産業への支援。	なし
	なし	半導体産業への支援。	なし

日本の成功産業における政府の役割③

	参入 輸入制限、外国企業や新規企業の参入制限	競争 カルテル、価格統制、生産能力統制	補助金 補助金、低利融資、税優遇
ミシン	・戦後初期には、軽機械輸入に対し、ほとんど外貨割当与えられず。国内産業を保護。	・価格統制:1946年から51年まで、標準モデルHA-1の卸売、小売価格を低位固定。需要を刺激し、生産企業のコスト削減を促進。	・1948年に一時的に為替レートを1ドル＝415円に設定（以前は170円）し、メーカーが生産配分を輸出に振り向けるよう促す。この措置はミシンに限定されない。
醤油	なし	なし	なし
トラック・バス用タイヤ	なし	・1965年に不況カルテル。生産制限と市場シェア配分。 ・1965年に政府「指導」が製品品種を167から58まで削減。生産システムの改善を促進。	なし
トラック	・1936年に外国企業の日本でのトラック生産台数を制限。 ・1936年に関税引き上げ。 ・生産認可取得の義務付け。36年にトヨタ、日産、いすゞにのみ認可交付。 ・戦前に3つの政策が産業の集約を促進。 ・61年に輸入禁止が解除。輸入は国産車の低価格と異質な国内需要（小型トラック中心）のため、低水準にとどまる。	なし	・戦後直後の原材料、資本、労働力の優遇配分、特別融資が、産業の発展に寄与。 ・1951年より低利融資、税金の減免、特別償却、設備輸入関連税の免除。融資は総投資額の数パーセントを占めるにすぎず。
タイプライター	なし	なし	なし
VTR（ビデオ機器）	なし	なし	なし
テレビゲーム	なし	なし	なし

表2-B

	技 術 研究開発補助、規格設定	サプライヤー 下請産業への介入	需 要 政府調達、需要への働きかけ
	・自動裁縫システムに関する研究開発コンソーシアム(1983－91)。	・合成繊維産業への補助。	・大規模小売店舗法が代替的な販売チャネルを制限。メーカーと百貨店との関係を強化。
	・外為配分を通じた外国技術の輸入認可(1949－72)。 ・1975年以前の製法特許。新製品開発を阻害する。 ・1967年よりエネルギー消費削減、原材料コスト削減、新製品開発のための共同研究開発。 ・新技術の商業化に対し、好条件でのローン供与(51年より)。	・日本イラン石油化学プロジェクトへの援助(1973年より80年代半ばまで)。イラン・イラク戦争後に中止。 ・石油精製業：参入、生産、能力増強、企業別原油処理量割当での許可制(1934－92)。石油産業は競争力持たず。 ・化学での学位保持者の不足。 ・化学での弱い研究体制。限られた新製品開発。	・政府が合成繊維調達(1953年)。効果は不明。 ・塩化ビニール(1982年より4社)、ポリオレフィン(1983年より4社)での共同販売会社の設立。通産省は産業の集約と共同販売会社間の競争を促すことを狙ったが、企業間の共同独占をもたらすことになった。
	基礎研究施設と大学の研究への限定的援助。	・若干の軍需。	・1930年以来の軍事調達が1956年に再開される。産業発展を助けるものの、(米国、欧州等に比べ)民間航空産業の基盤としてのパイロットの供給不足。国産軍用機開発は1977年以降はほとんど行われず。 ・1967年に軍用機の輸出禁止。企業は国内市場にのみ供給できた。 ・航空産業における強い規制、陸上輸送促進政策で抑制された国内需要、主要空港の発着能力不足がコミューター航空需要を抑制。

日本の失敗産業における政府の役割①

	参入 輸入制限、外国企業や新規企業の参入制限	競争 カルテル、価格統制、生産能力統制	補助金 補助金、低利融資、税優遇
アパレル	なし	なし	なし
化学	・1871年設立の官営工場が、化学肥料産業に対し原材料供給。 ・石油化学産業への参入認可制（1956−72）。すべての申請が最終的には認可されたものの、競争を制限。参入のための最低規模が設定されたが、多くのプラントは規模の経済性を達成できず。	・化学肥料：価格統制（1946−89）と供給調整（1946 −89） ・上記の政策は化学部門の石油化学へのシフトを遅らせた。 ・石油化学：生産設備増の認可、ジョイントベンチャーの促進（1956−87） ・石油化学(1972,82)、合成樹脂（1959, 66, 72, 77,82）、合成繊維（1975, 78−79, 81）で不況カルテル。 ・石油化学（1978−88），合成繊維および化学肥料（1978）でカルテル、低利ローン、税制優遇を通じた過剰設備廃棄。 ・合併、共同生産・販売の促進。 ・上記すべての措置が、産業のカルテル体質を助長し、弱小メーカーの生存、高度化へのプレッシャーの除去、製品イノベーションの遅れ、企業間の戦略の類似性をもたらした。	・1946年に化学肥料産業に外貨の優先配分。 ・化学肥料：1954年より生産設備への助成、低利ローン、原材料の優先配分、新生産設備導入に対する補助金と低利ローン。 ・これら政策は化学部門の石油化学へのシフトを遅らせた。
民間航空機	・製造メーカー、整備会社への許可制。参入を意図した企業は実質的にすべて参入できたものの、許可制度は産業のカルテル体質を強めた。	・1953年以降のすべての航空機、エンジン開発プロジェクトは、事前に決められた分担により企業間の協力で行われた。競争関係は一切なし。	なし

表2-B

	技術 研究開発補助、規格設定	サプライヤー 下請産業への介入	需要 政府調達、需要への働きかけ
	なし	・1939年 に植民地での砂糖およびココアのプランテーション設立促進。 ・1929年 にココア豆への関税全廃。 <上記の効果> 産業の発展助けるも、第2次大戦により中断。 ・1937年 にココア豆の輸入制限、1941年 には禁止。 ・1950年代 にココアの輸入制限。1960年 に廃止。 ・1961年 から砂糖とミルクの輸入数量制限と、国内補助金。 ・1974年 より砂糖とミルクに35％関税。 <上記の効果> 主原料の価格を高価にする。日本企業はチョコレート代替物の開発を強いられる。	・ココアおよびココアバター含有量に関する弱い基準。国内での低級品生産を間接的に助長。
	・化学製品に関する1975年以前 の製法特許（製品特許ではなく）。新製品開発を阻害。	・石油化学産業への援助。	なし
	なし	なし	・1964年 の証券恐慌時に株式購入。市場を下支え。 ・寛容な業績開示ルールと公開買付に関する複雑なルール。企業買収関連ビジネスを阻害する。 ・1973年 まで日本企業の海外での債券発行を制限。海外事業を阻害。
	・研究開発補助金。 ・1962年 よりR&Dコンソーシアム。 ・1971年 に新型コンピュータ開発のため3グループ形成。50％の補助金供与。コンピュータおよびソフトウエア事業の確立にある程度寄与。しかしながら、市場メカニズムは日本企業がデファクトスタンダードを得ることを許さず（米国のソフトウエア支配）。	・プログラマー、システムエンジニアのためのトレーニングセンター。 ・プログラマーのための資格試験。 ・大学レベルでのソフトウエア研究、教育の遅れ。プログラマー、ソフトウエアエンジニアの不足。低い生産性。 ・1986年 の労働者派遣法が、カスタムソフトウエア作成のための顧客企業への技術者派遣を阻害。産業の人材派遣業的体質の是正に寄与。 ・政府後援のコンピュータリース会社の設立、低利融資の供与。コンピュータの設置台数拡大に寄与。	・1972年 までオンラインデータ通信、1982年 までコンピュータ経由でのデータ交換を禁止。米国に大幅に遅れた規制緩和（1968年 にコンピュータ同士の接続、1980年 にデータ通信の完全自由化）が、オンラインデータ処理とコンピュータネットワークの発展を阻害。 ・1979年 に汎用ソフトウエアの開発と販売を情報処理振興協会を通じて促進。大きな効果なし。 ・1986年 にソフトウエアに著作権法を適用。違法なソフトウエア複製を禁じる。 ・1993年 に中学、高校でのコンピュータ教育の促進。米国より大幅に遅れる。

日本の失敗産業における政府の役割②

	参入 輸入制限、外国企業や新規企業の参入制限	競争 カルテル、価格統制、生産能力統制	補助金 補助金、低利融資、税優遇
チョコレート	・輸入数量制限は1974年に廃止。 ・1974年から35%関税、1983年に20%、1988年に10%に引き下げ。	なし	・輸出振興策：補助金（1939－40）と1930年代における主原材料の輸入関税減免。輸出振興の上では、大きな成果なし。
洗剤	・1970年まで対内直接投資に制限。外資の参入を遅らす。	・1973年に再販価格維持制度を廃止。価格低下を誘発し、産業の収益性をさらに低める。	なし
証券	・1948年から1965年まで登録制度。 ・1965年より事業毎の免許制度。 ・1971年まで外国企業に支店開設免許発行せず。 ・1986年まで外国企業に東京証券取引所の会員資格与えられず。	・1951年まで社債引受シェア配分。 ・国債引受シェア配分（1965—77年）。 ・1965年より新規支店開設、合併、新規事業参入で認可ないし指導。 ・1980年代半ばまで固定売買、引受手数料。 ・債券発行での固定価格方式。 ・1948年より銀行と証券会社間の分業体制。 ・これら政策は弱小企業の生存を可能にし、イノベーションを阻害。 ・1988年まで引受と売買業務間の隔壁（チャイニーズウォール）なし。証券会社の売上至上主義と価格操作を助長。	・1964年の証券恐慌、1990年代の株式市場危機時に緊急融資。弱小企業の生存を助けるも、山一證券がその後倒産。
ソフトウエア	・通産省は1960年にIBMの日本での生産の見返りとしてのライセンス協約をコンピュータメーカーに代わって交渉。政府認可は日本市場へのIBMの完全参入を遅らせた。	なし	・情報処理振興協会によるコンピュータサービス会社に対する融資保証。 ・アフターサービス、汎用ソフトウエア（1979年）、システムインテグレーションを進めるソフトウエア会社への税制優遇。効果は見極めにくいが、目立った成果は上がらず。

第三章

日本型経営の再検討

従来の通説によれば、政府の一連の経済政策に加えて、日本独特の経営モデルが戦後の経済的成功を支えたもう一本の柱であるといわれている。我々もその見解に部分的には同意する。日本型企業モデルが強調する点は、チームワーク、長期的視点および絶え間ない品質改善努力のような、現在も重要な日本の長所である特徴である。しかし、それと同時に日本型企業モデルは、企業間の類似性や、競争に対する致命的に不完全な考え方を、日本企業の間に助長してきた。

日本企業成功のモデルは、競合他社より根本的に優れた経営手法を用いることによって、最高の品質と最低のコストを同時に達成し得るという考え方に基づいている。絶え間ない改善を通じ、ベスト・プラクティスのフロンティア（最先端）の地位を死守するという形で企業は競争するという考え方である。このモデルの起源は抽象的理論ではなく、全社的品質管理（ＴＱＣ）、リーン生産、および供給業者との緊密な関係維持等、今日ではよく知られるようになった多数の経営手法を開発することによって、数々の日本企業が達成した比類なき躍進に基づくものである。これらの日本的経営手法は、欧米企業に対して持続的なコスト優位、および品質上の優位を生み出した。

日本型企業モデル

日本型企業モデルは、一連の生産手法、人事政策、組織とリーダーシップに対するアプローチ、および多角化の方法等から構成される。そして、それら構成要素はすべて、特徴的な企業目標によって導かれている。論者によって強調される点こそ異なるものの、このモデルに含まれる要素は、表3-1にあげたとおりである（これですべてというわけではない）。独特の製品や、流通チャネルをはじめとする企業の諸施策は、このモデルから生まれたものである。日本型企業モデルの利点のうち、欧米と日本の学者の間で共通に認識されているものとしては、従業員の職務能力の迅速な向上、強いコミュニティ意識の形成、従業員の企業への忠誠心の醸成、およびマネジャーの長期的視点に基づいた意思決定の奨励等があげられる。

①高品質と低コスト

日本型企業モデルは、卓越した品質と競合他社より低いコストを同時に提供することができれば競争優位を得ることができるという信念に基づいている。このアプローチの核心は、プロセスの改善であり、欠陥率、再作業、遅延、あるいは部品点数を削減することによって、コストを減少させるだけでなく、品質も同時に向上させることができるというものであった。標準化、大量生産、そして不必要な生産工程の削除はコスト削減につながるばかりか、品質が一定し、迅速な生産が可能であるという観点からの非常に高いレベルの品質を実現する最良の方法であるという見識を日本企業は持っていた。たとえばエレクトロニクス製品の製造において、日本企業は、一九八〇年代初頭

日本型企業モデル　表3-1

①高品質と低コスト

②幅広い製品ラインと付帯機能

③リーン生産

④資産としての従業員

⑤コンセンサスによるリーダーシップ

⑥強固な企業間ネットワーク

⑦長期的目標

⑧高成長産業への企業内多角化

⑨政府との密接な協力関係（＊）

＊⑨については、第二章ですでに詳述した。

に自動部品挿入機械を導入したことにより、前代未聞の低い欠陥率を実現させた。

②幅広い製品ラインと付帯機能

日本企業は、多数の機能を持った幅広い製品ラインを提供することを追求した。通常、一連の標準的製品には幅広いオプションや多くの付帯機能が組み込まれて販売された。開発の主眼は、多機能性、あるいはいくつもの機能や特徴を一つの製品に結合させることにあった。さらに日本企業は、数多くの新製品を次々と提供し続け、その結果、製品のライフ・サイクルを劇的に短縮した。

③リーン生産

リーン生産システム(注1)は、日本型企業モデルの中核的役割を果たした。トヨタ自動車によって開拓されたリーン生産システムは、製品開発、生産、購買を一つのトータルなシステムとしてとらえる。このシステムを最適化することにより、トヨタは高いレベルの品質、生産性、納期、および柔軟性をすべて同時に成し遂げることができた。リーン生産システムの起源は、創始者豊田喜一郎が「ジャスト・イン・タイム」の概念を提唱したとき、つまり一九三〇年代のトヨタの創設期に遡る。一九四〇年代末、当時トヨタの工場の生産責任者であった大野耐一は、フォードやテイラーの生産方式の要素を結合させた。すなわち、フォード・テイラー主義的な作業の標準化と、従業員が複数のスキルを習得することを可能にする職能型システムを結合させたのである。トヨタはこのハイブリッドシステムを継続的に向上させた。そしてそれは、多くの他の日本企業によって採用された。(注2)リーン生産システムは、内的な整合性を追求するシステムであるが、それを構成する要素には以下のものが含まれる。

●全社的品質管理(TQC)　全従業員が製品の品質の監視者であり、したがって生産上の問題を改善するためには、全体の製造工程を停止させる権限も持っている。従業員は、品質改善のための標準化された問題解決プロセスのトレーニングを受けている。

●継続的な改善または、いわゆる「カイゼン」　カイゼンは、従業員によってしばしば提案され、そして公式に提案される前に実行される。問題が重大になる前にそれらを明らかにするというアプローチがカイゼンの鍵となる要素である。たとえば在庫量を監視する、欠陥が発見された時点で組立ラインを停止する、あるいは機械の些細な異常も察知できるように工場フロアの清掃を徹底する、等々。

●ジャスト・イン・タイム(JIT)生産、もしくは在庫ではなく需要に応じた生産　JITは、カンバン方式(注3)もしくは、「スーパーマーケット」方式の手法を用いている。下流プロセスの生産現場は今現在、必要な量だけの部品を調達する。それに応じて、上流プロセスの生産現場は、それを補充するのに十分な量だけの部品を生産する。

●製造工程を考慮した製品設計　製品の製造を容易にし、コストを削減するために、製品設計をいかに修正すべきかを設計者が製造担当者とともに検討し、設計変更に取り組む。

●供給業者との緊密な関係　改良された製品や部品の共同開発を奨励し、相互の忠誠関係を醸成する。中でも鍵となる重要な実施内容としては、開発プロセスのごく初期段階からの頻繁な情報交換、従業員の相互派遣、少数の第一次下請業者との長期的関係維持、および下請業者に対する品質と効率向上のインセンティブの提供等があげられる。(注4)

●フレキシブルな生産　幅広い製品ラインと急速なモデルチェンジに対応するために、生産ロットのサイズを減少させ、生産ラインの柔軟性を向上させる。フレキシブルな生産は、設計の変更に適応できる機械、作業の標準化、従業員の多能工化、およびプロセス・レイアウトの変更が容易に可能な作業フロアの設計を伴う。したがって、製品を特定のマーケット・セグメントに合わせて調整する能力を拡張し、新製品の導入に要する期間を短縮する。

●迅速なサイクルタイム　短い製品ライフ・サイクルに対応するため、逐次段階的（シークエンシャル）ではなく同時並列的（パラレル）な開発プロセスが採用された。それと合わせて、複数のスキルを習得したエンジニア、製品プロトタイプの迅速な生産、および開発における供給業者の積極的な参加を通して新製品は迅速に開発・導入された。これらの活動は強力なプロダクト・マネジ

ヤーによって統合された。(注5)

④資産としての従業員

日本型企業モデルでは、社内の強いコミュニティ意識や、従業員の忠誠心、および経営上の意思決定における長期的視点の形成等を意図した、一連の人事制度を強調する。(注6) 雇用する従業員数を限定するための厳しい選考制度、全社レベルの業績に基づいたボーナス制度、そして従業員参加型の経営スタイルは、すべてコミュニティ意識の形成に貢献していると考えられている。このシステムは、一九五〇年代から一九六〇年代にかけて日本の大企業の間で広く採用され、その後一九七〇年代になってより小規模な企業間にも広まっていった。(注7)

日本的人事制度の中心は、終身雇用制である。終身雇用制は男性の正社員に対して、定年を迎えるまで職を保証した。

この企業側のコミットメントは、従業員と企業のインセンティブを合致させた。(注8) さらには各従業員のアイデンティティは企業全体と一体化し、溶接や旋盤操作といった特定職務との結びつきは希薄になった。その結果、職務内容の変化に対する従業員の抵抗は非常に低いものとなった。また、それと同時に終身雇用制は、企業内訓練（ＯＪＴ）を奨励し、複数のスキルを修得し、環境の変化に対応できるゼネラリストを育成した。(注9)

終身雇用制の下では、短期的に従業員数の調節を行うことは困難となるが、米国にみられるような高い離職率、人材採用や解雇に伴うコスト、従業員の志気の低下等の不安定要素は減少した。(注10)終身雇用制を維持することによって、業務に対する労働力が時として過剰に割り当てられていたとしても、そのコストは、従業員の企業への信頼と協力の増大による効率の向上によって、十分に相殺されると考えられた。

終身雇用制は、日本のマネジャーが社内における出世に努力することを促した。(注11)日本企業の人事部門は、社内でも非常に高い位置を占めている。(注12)また、全社的なローテーション制度は、ビジネスのあらゆる側面に精通したゼネラリストとしてのマネジャーを育成した。(注13)日本のマネジャーは、キャリア形成の過程でさまざまなポジションに配置されることを承知しているため、欧米のマネジャーと比較して変化に対してはるかに抵抗がなく、企業に対する忠誠心も高い。(注14)

また、年功序列制度も、個人間の競争を緩和し、グループの連帯感を高め、長期的な業績でマネジャーを評価する等、企業の長期的業績の向上を目指すことを目的としている。(注15)年功序列制度に基づく給与制度においては、若い従業員はその貢献度と比較して低い報酬しか得ない傾向があるという事実は、特筆に値する。

このような状況は、二次的労働市場が未発達で、若い労働者が他企業のより高い報酬に引き付けられる可能性がほとんど存在しないという場合にのみ存続し得る。(注16)

企業内組合は、組合のリーダーと企業の中間管理職層の密接な関係を特徴とする。企業内組合は、日本的人事制度をさらに補強し、欧米企業にみられる多くの労働問題の回避に貢献した。(注17) また、組合は、変革に対する従業員の受容性を高めた。なぜなら、組合は各企業が抱える特有の問題に対応し、労働者は社内で職務間を移動することを容易に受け入れるという状況が存在していたためである。企業内組合制度は、欧米のアプローチと比較して、従業員の利益と企業の優先事項をより近いものとした。(注18) また、経営やプロセス改善に対する従業員の積極的な参加は、終身雇用制、年功序列型の昇進、給与制度、そして組合組織にも関連している。

⑤コンセンサスによるリーダーシップ

日本型企業モデルにおけるリーダーシップ・プロセスは、コンセンサスを追求することを特徴とする。稟議書による意思決定プロセスは、懸案事項に対する意見表明の機会をすべてのマネジャーに提供することによって、コンセンサスを形成し、その実施を円滑に進めた。(注19) 公式な組織内における非公式なグループによる議論を通じて、意思決定の叩き台が形成された。(注20) 各グループ内には年齢と密接に関連した明確なヒエラルキーが存在しているが、実行責任は年功に無関係な非公式なグループ内に広く分散している。エズラ・ヴォーゲルは、これらの非公式なグループ・ダイナミックスは、一般的に指摘されているような、稟議書による意思決定プロセスや終身雇用制、年功序列制度

よりもむしろ、日本的経営の成功に貢献した、としている。(注21)
クオリティー・サークル（ＱＣ）や全社的品質管理（ＴＱＣ）は、コンセンサスの形成や会社志向を助長した。このように多くの公式、および非公式な形での従業員の経営プロセスへの参加は、高い品質水準の達成と製造現場における漸進的なイノベーションの導入に貢献した。(注22)

年功序列制度においては、経営トップ層への昇進は通常の場合時間がかかり、様々なポジションを何年間もかけて歴任した後のことである。しかし、第二次大戦直後から一九七〇年代の期間、経営者層に真空状態が発生したため、比較的若い年齢の人々が最高責任者の地位につくことができた。ソニーの盛田昭夫氏やホンダの本田宗一郎氏はその代表格である。しかし、七〇年代以降、社長の平均年齢は上昇した。その一方で、より多くの個人に引退前の最後のポジションとして社長の椅子を提供しようとした結果、その平均在任期間は短くなった。このような状況を考慮すれば、大多数の現役の経営陣が職場の調和を過敏なまでに重視することはそれほど驚くべきことではない。

⑥強固な企業間ネットワーク

日本型企業モデルの重要な要素の一つに、クモの巣のように複雑に張り巡らされた企業間ネットワークがある。このネットワークは、銀行、供給業者、さらには関連産業分野の企業から構成される。このような企業関係は日本のいたるところに存在する。しかし、そのなかでも、最も有名なものは「系列」の名で知られている、企業グループであろう。従来、日本企業はその資産の八〇～九〇％を銀行、なかでも系列銀行からの融資による資金で調達してきた。大部分の株式は通常、株式の持ち合いを通じて、好意的な株主によって保有されてきた。このような企業相互の株式持ち合いの仕組みは、安定した長期的株主構造を形成し、短期的業績を求める株式市場からの圧力を取り除いた。(注23) 株主への報酬は、ビジネス関係の維持や、安定成長によるキャピタル・ゲインといった形で提供された。系列内の各企業は、それぞれ高い独立性をもって経営されている一方、可能な限り系列内で製品やサービスの売買を行うべきという強固な不文律によって縛られている。したがって、系列制度は、グループ企業間の協調関係やグループの競争力向上に利すると見られる供給業者や顧客企業が組み込まれたネットワークである。

⑦長期的目標

安定した株主と終身雇用等の一連の制度のおかげで、短期的な収益性を重視する欧米のマネジャーと比較して、日本のマネジャーは非常に長期的な視点で意思決定を行うようになった。米国のマネジャーが高い投資利益率（ＲＯＩ）の達成を最優先事項と位置づけているのに対し、日本のマネジャーは、市場シェアの拡大を最優先事項と位置づけている。(注24)

日本における成長と市場シェアの重要性は、雇用を確保するために工場をフル稼働させる必要があるという事情と直結している。たとえば終身雇用制と年功序列制度において、急速な成長は昇進や昇給の機会がより大きくなることを意味した。

この日米間の経営目標の違いが、国際市場における日本企業の成功の中心的要因であったと考える者が多い。半導体のように利益をあげるまでに何年もの投資を必要とする産業においては、特に重要な要因であったと考えられた。日本企業は市場参入後、積極的な価格攻勢によって市場シェアを獲得し、市場から期待できる投資利益率のレベルを引き下げた。その結果、より高い投資利益率の目標値を設定する傾向のある米国企業が投資を打ち切るか、市場から退出することが確実に期待できた。

⑧高成長産業への企業内多角化

強力な成長志向は、多角化も助長した。特に高成長産業への多角化は、企業の寿命を延ばすとともに、既存の成熟産業の余剰人員を再配置する機会を提供した。欧米企業に比べて日本企業は、社内資源の活用により関連産業への多角化を行う傾向がある。これは、日本企業では株式の持ち合いと長期的な株式保有が一般的であったこともあり、企業買収が一般的かつ現実的な経営手法として受け入れられていなかったためである。また、一度雇った従業員を活用していくことに主眼を置いたため、同じスキルが適用可能な関連産業への多角化が望ましいとされた。

内的整合性のとれたシステム

日本型企業モデルは、内的整合性のとれたシステムであった。品質とコストを同時に追求するためには、従業員が全員積極的に参加し継続的改善に取り組む企業文化が必要であった。人事制度とリーダーシップの手法は、そのような文化を育んだ。市場シェア志向および成長志向は、幅広い製品ライン、新製品の頻繁な導入、そして関連産業への多角化を促進した。幅広くかつ急速に変更される製品ラインを支えるには、柔軟な生産体制、サイクルタイムの短縮、そして、複数のスキルを修得し、刻々と変わるニーズに対応できるゼネラリストが必要であった。終身雇用制をはじめとする人事政策は、従業員のインセンティブと行動が合致するように働いた。安定した企業間ネットワークによって、マネジャーは長期的な視点に基づく経営に専念することができ、短期的な利益追求のために雇用を犠牲にする必要はなかった。さらに企業間ネットワークは、供給業者との緊密な関係を構築し、製品開発の効率とスピードを飛躍的に向上させた。

日本型企業モデルは、内的に整合性がとれているだけでなく、日本型政府モデルとも合致していた。たとえば長期的視点は、緩い独占禁止法、脆弱なコーポレート・ガバナンス、そして国際競争からの保護等の政策の上に成立していた。共同研究開発と重点産業育成策により、企業は社内資源による成長を図る一方、終身雇用制を維持することができた。政府による金融市場の厳しい管理によって、日本の金融機関は、日本企業が新製品や生産能力の拡大への積極投資に必要な低コスト資本を確保することができた。また、限られたコーポレート・ガバナンス制度は、成長と雇用を追求する企業の利害と対立するような、株主による収益性追求の圧力から企業を保護した。

日本型企業モデルの内的整合性は、その様々な構成要素が互いに強化し合うことでさらに大きな成功を生んだ。しかし、この内的整合性は、同時に日本型企業モデルの弱みも作り出した。日本型企業モデルは一つの特定の発展パターンのみに方向づけられており、他の発展パターンが生まれることを阻害し、またこのモデルが新しい競争形態や新しい事業分野に対しては有効に働かないことが明らかになってきた。

さらには、モデルを構成する個々の要素に何らかの欠陥が存在した場合、もしくはシステムを変更する必要が生じた際、モデル全体をもう一度作り直すのは非常に困難である。

危険な前兆

一九八〇年代の半ば、日本企業の業績は目覚ましいものであり、日本企業はコストを下回る価格設定をして不当に競争していると、多くの欧米企業が信じ込んだほどであった。しかし、実際ほとんどの場合は、単に信じられないほど日本企業の生産性が高かったというのが事実であった。輸出は急速に拡大し、日本のメーカーは多くの重要産業において世界の市場シェアを獲得した。そして、これらの産業における労働生産性は劇的に向上し、日本型企業モデルは賃金水準と国民一人当たりの所得が急速に上昇する原動力となった。明らかに、日本型企業モデルはうまく機能していた。

しかし、一九九〇年代初めに始まる不況以前から、日本型企業モデルが当時考えられていたようには万能ではないということを示す兆候は伺えた。第一章で述べたように、同じ日本型経営手法を採用しているにもかかわらず、戦後からずっと競争力のない状態のままの産業や企業が少なからずあった。つまり、何か別の要因が生産性の上昇と競争上の成功を決定する上で重要な役割を果たしたはずなのである。

競争力のない産業が存在することよりもさらに大きな問題は、成功している日本企業でさえ、一貫して低い投資利益率しかあげていないという事実であった。企業が長期的競争優位を追求する過程においては、一定期間にわたる低利益は予期されていたことであったが、問題はその低利益率が慢性的なものになってしまったことにあった。多くの日本企業は、真に優れた品質を提供し、あるいは基本的に低いコスト構造を実現することによってではなく、長期的な利益を犠牲にすることによって市場シェアを獲得してきたようにみえるのである。この状況は、特にここ一〇年間においてあてはまるものである。

代表的タイヤ・メーカー6社の売上高利益率（1994－98年）　表3-2

	1994	1995	1996	1997	1998 (%)
ブリヂストン	2.0	3.2	3.6	1.8	4.7
ミシュラン	2.0	4.5	4.4	5.2	4.6
グッドイヤー	4.6	4.6	0.8	4.2	5.4
コンチネンタル	0.7	1.6	1.9	2.5	3.1
住友ゴム工業	2.1	0.0	0.8	0.9	0.8
横浜ゴム	0.6	0.6	0.9	0.4	0.8

出典: アニュアル・レポート, タイヤ年鑑

タイヤを例に考えてみよう。表3－2は、代表的タイヤ・メーカー六社の一九九四年から九八年の間の税引き後売上高利益率をまとめたものである。日本の三社平均の売上高利益率は一・五五%であるのに対し、他国の三社の平均は三・三四%である。米国の主要メーカー、ファイヤストーンを所有している世界市場シェアのリーダー、ブリヂストンですら三・〇六%と、グッドイヤーとミシュランの売上高利益率の平均四・〇三%と比して下回っている。他の多くの産業においても、同一の現象がみられる。

株主からの圧力がほとんど不在であるため、日本の大企業は不採算事業を整理して、資本をより効率よく活用しようとすることは稀で、そのまま延々と事業を維持するという傾向が

ある。日本の経営者はそのような不振事業を「健全な赤字部門」と婉曲的に呼んでいる。高い投資利益率をいつまでも実現できないということこそ、日本型システムの根本的な欠陥の兆候であった。

第二の重要な兆候は、日本の成功産業が、国の大規模な経済のわりには非常に狭い産業分野に限定されていたということである。第一章で述べたように、日本型モデルは限られた産業分野においてのみ機能したのである。これらの産業分野における成功は、国家の生産性や国民の生活水準の向上に短期的には寄与したが、その限界は次第に否定できないものとなった。日本型企業モデルが不完全であることは明白となった。

日本企業の市場における地位が、競争力のある多くの産業において一九八〇年代にピークに達したという事実は第三の危険信号であった。半導体から造船にいたるまで、それまで成功を収めてきた産業における日本企業の国際的地位は、それ以降低下した。競争に対する日本型アプローチが有効であった産業においても、その限界は明らかになった。

最後に、ここ一〇年の間に、少数ではあるが新たな日本企業の貴重な成功事例も登場してきた。それらの企業は例外であり、本章において後述することにする。しかし、かつての新しい事業成長の牽引役であった「系列」は、もはやその座から後退しつつある。

系列企業は、独立系の企業よりも過剰投資、過剰生産する傾向にあるという調査もある。(注25) 一九七一年から八二年の間、系列関連企業の総資産利益率(ROA)は、独立系企業のそれを大きく下回っているという、この調査と一致した研究結果も発表されている。(注26) 慢性的な業績不振は、日本の成功の代表例とされるタイプの企業の間に、より顕著に見うけられるのである。日本の成功を支えた多くの企業は弱体化し、日本型モデルは、不振に陥った企業に代わってその他の企業が新しい牽引者となることを阻害してきた。

オペレーション効率による競争

日本が成功を収めたという事実に対して、企業の収益性が低く、競争力のある産業数が少なく、そして競争力を持った産業もその競争力を維持できないなどの一連の事実をどのように解釈すればよいのであろうか。その答えは、競争に対する様々なアプローチの間に重要な違いがあることを認識することから得られる。

一九七〇年代から八〇年代にかけて日本は、オペレーション効率において世界の模範となった。すなわち、多くの分野に広く応用可能な手法に基づいて、品質の向上とコストの削減を実現した。日本企業は、全社的生産管理（ＴＱＣ）、ジャスト・イン・タイム在庫管理、リーン生産、サイクルタイムの短縮等、我々がすでに詳述した、ほとんどの産業や企業でも通用する普遍的な数々の改善手法を、文字通り世界に教授した。

日本がオペレーション効率においてリーダーになりつつあったことは、一九六〇年代のオートバイ産業においてすでに明らかであった。巨大な国内市場は飽和状態に達しており、その時点ですでにホンダ、ヤマハ、カワサキ、スズキのオートバイメーカー四社は、ハーレー・ダビッドソン、BMW等の欧米メーカーに対して大きなコスト優位を確立していた。そして、四社は、世界市場に進出していった。日本のメーカーは、高度に機械化された加工・組立ラインを備えた大規模なオートメーション設備に対する投資を積極的に行い、リーン生産、サイクルタイムの短縮、欠陥ゼロを追求した。高圧鋳造や冷熱式鍛錬等、先進的な生産技術は加工コストを下げ、金属廃棄物の発生を削減した。また、日本のメーカーは、供給業者との緊密な関係を維持した。

日本のオートバイメーカーは、セル・スターター、四気筒エンジン、ディスク・ブレーキ、五速トランスミッション等、継続的に新しい機能を付加した。日本のメーカーは製品モデルをアップグレードし、モデル・チェンジを毎年行った。一九七〇年代の中頃までに、日本のメーカーはより低いコストとより優れた品質を同時に提供し、欧米のライバルをはるかに引き離した。

日本のVTR（ビデオ機器）のメーカーも同様の輝かしい業績をあげた。日本電子機械工業会によると、VTRの生産単価は、一九八〇年には一二万七〇〇〇円だったものが、八六年には六万二〇〇〇円まで低下した。日本のメーカーは、部品と生産工程の標準化、集積回路の活用、自動部品挿入機の導入等によりコストを引き下げた。また、VTRメーカーは製品を小型軽量化し、音質や

生産性のフロンティアを押し上げた日本企業　図3-1

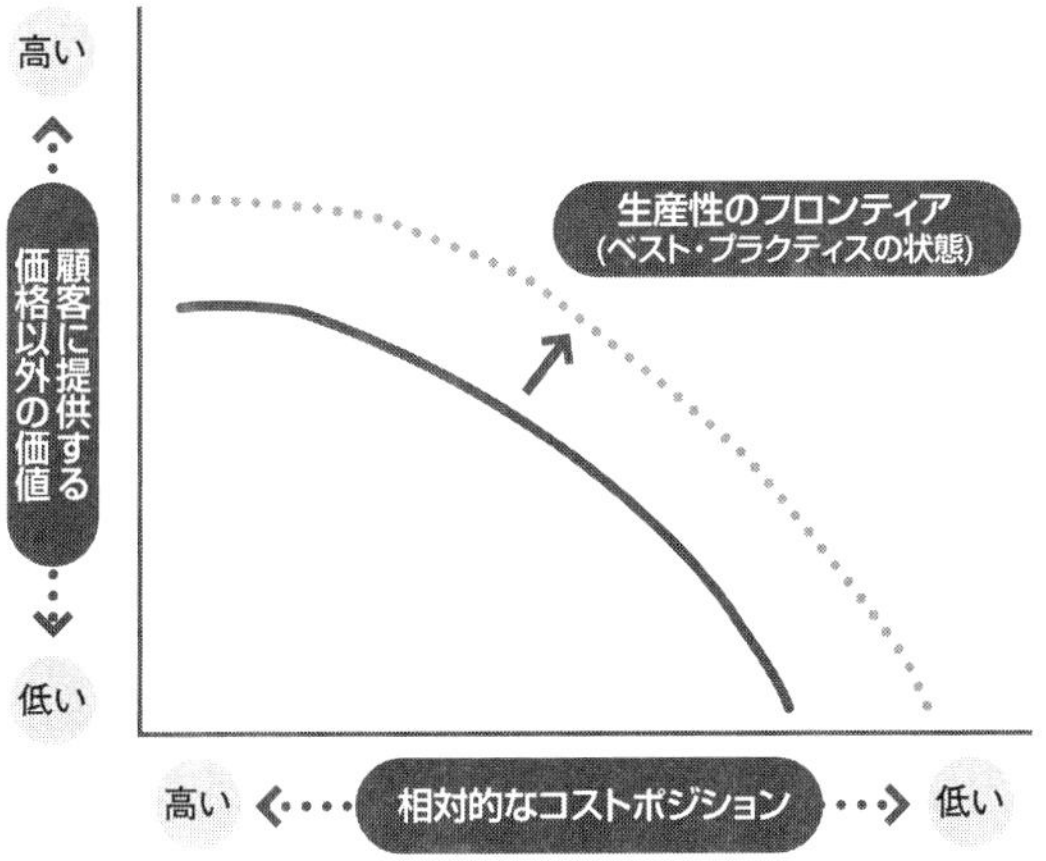

画質を向上させた。このようなオペレーションにおけるイノベーションは、日本の産業全体に急速に普及した。

日本企業は、オペレーション効率においてはるかに先行していたため、生産性のフロンティアを規定した(注27)(図3-1参照)。この生産性のフロンティアは、企業がある所定のコストのもとで、入手可能な最高の技術やスキル、経営手法、調達した投入資源を用いて、買い手に対して与えうる最大の価値として考えることができる。要するに生産性のフロンティアとは、ある時点においてある産業内に存在するベスト・プラクティスの集大成である。

一九七〇年代と八〇年代において日本企業は、生産性のフロンティアを多くの欧米企業の能力を超えた新しいレベルへ押し上げた。

オペレーション効率がはるかに優れていたため、日本企業は欧米企業に対してコストと差別化の両方において勝利を収めた。日本企業が成功を収めている産業では、数多くの日本企業が激しい競争を展開して、ライバルの動向には瞬時に対抗し、オペレーション効率の向上をさらに加速化した。最初は各企業によって異なる製品構成を持っていた産業においても（たとえばファクシミリの事例にみられるように）、製品構成は次第に収斂していった。結果的には、すべての競争業者が同じ機能を持った同じ製品をフルラインで提供するという現象をもたらした。

最初は、すべての日本企業に成長する余地があった。特定の企業がライバルより優れたポジションを維持するということは稀であったが、少なくとも世界の他の企業が日本のレベルに追いつくまでの一〇年間は、日本企業全体として国際市場におけるシェアを獲得していった。

しかし、一九八〇年代の半ばから後半にかけて、日本企業と欧米企業のオペレーション効率の格差が狭まり始めた。そして、日本のオペレーション効率向上のための手法をうまく取り入れた米国企業は、特に情報技術（ＩＴ）の活用で生産性のフロンティアを拡大し始めた。新しい汎用ソフトウエア・ソリューション、ノート・パソコン、モバイル・コミュニケーション、そしてインターネットを活用し、米国企業はベスト・プラクティスを再定義し、生産性のフロンティアをさらに外側へと、劇的に拡大した。加えて米国企業は、サプライチェーン・マネジメントやアウトソーシングといったＩＴの進歩によって実現可能となったコンセプトを取り入れ、効率を抜本的に向上させた。

各国企業は、日本企業にオペレーションにおいて追いついたのみでなく、国際競争が激化するにつれて、日本企業よりもはるかに積極的な事業再編に取り組んだ。

一九七四年にモトローラが松下電器にテレビ部門のクウェーザーを売却した際、松下は驚くべきことに、同じ生産施設と労働者を用いて数年以内に欠陥率を一%に引き下げられることを発見した。また、モトローラは、携帯電話で日本企業と激しい競争を経験した際には、自社の品質の問題に直面することを余儀なくされた。一九七九年のロバート・ガルビン会長のモトローラ製品の品質があまりにもひどいという嘆きの声は、モトローラ全社を巻きこんだスピーディな品質改善運動へと駆り立てた。一九八〇年、モトローラは、品質を一〇倍向上させる五年計画を担当する上級役員を指名した。八〇年代半ばには、有名なシックス・シグマ・プログラムへの取り組みを開始し、事実上欠陥品ゼロの生産を目指した。これらの取り組みにより、五年間で二二〇億ドルのコストを削減した。八八年にモトローラは、マルコム・ボルドリッヂ賞を受賞した最初の米国企業となった。

九〇年代初めにはモトローラは、日本のオペレーション手法を取り入れることで日本企業に追いついた。そしてさらに数歩先へと進んだ。同社は、品質に対する基準をさらに厳格にしただけでなく、日本企業においては生産現場だけで行われるのが普通であった顧客志向を、あらゆる業務プロセスに導入したのである。一九九一年、モトローラの総合顧客満足活動が始まった。

もう一つの例として、ヒューレット・パッカード（ＨＰ）があげられる。一九八七年に当時の最高経営責任者ジョン・ヤングは、日本の子会社であった横河ヒューレット・パッカードが達成した改善活動を目の当たりにし、熱烈なTQC信奉者になった。生産コスト削減と品質向上によって、横河の製品は他のHPの製品群よりも性能面で優れていた。横河は、クオリティー・サークル（QC）活動を一九七九年に採用し、八二年には栄えあるデミング賞を受賞した。TQC活動によって達成できる成果を目の当たりにしたヤングは、一〇年以内に品質を一〇倍向上させることを宣言した。HPは、そのプロセスをさらに進展させた。HPは、社内でQMS（クオリティー・マチュリティー・システム）の名で知られているシステムを確立した。QMSでは、各部門に対して以下の五つの項目についてレビューが行われた。戦略的フォーカス、ビジネス・プランニング、プロセス・マネジメント、「カイゼン」プロジェクト、そしてリーダーシップの五つである。また、品質面で最高の業績を残した部門に与えるプレジデント・クオリティー賞も設立した。

比較的成熟した産業でも、このような動きに呼応する企業が存在した。オートバイ産業では、一九八一年当時、ハーレー・ダビッドソンは米国政府の保護を申請するまでに日本の競争業者によって追い詰められていた。しかし、ハーレーは政府から与えられた五年間の猶予期間を利用してオペレーション効率を向上し、逆襲に転じた。ハーレーは日本の手法を取り入れ、工場の自動化と従業員の自主性尊重プログラムに多額の投資を行った。その結果、生産単価は下がり、生産性は向上した。ハーレーは製品により多くの電子装置を取り入れ、TQCプログラムに取り組んだ。九〇年代には、ハーレー・ダビッドソンは日本の競争業者と肩を並べる生産性を誇るようになり、また世界中からの注文のバックログを抱えるまでになった。そして、日本企業に欠けていてハーレー・ダビッドソンが持っていたものは、独自の戦略的ポジションであった。この点については後に詳述する。

日本企業が気づいたように、ベスト・プラクティスは、早晩ライバルによって模倣されてしまうものである。最も一般的なオペレーションの改善、たとえば汎用性の高い経営手法、プロセス技術や投入資源の改善等は、最も早く他社に普及する。

そして、競争に対する日本型アプローチには、より深刻な問題が内在する。ベスト・プラクティスを脇目もふらず徹底的に追求することによって、産業内のすべての競争業者が同じ次元で競い合う、競争の収斂という現象を生み出すのである。より多くの競争業者が世界で最も優れた供給業者から購買をすればするほど、多くの場合同一の供給業者であるため、互いの製品は似通ってくる。品質、サイクルタイム、または供給業者とのパートナーシップ等における改善を競争業者が互いに模倣し合えばし合うほど、競争はすべての競争業者が同じ道を走る勝者のないレースと化してしまう。日本企業は、品質とコストを同時に改善するというオペレーション効率の視点からのみ競争をとらえているため、競争において持続的な成功を収めることを自ら極めて難しいものにしてしまっている。ベンチマーキングを実施すればするほど、企業は似通ってくるのだ。そして、真のイノベーションが生まれることはない。

日本のパーソナル・コンピュータ（ＰＣ）産業について考えてもらいたい。すべての主要な競争業者は、あらゆる顧客を対象として、同じタイプの技術を提供し、同じ新規生産設備に投資を行い、生産ラインの速度を上げる一方で人員削減に努め、真正面からぶつかり合っている。しかも、生産性向上の利益は、すべて顧客と供給業者に吸収されてしまい、産業内により高い利益をもたらすことはない。デルコンピュータ、ゲートウェイ、アップル等、それぞれ独自戦略を打ち出し、おおむね高い収益をあげている米国のＰＣメーカーとは異なり、日本のＰＣメーカーで高い収益を記録している企業は皆無である。

オペレーション効率による決定的なリードを失った日本企業にとっては、低成長と競争の収斂は大きな苦痛をもたらす組み合わせとなった。オペレーション効率のみに基づいた競争は、相互破壊的であり、消耗戦につながる。オペレーション効率の絶対的な向上は、どの競争業者の相対的な向上にもつながらない。もしも、すべての企業が似たり寄ったりの価値しか提供しなかったとすれば、顧客は価格に基づいた選択をせざるを得なくなる。これは必然的に価格水準を引き下げ、利益を消し去ってしまう。

同時に、競争の収斂は、重複した投資や過剰な生産能力を生み出す傾向につながる。一九九九年の初めにおいては、日本の鉄鋼の過剰生産能力は三九％、自動車は二六％、化学繊維は三三％、造船は二六％と推定されている。(注28) つまり、オペレーション効率のみで競争をしてきたことにより、多くの日本企業は自ら仕掛けた罠に掛かってしまっているのである。

オペレーション効率の向上を目指すだけの競争は、また別のより目に見えにくい結果ももたらす。ある産業の平均利益率を決定するのは、その産業構造であり、いかなる企業の収益性もその企業が位置する産業構造から影響を受ける。産業構造は次の五つの主要要素から構成される。すなわち、買い手の交渉力、売り手の交渉力、新規参入の脅威、代替品の脅威、そして、競争業者間のライバル意識である。(注29)

競争に対する日本企業のアプローチは、競争業者間の違いをなくしてしまうだけでなく、産業全体の収益性を阻害することにつながる。競争は価格競争と化し、交渉力は売り手に渡り、競争業者の同一化は、日本企業のみならず日本を模倣するアジア企業に対して参入障壁を下げることになる。結果として、収益性はますます悪化する。

日本型政府モデルは、経済全般にわたって保護政策を続け、金融市場を歪曲化することによって、日本型企業モデルに内在する問題を長期にわたって手つかずのままで残すことにつながった。政府の介入や、廉価な資本コスト、株主による収益性追求の圧力の欠如などの環境のおかげで、日本企業は、国内事業における収益で国際事業を埋め合わせ、低収益にもかかわらず積極的な投資を継続することができた。

戦略なき競争

継続的改善の積み重ねは、戦略ではない。競合他社の模倣や同じ手法を少し上手に行うことも、戦略とは呼べない。すべての競争業者がほとんど同じ製品の種類、機能、サービスを提供し、同様の販売チャネルを使用し、互いの製造プロセスと同レベルの効率性を達成したとすれば、どの企業も独自の競争優位を持っていないことになる。競争に対するこのような日本企業のアプローチと戦略の欠如がもたらす危険性は、いくつかの代表的な産業事例によって鮮明に例証されている。

①半導体産業

日本企業の模倣戦略への強い傾倒は、ほとんどあらゆる企業にみることができる。半導体産業を考えてみてほしい。日本の半導体メーカーは、一九八〇年代以降、世界市場において七年間連続してトップの座にあった(注30)。八八年には、世界の上位一〇社のうち六社を日本企業が占めており、NEC、東芝、日立製作所がトップ3を独占していた。しかしその後、九二年にインテルが世界のリーダーになり、九三年には日本は世界市場シェアの最大の保有国ではなくなった。九八年には、わずかに四社が上位一〇社にランクされており、トップ3には一社が入るのみとなった(表3-3参照)。

売上規模による世界の半導体企業のランキング　表3-3

順位	1988	1992	1998	1998 市場シェア
1	NEC	インテル	インテル	16.4
2	東芝	NEC	NEC	6.0
3	日立	モトローラ	モトローラ	5.0
4	モトローラ	東芝	東芝	4.4
5	TI*	日立	TI	4.3
6	富士通	TI	サムソン	3.4
7	インテル	富士通	日立	3.4
8	三菱電機	三菱電機	フィリップス	3.3
9	松下電器	フィリップス	STマイクロ・エレクトロニクス	3.1
10	フィリップス	松下電器	富士通 / ジーメンス	2.8

（年度は抜粋）

*TI（テキサス・インスツルメンツ）
出典：データクエスト

競争に対する日本型アプローチは、市場シェアの消失だけでなく、慢性的に低い収益性を生んだ。一九九九年度に半導体事業で利益をあげる見込みのある日本企業は皆無である。(注31)米国のメーカーとは全く対照的に、日本の主要メーカーはすべて、過去三年間損失を計上している。

日本の半導体メーカーの後退理由は何であろうか。端的にいってしまえば、これらの企業はすべて、オペレーション効率のみによる競争の犠牲となったのである。相互破壊的な消耗戦は現在も続いている。表3-4が示すように、すべての日本の半導体メーカーは、トランジスターからマイクロ・プロセッサーまでフルラインの製品を揃えている。対照的に米国の半導体メーカーは、何をしないかについて終始明確であった。たとえば一九九五年までにテキサス・インスツルメンツ(TI)以外の全メーカーは、メモリー・チップから撤退している。(注32)

今日、パソコン(PC)の中をのぞいてみると、米国と日本の半導体メーカーの差異は明らかである。高価格のブランド化されたチップ(マイクロ・プロセッサー、チップ・セット、グラフィックス・アクセラレーター、ハードディスク・コントローラーその他)は、すべて米国製である。日本メーカーのブランドマークはメモリー・チップに見つけられるのみである。驚くべきことに、この状況はIBM、コンパック、デル、その他の米国のPCメーカーによって製造されたPCにのみみられるものではない。日本のメーカーによって日本の顧客のために日本国内で製造されたPCの中身も、同様の状況である。

日本の半導体メーカーの模倣戦略　表3-4

セグメント	日本企業						非日本企業			
	NEC	東芝	日立	富士通	三菱	松下	インテル	TI	モトローラ	フィリップス
ダイオード	○	○	○	○	○	○				○
トランジスター	○	○	○	○	○	○				○
半導体整流素子	○	○	○	○	○	○				○
サイリスタ	○	○	○	○	○	○				○
光電変換素子他	○	○	○	○	○	○				
ホール素子	○	○	○	○	○	○				
熱電・感圧その他素子	○	○	○	○	○	○				
サーミスタ	○	○	○	○	○	○				
バリスタ	○	○	○	○	○	○		○		○
CCD	○	○	○	○	○	○		○		○
集積回路	○	○	○	○	○	○		○	○	○
MPU/MCU	○	○	○	○	○	○	○	○	○	
ゲートアレイ・セルベースIC	○	○	○	○	○	○	○			
メモリー	○	○	○	○	○	○	○		○	
太陽電池	○	○	○	○	○	○		○		
ディスプレイ素子	○	○	○	○		○				
フォトマスク・マスクブランクス		○				○				
パッケージ・材料		○			○	○				
リードフレーム・材料		○	○		○	○				
部品・材料・その他		○	○	○	○	○				

注：各企業の本国市場における製品構成を記載。フィリップスに関しては、欧州市場での製品構成を示している。
出典：1997年集積回路ICガイドブック（日本電子工業会）

米国の企業はそれぞれ、非常に絞り込んだ顧客層に焦点をあてている。テキサス・インスツルメンツ（ＴＩ）を例にとってみよう。八〇年代の半ばまで、ＴＩは世界最大の半導体メーカーであった。当時は防衛や軍関係のセグメントを含め、幅広い顧客を対象としていた。今日ＴＩは、携帯電話市場に特化している。防衛部門はレイセオン社へ、モバイルＰＣ部門はエイサー社へ、そしてメモリー・チップ部門はマイクロン・テクノロジー社へとそれぞれ売却した。欧米企業は、生産へのアプローチにおいても日本企業と異なっている。多くの企業は、自社独自デザインのチップ生産をアウトソーシングしており、自ら生産にかかわることはない。

これとは対照的に、日本企業は独自の戦略を持っていない。同様の製品をフルラインで揃え、あらゆる顧客に対して提供していることに加え、すべての日本メーカーは、同じような垂直統合化したビジネスモデルを採用している。ほとんどすべての研究開発活動を社内で行い、自動化された自社生産施設を運営し、社内のスタッフによるマーケティング、販売、および顧客サービス活動に依存している。生産コストの削減に経営の焦点をあてているため、すべての日本企業は、同じ製品を生産するための最新工場と設備に多額の投資をする。このため、日本の産業は慢性的に過剰設備を抱えることとなった。

日本の半導体メーカーは、競争に対して自己破壊的なアプローチをとっているのである。これらの企業がオペレーション効率において優位に立っていた時期には、模倣戦略は欧米のメーカーからシェアを奪うということで埋め合わせされていた。しかし、今日オペレーションの優位はほぼ存在しない。また、産業構造も利益を生まないものになってしまった。他のアジア諸国のメーカーは、汎用製品において日本のオペレーション手法をたやすく模倣できるようになった。すべてのメーカーが同じ物を提供するなか、顧客は価格を基準に選択し、それは必然的に利益を減少させる結果につながる。

業績不振に直面し、日本企業は汎用DRAMからの撤退を開始した。沖電気と松下電器は、次世代の二五六メガビットDRAMからの撤退を決定した。また、富士通、日立、松下電器、沖電気は、DRAM工場を閉鎖した。しかし、これまでのところこのような縮小策はまだ小規模なものにとどまっている。真に独自のポジショニングをとることへの本格的なコミットメントを表明している日本企業はまだない。

②アパレル産業

日本の消費者は、ファッションを熱心に追い求め、世界一高い水準の代金を支払うことを厭わない。しかし、オンワード樫山、レナウン、ワールド、イトキン、サンヨーといった日本を代表するアパレル企業はどれも国際競争力を持たず、グローバル市場において際立った地位を確立しているわけではない。なぜだろうか。再びその答えは、模倣戦略あるいは「ミー・トゥー（me-too）」戦略にある。加えてアパレル産業の事例は、日本の国内産業保護政策が、競争にもたらす予期せざる影響をも例示している。

長年にわたり、日本のアパレル企業は生産のほとんどを国内の小規模な縫製会社に委託してきた。そして、委託先の縫製会社に対して、強力なコスト削減の圧力をかけてきた。アパレル企業が実際の生産プロセスに直接かかわることはなかったため、日本企業の成功を支えた中心的な要因であるプロセス・イノベーションの類は行わなかった。そのかわり、百貨店における売り場スペースの確保、製品ラインの拡張、そして高級輸入ブランドのライセンス契約等に力を入れた。

一九七〇年代の初め、アパレル企業は、都会の最先端ファッションの小売販路として台頭した百貨店との関係を従来以上に強化していった。たとえばオンワード樫山は、「オンワード方式」を開拓した。オンワード方式では、オンワードの従業員が百貨店で販売員として働き、商品ディスプレイ、価格設定、在庫管理を担当した。商品は委託形態で百貨店に卸され、売れ残った商品は返品が可能であった。

ライバル各社はオンワードの手法をすぐに模倣し、この手法が事実上の業界標準となった。オンワード方式を採用することにより、アパレル企業は値下げを回避し、消費者から直接、情報を収集することができた。実際の売り場を使ったテスト・マーケティングの実施や、製品ミックス、スタイル、色等において素早い商品対応が可能になった。しかし同時に、百貨店に対してこのような居心地のよい関係を築いたことで、他の販売チャネルを開拓したり、独自チャネルを構築したりすることはなく、海外進出に取り組むこともなかった。すべての企業が同じことをしていたので、独自のポジショニングを構築した企業は皆無であった。

一九七〇年代の終わりには、競争の焦点は、多数のブランドを持つことによる市場シェア追求へと移行した。アパレル企業は、品質が悪く、少々流行遅れの商品に、従来とは異なるブランド名をつけ、量販店やスーパー等の大量販売市場の販路に流した。主要な顧客である百貨店に対する配慮から、新しいブランドが必要だったのだ。レナウンがこの手法を開拓したが、ライバルもすぐに後に続いた。その結果、無数のブランドが氾濫したが、独自の戦略ポジショニングを確立した企業は皆無であった。

ブランド氾濫の問題は、オンワード方式によって新しいスタイルの頻繁な導入が促進されたことによって、さらに悪化した。日本の顧客は、店を訪れるたびに新しい商品を見ることに慣れてしまった。その結果、アパレル企業は互いに対抗するように、矢継ぎ早に新商品を導入することで手一杯になってしまった。

国内で多数のブランドとスタイルの管理に夢中になっていたため、国外でブランド育成をする可能性については全く注意を払わなかった。また、多数のブランドとスタイルを生産するコストを相殺するために、ほぼすべての企業がそろって各スタイルのサイズの種類を減らした。この施策は、体型が比較的似通っていて、なおかつサイズが合わない商品に寛容な日本の消費者には受け入れられた。しかし、幅広いサイズの品揃えや着心地のよさが要求される米国や他の諸外国において、日本企業が競争する能力を著しく減退させた。

一九八〇年代から九〇年代初めにかけて、アパレル企業間の競争は再び、全員が同じコースを走るレースになった。今度は、欧米ブランドのライセンス契約獲得競争であった。八八年だけでも、五〇以上のライセンス契約が交わされた。そのほとんどは、外国の最高級ファッション・ブランドとの契約であった。アパレル企業に加え、伊藤忠商事や三井物産といった日本の商社も輸入ブランドのライセンス獲得に積極的に乗り出した。同じブランド群をめぐる激しい獲得競争が起こったため、日本企業は、外国ブランドに対して非常に寛容な輸入最低購買数量や長期にわたる契約、日本でのマーケティング支援を約束する等、不利な契約を結んでしまった。表3-5は、伊藤忠商事一社が一九八二年から九一年の一〇年間にライセンス契約したブランドのリストである。

多くの場合、ライセンス元は同じ国、イタリアであったため、数多くのライセンス契約を結べば結ぶほど、日本の競争業者は互いに似通ってきた。輸入ブランドが洪水のように日本市場にあふれると、その魅力は衰えてしまった。また、未曾有のライセンス輸入のブームは、バブル経済の頂点と一致していた。すべての日本企業が、ひたすらライセンス契約を拡大しようとした結果、産業の収益性は損なわれてしまった。ライセンス契約に依存したため、日本企業はまたも、国際市場へ進

伊藤忠商事による契約外国ブランド　表3-5

年	ブランド
1982	ミラ・ショーン (イタリア)
1983	ダンヒル (英国)
1985	チェスター・バリー (英国)
1986	トラサルディー (イタリア)
1987	ジョルジオ・アルマーニ (イタリア)　エンポリオ・アルマーニ (イタリア)
1988	エンリコ・コベリ (イタリア)
1989	GFT (イタリア; '91に解消)
1990	セリーヌ (イタリア)　ナザレノ・ガブリエリ (イタリア)
1991	ブルガリ(イタリア)　マリオ・ヴァレンチノ (イタリア)

出するために必要な独自のスタイルやブランド力を構築することができなかった。

③チョコレート産業

最後に、世界中で人気のある菓子、チョコレートの事例を考えてみよう。マーズ、ハーシー、スチャード、ネスレ・マッキントッシュ（一九八九年に合併）、リンド、ゴディバ等の外国のチョコレートメーカーは日本市場に進出しようと継続的な努力をしてきたが、その逆は皆無であった。日本はチョコレートの大生産国であるにもかかわらず、米国や欧州市場への輸出、合弁、あるいは海外直接投資によって、本格的に海外進出を試みた日本メーカーはない。

森永製菓、明治製菓、ロッテ、グリコ、不

二家の日本を代表するチョコレートメーカーは、多数の類似した商品で国内市場をあふれさせ、どの商品も非常に小さい市場シェアしか得ていない。各メーカーはあらゆるセグメントで活動しており、独自の商品ライン、独自の市場ポジショニングを打ち出す企業はない。競争は、既存商品をベースとして商品の形、名前、パッケージ、添加物等に微細な変更を加えることで行われ、味や品質の本格的な変更をともなうことは稀である。たとえばバブル絶頂期の一九九一年、森永製菓一社だけで一年間に三二種類の新しいチョコレート製品を発売し、四二種類の製品の発売を打ち切ったが、市場に流通している製品の数は八九種類にも及んだ。他の企業の施策も類似している。小さな変更にせよ、製品の変更はコストを上昇させる。さらに、古い商品を早急に市場から排除したいという意図から、メーカーが返品を受け入れるというもう一つのコストのかかる慣行を生む結果につながった。

チョコレートメーカー各社は、一九九二年に商品の氾濫に対処し始めたが、今も膨大な商品ラインを抱えている。森永のブランド数六〇(一〇〇以上のブランドを廃止後の数である)と、世界一二〇カ国に進出しているマーズの四〇を比較してみれば、その差は明らかである。国内主要メーカーは、今日でも一〇〇〜一二〇の新製品を毎年発売している。この無意味な商品の氾濫を継続させている理由の一つは、日本の特異な流通チャネルである。棚の割り当てスペースを確保するために、各社は目新しい商品ラインを毎月発売しなければならない。

すべての主要な日本のチョコレートメーカーは、同じ複雑な流通システムに依存している。まず、チョコレートは大手の卸売業者を経て地方の卸売業者へと販売される。そしてスーパーや百貨店、数十万に上る小売店への納入にはそれぞれ別の卸売業者が利用される。さらに、小売店の密集度が非常に高い東京地区は、また別の卸売業者が担当する。(注33)

日本のチョコレートメーカーは互いに模倣し合うだけでなく、欧米のメーカーをも模倣した。一九七三年、日本の代表的チョコレートメーカー、ロッテは、ネスレと日本における合弁企業を設立し、ネスレの「ネスレ・クランチ・バー」の生産技術のライセンス契約を結んだ。同年、ロッテは類似商品の「クランキー」を発売し、ネスレを驚かせた。一九七三年にロッテは、ネスレの製品をわずか三〇〇トン売り上げたのに対し、自社のクランキーを三〇〇〇トン売り上げた。七三年、マーズが一〇〇%子会社を通じて「M&Ms」を日本で発売した際には、半年以内に二五もの類似商品が登場した。

要約すると、すべての顧客に対してすべてのものを提供しようとするということは、戦略へのアンチテーゼである。日本のチョコレートメーカーの類似戦略および模倣戦略は、国内市場の収益性を犠牲にしたのみならず、国際的競争優位を生むいかなる可能性も排除してしまった。

戦略による競争

オペレーション効率は、企業が卓越した業績を追求する二つの方法のうちの一つでしかない。もう一つの方法が、戦略である。すなわち、特色のある製品やサービスを提供し、独自のポジショニングを打ち出して競争する方法である。たとえばハーレー・ダビッドソンは、大型バイク、男っぽいイメージ、顧客ロイヤルティ・プログラムに焦点をあて、独自のポジショニングを確立した。ハーレーは、オペレーション効率の向上に継続的に努める一方で、明確な戦略も持っている。

オペレーション効率とは、同じかあるいは似通った活動を競合他社よりもうまく行うことを意味する。戦略の中核は、事業で競争する上で必要な活動を競合他社とは異なるやり方で行うことにある。もし、あらゆる製品を生産し、あらゆるニーズに応え、あらゆる顧客へアクセスするために同じ一連の活動が最適な手段であるならば、各社の業績を決定するのはオペレーション効率であろう。

しかし、選択したポジショニングに合わせて様々な活動を調整することで、企業は、他社とは異なるコストもしくは顧客価値を実現できることが多い。ハーレー・ダビッドソンは、BMWや他のライバルとは異なる製品デザインとマーケティングへのアプローチを採用している。それらの異なる活動こそがハーレーの競争優位の源泉なのである。活動の内容に明確な違いを伴わない戦略では優位性を保つことは難しい。

したがって、戦略は真のイノベーションを必要とする。企業は、新たな製品やサービスのコンセプトを打ち出し、競合他社とは一線を画するような異なる活動を展開する必要がある。既存の企業活動を漸次的に改善するだけでは、戦略としては不十分である。

戦略は、独自のポジションを選択し、それに応じて活動を調整するということにとどまらない。戦略とは、顧客に価値を提供する上で、トレードオフ（二者択一）を行うことである。トレードオフが発生するのはいくつかの戦略的ポジションとそれらに必要な活動に整合性が欠けている場合である。つまり、一方のポジションを増強したければ他方を減らさなければならない場合である。したがってトレードオフは、模倣の可能性を制限する。

航空会社ならば、機内食を出すことを選択することができるが、コストがかかり、ゲートでの回転は遅くなる。逆に、価格に敏感な米国の旅行者をターゲットとしたサウスウエスト航空のように、機内食を一切出さないと選択することもできる。しかし、その両方を選択することは非効率につながる。化粧品会社なら、エスティー・ローダーのように広告宣伝を行うことを選択することができる。またザ・ボディ・ショップのように、マスメディアを使った宣伝ではなく別の方法でコミュニケーションを図ることを選択することもできる。(注34) しかし、両方を選択することはできない。

つまり、何をしないかという選択が、戦略の核心である。自社がどういう種類の顧客に対して、どのような製品群を提供し、どのようなニーズに応えようとするのかを決定することは、戦略策定の基本である。しかし、それ以外の顧客、ニーズ、機能やサービスを提供しないと決定することも、戦略策定の基本である。トレードオフが行われなければ、競争は、同じ次元における価値を追求する相互破壊的な争いに陥ってしまい、成功する確率はオペレーション効率だけで決まってしまう。

したがって戦略には、絶えず自らを律することと、選択した戦略を明確に伝えることが必要である。実際、戦略を明確化して伝達することの最も重要な機能は、各従業員が日常の業務や意思決定の場でトレードオフに直面したときに、適切な選択を行えるように導くことにある。

何をしないかを選択するということは、一見事業の成長を抑制するように思われるため、特に困難である。たとえばある特定の顧客グループを選択し、その他の顧客を除外することは売上増加を制限してしまうかもしれない。低コスト・低価格を強調する戦略は、機能やサービスに敏感な顧客からの売上を喪失することになる。逆に、差別化戦略は、価格に敏感な顧客への売上を失う。

マネジャーは、このような制限を外すことにつながる段階的な手段をとりたいという誘惑に常にかられている。しかし、それは、企業の戦略的ポジションを曖昧なものにしてしまう。最後には、市場シェアを拡大せよという圧力のためや、ターゲット市場が飽和状態になったと思われることから、企業は自らの戦略的ポジションを拡大してしまう。そのような企業は、人気のある機能を付け加えたり、自社の戦略にフィットしない製品ラインやサービスを追加することで、「安易な」成長を追い求める誘惑に屈服してしまう。もしくは、自社が何ら特別に提供するものがない新規の顧客や市場をターゲットにしてしまう。さらに悪い場合には、競合他社の人気のある製品やサービスの模倣を始め、他社の生産プロセスと同じプロセスを採用し、最悪の場合には他社が買収したものと似たような事業の買収まで始める。

市場シェアや成長を追求する中で必要となった妥協や矛盾は、企業が元々持っていた競争優位を、それがどんなものであったにしろ侵食してしまう危険を孕む。複数の方法で同時に競争をしようとすれば、混乱を生み、組織の志気と方向性を失ってしまう。利益が下がると、さらに売上を伸ばすことが解決策のように思われる。マネジャーが選択できなかったり選択したがらないとき、企業は更なる拡大と妥協を重ねる。しばしばライバル企業間で、互いに他が行ったことの真似をし続け、最後には企業の将来性がなくなるまでこのサイクルを繰り返す。欧米では、これは買収の対象となることや、ダウンサイジングを意味する。

企業が優れた業績を達成し続けるためには、戦略とオペレーション効率の両方が不可欠である。しかし、ベスト・プラクティスが世界に普及する中で、オペレーション効率を追求することは当然のこととなってしまった。しかし、卓越した業績はオペレーション効率のみでは達成できない。戦略こそが、勝者と敗者を分かつのである。また、真の戦略は真似のしにくいものである。

戦略による競争を追求することは、また別の利点を備えている。それによって、顧客は真に異なる製品やサービスの選択肢を手にし、特定の顧客層に焦点を当てた競争企業はその当該顧客のニーズをよりよく満たそうとし、市場全体がさらに成長するというような、拡大再生産的な良好な形の競争が生まれる。産業構造の魅力度もその過程で向上する。

新たなルールを証明する例外的日本企業

これまでの事例でたびたび示したように、戦略を持っている日本企業は稀である。日本企業の多くは、独自の競争方法を選択し、それに合わせて活動を調整し、トレードオフを行うことはない。むしろ、必要以上に多数の製品や機能を導入し、すべての市場セグメントをターゲットとし、いくつもの販売チャネルを使い、互いの生産手法を模倣することに力を入れる傾向がある。日本では、継続的なオペレーション効率の改善と戦略とが混同されている。

戦略の欠如は、日本型企業モデルに内在する多くの要素によってももたらされる。成長を追求する一方で収益性を無視する傾向は、事業の模倣化と総合化につながる。幅広い製品ラインや、多機能性、短いサイクルでの新製品導入等、日本企業に共通してみられる企業行動は、戦略上のポジショニングを曖昧にしてしまう。同時に、根強い組織的・文化的圧力が存在することにより、日本企業が戦略的な選択を行うことは著しく難しくなる。この点については第六章で後述する。

ほとんどの日本企業が、独自の戦略を欠いている一方で、いくつかの注目すべき例外も存在する。最も有名で成功している一握りの日本企業は、明確な戦略を持っている。しかし、戦略の有無がそれらの企業の成功理由であるとは、一般的には認識されていない。たとえば、ソニーは、カンバン方式やＴＱＣに長けていたから成功したのではない。ソニーの成功理由は、独自の戦略を持ち、差別化された製品をプレミアム価格で販売し、独自のマーケティング手法を用いたという点にある。同社が創業以来強調してきたことは、オリジナリティであった——そのために何が必要となろうとも。たとえばテレビのブラウン管の技術に、既存のシャドウ・マスク方式を真似るのではなく、独自のトリニトロン方式を開発した。また、同社は、日本企業として初めて米国市場で自ら直接販売した企業の一つである。(注35) ソニーのように独自戦略を持って大成功を収めた企業が日本では異端視されているという事実は、いかに一般の日本企業に戦略が欠如しているかを示している。

独自の戦略を持って競争している日本企業は、オペレーション効率における欧米企業の追随や日本経済全般の不振にもかかわらず、高い競争力と収益性を維持している。ここでは、そのような独自の戦略を打ち出す日本企業の事例をいくつか考察することにする。自動車産業におけるホンダや、テレビゲーム産業の任天堂、セガ、ソニーの三社は、その代表例である。これら企業がとる戦略行動は、半導体産業やアパレル産業、チョコレート産業において日本企業がとった行動とは対照的である。これらの有名な大企業が戦略を持っているということは、問題の所在は、変えることができない日本独自の状況にあるというよりも心構えにあるということを、はっきりと示している。

ホンダ（本田技研工業）

一九九九年、ホンダは、日本で第二位の自動車メーカーになった（同年、初めて日産を上回った）。同社の九八年度の売上高は二兆九六二一億円、当期利益は一三五九億円を記録した。競合他社と比べ、業界への参入も遅く、規模も小さいにもかかわらず、ライバル企業より優れた業績をあげるに至った。ホンダの日本国内のシェアは、一九七五年の五・九％から一九九八年には一四・四％へと上昇した。ホンダは収益性においても優れた業績を記録した。日本の自動車メーカーの五年間平均の売上高税引き後利益率一・七％に対し、ホンダは二・八％を記録している。ほぼ保証されているといってもよい国内市場に対する依存比率の高いトヨタのみが、ホンダよりも高い利益率を記録していた。しかし、一九九八年度、ホンダは、利益率においてトヨタを大幅に上回った（ホンダ四・六％に対してトヨタ三・六％）。一方、その他の日本の自動車メーカーは、数年にわたって損失を計上し、慢性的な低収益に苦しんでいた。

創業間もないころから、ホンダは、独自の競争ポジションを確立してきた。一九九九年に日本経済新聞と日経産業消費研究所によって実施された調査によると、ホンダは最も個性のある企業として第一位にランクされた（トヨタは四五三位であった）。

ホンダは、オートバイメーカーとして出発した。一九四六年、本田宗一郎氏によって浜松に本田技術研究所として設立された。本田氏（九一年に逝去）は、機械工学に興味を持ち、いつの日か自分の自動車をつくることを夢見ていた。ホンダは創立から現在に至るまで、エンジニアが中心となっている企業である。

オートバイにおいてホンダは、独自の製造しやすい製品デザインや高効率生産プロセスをもとに、高度に設計された製品を低価格で提供することを目指した。ホンダは、エンジン音が静かでかつ馬力のある、四気筒エンジンの開発にコミットした。その選択は、競合他社（ヤマハ、カワサキ、スズキ）がオフロード・セグメントを指向するなか、ホンダのオンロード・セグメントにおける強みにつながった。

ホンダはオートバイで早期に海外進出を果たし、一九五九年には、アメリカ・ホンダ・モーター・カンパニーをロサンゼルスに設立した。ホンダは、当時大型バイクが主流であった市場で、五〇CCのスーパー・カブを発売した。生産コストが低かったため、マーケティングと流通に多額の投資を行うことができた。また、新しい顧客層をターゲットとし、広告、プロモーション、展示会等を通じて、ホンダのバイクが、手頃な価格で、信頼でき、軽量で操作が簡単であることを訴えた。六二年、一般的なオートバイの顧客は、映画「ワイルド・ワンズ」に登場するマーロン・ブランドに代表される、黒い皮ジャケットを着てバイクに乗るようなタイプの人々であったが、ホンダはその広告スローガン"You meet the nicest people on a Honda.（ホンダに乗る人は、ナイスな人たちだ）"により、自社のターゲットがそれまでのオートバイの顧客とは一線を画していることを印象づけた。

ホンダは、それまではオートバイを扱っていなかったスポーツ用品店やホビー・ショップを含む、広範なディーラー網の確立を目指した。そして、サービス（手厚い保証と迅速なスペア部品の供給など）に力を入れた。製品モデルを継続的に改善し、後に大型バイクを発売し、製品ラインを拡大した。ホンダは、ホンダに乗ってオートバイの楽しさを知った顧客に上位モデルへアップグレードする道を提供したのである。

他社とは異なった存在でありたいとの同社のこだわりは、独立への熱狂的な固執と既成概念への異端的な挑戦によって支えられている。ホンダの自動車産業への参入は、それを最も鮮やかに示す事例であろう。もし日本政府の思い通りになっていたとしたら、この世にホンダ車は存在しなかったであろう。一九六〇年代の初め、通産省は、トヨタや日産その他の自動車メーカーの新たな競争業者になることを考え直すよう、本田宗一郎氏に説得を試みた。反抗すると、事業で公的な支援が得られなくなることを知りつつも、ホンダは、通産省を無視して計画を進めた。

自動車産業において、ホンダは常に独自の戦略を持ち続けた。乗用車のみを生産し、トラック市場には進出しなかった。優れた技術と革新的な機能を備えた、高性能な自動車を製造することを追求した。売上の五％を研究開発に投じたが、それは他のどの自動車メーカーよりも高く、日本の競合他社をはるかに上回る比率であった。本田宗一郎氏は、競合他社から優れた人材を引き抜くなどして、日本の伝統を破った。「既成概念に挑戦しろ」「失敗を恐れるな」「他人の真似をするな」というのが、本田氏の口癖だった。

ホンダ製品の差別化の基礎は、エンジンにあった。一九七三年、ホンダは、革新的な複合渦流調速燃焼（ＣＶＣＣ）エンジンを発表した。競合他社と異なり、ＣＶＣＣエンジンはより安価な有鉛燃料を使用したにもかかわらず、馬力、燃費ともにより優れていた。一九七四年、ＣＶＣＣエンジンは、「シビック」に搭載されて米国市場でも発売された。オイル・ショックの直後に発売されたこともあり、シビックはすぐに大ヒットとなった。ＣＶＣＣを搭載したシビックは、有鉛燃料を使用しているにもかかわらず米国の大気清浄法の基準を満たしていた。

ホンダの技術イノベーションは、一九五四年以来参加してきたレースへの本格的なコミットメントを通じて育まれた。レースはオートバイの時代から、常に何か新しいもの、異なるものを作ろうとするホンダの推進力の醸成に重要な役割を果たした。ホンダは、レース・トラックを「移動実験室」と考え、レース・トラックで技術的な挑戦や開発競争に対する自社の能力を試していたのである。ホンダは、フォーミュラー・ワン・カー（Ｆ１カー）に長年エンジンを供給してきた。元会長の杉浦英男氏はＦ１レースについてこう語っている。「レース・トラックは、若いエンジニアにとって実践的なトレーニングの場です。またそれは、ホンダの最先端技術のショールームでもあります。それ以上に、レースはホンダの全社員を一丸にするんです。ホンダの全社員の血には、レースの虫が棲んでいるんですよ」。一九九一年、ホンダは、リーン燃焼VTEC-Eエンジンをシビックの一九九二年モデルに搭載して米国で発表し、四気筒車最高の燃費率と環境基準を達成した。ホンダのカー・レースとスポーツ・カーへの取り組みを通じて開発された技術が、このようなイノベーションを可能にしたのである。

ホンダの独自戦略の第二の柱は、スタイリングであった。ホンダは、シビックでエンジンを横向きに積む手法をあみ出し、より広い車内空間を実現した。ホンダの車は、シンプルで現代的な形をしており、優れた視界と広々とした空間を実現している。近年、ホンダのステーションワゴン、ミニバン、SUVの一連の製品ラインは、市場を席巻した。これらの各車は、競合車よりも軽量で敏速、かつ燃費が優れていた。さらには、ワイヤー・メッシュ・ヘッドライト・ガードやビルトイン・ピクニック・テーブル等の独創的なアクセサリーも搭載していた。「ステップワゴン」と「S-MX」の印象的な次世代的デザインは、特に若い世代の顧客を惹きつけた。

ホンダは長年、革新的なマーケティングをすることでも知られている。一連の広告キャンペーンは、ホンダを競合他社とは一線を画する存在にした。ホンダは米国市場の主要自動車メーカーの中で唯一、キャッシュ・リベートの提供やレンタカー会社への卸値販売を拒否している。

ホンダの戦略の独自性を示すもう一つの点は、競合他社よりもかなり早い時期にグローバル企業への道を歩み始めたことである。ホンダは日本の自動車メーカーとしては初めて、米国で乗用車の生産を始めた。一九八二年一一月一日、オハイオ州メリーズビルで商用生産を開始した。この動きは、先見性のあるものであった。この現地生産のため、ホンダは、その後間もなく施行された輸入自動車の自主規制枠の影響を避けることができた。九五年には、ホンダの海外での車の生産台数は、日本国内のそれを上回った。海外生産比率五〇・八％は、日本の競合他社よりもはるかに高い水準である。

一九九九年、吉野浩行社長は、ホンダがこれからも独自のポジショニングを追求していくことを再確認した。独立を維持し、業界の慣行となったパートナー探しはしないことを明言した。エンジニアのバックグラウンドを持つ吉野氏は、自動車の生産コストを半分に引き下げる革命的な新生産方式を開発すると宣言した。

テレビゲーム産業

テレビゲーム産業は、さらに印象的な例外的事例である。主要な競争業者三社（任天堂、セガ・エンタープライゼス、ソニー）が、いずれも独自の戦略を追求している。その結果、一九九六年までは各社が利益をあげていただけでなく、産業全体の拡大にもつながっている。

任天堂は、一九八一年の「ドンキー・コング」の発売を機に有力な競争業者へと成長した。しかし、真の飛躍は、一九八三年に八ビットのテレビゲーム・システム、「ファミコン」（ファミリー・コンピュータの略）を日本市場で発売したことによって始まった。八六年、ファミコンは、任天堂エンターテインメントシステム（ＮＥＳ）の名で米国で発売された。九〇年には、任天堂は米国の家庭用テレビゲーム市場の九〇％以上のシェアを占めるにいたった。

本体とコントローラーから構成されるファミコンは、ゲーム・センターのゲームの「感覚」を家庭で楽しむことができた。超ヒット作の「スーパー・マリオ・ブラザーズ」のようなゲームは、本体に差し込むカートリッジとして個別に販売された。ファミコンでは、任天堂のカートリッジだけが使用できた。

任天堂は、七歳から一四歳のセグメントをターゲットとして設定した。このセグメント以上の年齢の子供は、他にやりたいことがたくさんありすぎるという考えをもとにした決定であった。任天堂は、自社のターゲット顧客層にとっては、操作性（システムのセット・アップと使用の容易さ、素早い動作を実現するシステムからの画像再生スピード等）が、高度なグラフィックス表現力よりも重要であると判断した。その影響もあって、任天堂は、グラフィックスを向上させた一六ビット・システムの次世代機の導入がセガよりも遅かった。

任天堂のアプローチは、平凡な作品を多数発売するのではなく、非常に質の高いゲームを毎年一、二本発売し、大規模な宣伝で大ヒット作に育てるというものであった。任天堂は、ソフトの人気が下火になるとすぐに市場から引き上げた。任天堂は、あえて小売の需要にすべては応えず、半分以上のゲームソフト・ライブラリーを眠らせたままにした。

このアプローチを成功させるために、任天堂は当初、すべてのゲームを自社製作していた。任天堂は日本企業には珍しく、ソフト開発エンジニアを互いに競争させた。斬新なゲーム・コンセプトの開発を目指すため、研究開発グループはマーケティング部門から完全に隔離された。後に、任天堂は数本のソフトウエア開発を、サードパーティーのソフトウエア開発企業とライセンス契約を結んでアウトソースした。ただし、限られたデベロッパーにのみライセンスを供与し、自社の厳しいコントロール下に置いた。ソフトウエア開発企業は、カートリッジ一本につき売上の二〇%のロイヤルティを徴収された。カートリッジ生産はすべて任天堂に委託することを義務づける一方、任天堂はそのカートリッジ生産をすべて外注した。

セガは、任天堂とは異なるポジショニングを選択した。セガは、一九五一年に東京で二人のアメリカ人によって娯楽施設の運営会社として設立された。八〇年代の初めには、セガは、業界のリーダーになった。セガは、広々として明るくライトアップされた家族向けの施設を、人気のある繁華街につくることによって、それまで汚く、すすけた、見苦しい場所と見られていたゲーム・センターのイメージを一新した。

娯楽施設運営の経験は、その家庭用テレビゲームの戦略にも反映された。セガは、一四歳以上のセグメントをターゲットとした。初代の八ビット機を発売後、グラフィックスを向上させた一六ビット機を発売した。この一六ビット機は、日本ではメガ・ドライブ、米国ではジェネシスの名で発売された。メガ・ドライブ用のゲームはゲーム・センターから移植され、五一二色で画像を表現し、高音質を実現、複数の層の背景を表示することができた。セガは、高いグラフィックス能力を選択することにより、スピードおよび操作性（この二つは任天堂が力を入れた点）とトレードオフしたのである。メガ・ドライブは、キーボード、プリンター、モデム等を追加することでホーム・オフィス・プロセッサーへと拡張できるようにデザインされていた。全体としてセガは、技術的優位性を持つ企業への道を追求した。

一九九二年、セガはその哲学に従って、CD-ROM技術にいち早く進出した。メガCDと名づけられた最初の製品は、三〇〇ドルのCD-ROMでジェネシスのアクセサリーとして発売された。CD-ROMは高品質のグラフィックスを実現するという優位性がある一方、情報の検出スピードに劣ったため、カートリッジより操作スピードが遅かった。このトレードオフは、セガのポジショニングに合致するものであった。セガは、その後さらに三二ビット機のセガ・サターン等の高性能なゲーム機を発売していった。一九九六年、ネット・リンクの名で二八・八kbpsの速度のモデムを発売し、サターンのユーザーがテレビ画面でインターネットを閲覧できるようにした。

技術的リーダーの地位を獲得するために、セガは、ソフトウエア開発者の採用に力を入れた。日本の伝統を破り、ヘッド・ハンターを使って日本のトップの技術系企業から最も優秀な人材を採用した。高額の給与と潤沢な開発予算がセガ入社のインセンティブとして提供された。セガは、新しい一六ビット機用のゲーム開発をサードパーティーのソフトウエア開発企業に大きく依存した。また、任天堂への対抗策として、ソフトウエア開発企業に課すロイヤルティを低く抑え、ソフトウエアの生産もソフトウエア開発企業に任せた。さらに、他社のゲーム機用のゲーム開発も認めた。

また、セガは、任天堂の対抗機種を切望していた小売業者に対しても寛大な条件を提示した。小売の在庫を十分に確保し、任天堂に対する小売業者の反感を利用して小売業者との強固な関係を築いた。大々的な宣伝を行い、意欲的な導入価格を設定した。一九九一年六月には、"Genesis does what Nintendo don't.（任天堂はできないことがジェネシスはできる）" というスローガンを打ち出した。セガは、クールな（かっこいい）、ティーンエイジャーが好む企業というイメージを作り上げることに力を入れた。しかし、三二ビット機においては小売業者との強固な関係を維持できなかったことが、九七年以降の業績悪化の一因となっている。サターン低迷の背景にも、小売業者の不満が存在した。

第三の競争業者、ソニーも、他の二社とは異なる独自の戦略を持っていた。ソニーは、何年もの間テレビゲーム市場を見守ってきた。しかし、一九九五年に市場がCD-ROM技術に傾き始めるまでは参入を見合わせていた。ソニーは、音楽用CDおよびCD-ROMの両方のハードウエア開発の先駆者であり、その技術においては他社よりも数段優れていた。

ソニーは、三二ビットのCD-ROMシステムを「プレイステーション」の名で発売し、テレビゲーム市場に参入した。任天堂が操作性、セガがグラフィックスにゲーム開発の重点を置くのに対して、ソニーは良質のゲームソフトを低価格で提供することに重点を置いた。ソニーは、コストにおけるリーダーシップ・ポジションを確立することで差別化を図る機会を見出した。任天堂は、優れた操作性を確保するためにコストのかさむカートリッジ方式を維持していた。また、ソニーは、その他の広範な家電製品や部品からの恩恵をこうむった。

ソニーは、多くのゲーム・ソフトを市場に提供した。任天堂やセガとは異なり、ソニーはより多くのソフトウエア開発をアウトソースした。ライセンス料を低く抑えることでサードパーティーのソフトウエア開発を奨励した。すでに多くのソフトウエア開発企業がセガへのゲーム供給によって、CD-ROM用のソフトウエア開発の経験を蓄積していたという事実もソニーに有利に働いた。また、ソニーは、売上の八〇%に相当するソフトウエアを自社小売網を利用して直販し、他の競争業者が利用しているような卸売業者を迂回した。

主要三社がとる独自戦略を反映して、熱烈なテレビゲーム・ファンの間では、セガ・ジェネシス、スーパー・ニンテンドウ・エンターテインメント・システム、ソニー・プレイステーション、そして、ニンテンドウ64をすべて持っているということも珍しくない。かつて一部のアナリストの間では、テレビゲーム市場は、家庭用ＰＣの人気の増大とともに下降線をたどるとみられていた。しかし、この三社による競争は、市場拡大につながり、一五〇億ドルというテレビゲーム市場のブームをさらに加熱させている。三社はいずれも高い収益性を実現してきた。一九八六年から一九九六年の期間の任天堂とセガの平均自己資本利益率（ＲＯＥ）は、それぞれ二五％と一五％を計上しており、両社とも日本企業の平均をはるかに上回っていた。セガは九七年以降、セガ・サターンの失敗で業績が悪化しているが、ソニーは九七年、プレイステーションによる利益が全営業利益の四一％を占め、同社のゲーム事業の推定売上高税引き後利益率は九・六％まで高まった。

要旨

戦略に基づく競争は、ゼロサム・ゲームではない。テレビゲーム産業の例が示すように、戦略をベースにした競争が繰り広げられると、市場全体が拡大し、多くの競争業者が同時に成功を収めることが可能である。日本の強みであるオペレーション効率は、依然として重要な要素であろう。しかし、戦略なくしては、競争に対する日本型のアプローチは、致命的なまでに不完全である。

実際、戦略を持つ日本企業は大きな成功を収めている。問題は名だたる大企業の中で、本当の意味で戦略を持っているのはほんの一握りにすぎないことにある。さらに、日本型政府モデルおよび日本型企業モデルがいずれも、日本企業が真の戦略を打ち出すことを阻害している。

日本の大企業の中にも独自の戦略を有する企業は存在するということが、日本企業も戦略を持つことが可能であることを証明している。問題はむしろ、経営者やマネジャーの心構えにあるのであって、日本企業が置かれた環境の不変性にあるのではない。また、あまり知られていない一部の新興の日本企業も独自の戦略に基づいて競争し、成功を収めている。これらの企業は、日本は新しいビジネスを生み出しにくいという常識を覆す存在でもある。興味深いことに、これらの多くの新興企業は、京都やその他の地方など、東京や大阪以外の地域に所在しているということである。京都とこれらの企業については、第五章と第六章において検討する。なぜならこれらの新興企業は、日本経済の政策と日本企業の戦略に関して、そのあるべき方向性を示しているからである。

第四章

日本の競争力の源泉

日本の過去の成功の原因を理解しようとすると、あるパラドックスに直面する。日本の成功を説明する要因として広く信じられてきた政府による様々な施策、つまり競争を制限するための数多くの施策が、実際には、日本経済に多大のコストを課してきたのである。換言すれば、日本のある一群の産業は、そのような政府の施策のおかげで成功したというよりも、政府の施策にもかかわらず成功した、というべきである。それでは、国際競争力という観点からみた場合、日本の成功産業と失敗産業の相違を真に説明する要因は何であろうか。あるいは、日本が目指すべきモデルとはどのようなものであろうか。

我々は、日本の成功産業と失敗産業の両方を分析することによって、日本の競争力の要因も、国の競争力を説明する普遍的な諸要因と一貫したものであることを解明した。それは、ビジネスを行いやすい環境の下で企業間の厳しい競争が繰り広げられることと、政府は直接介入はしないということこそが、経済活性化につながる唯一の要因だということである。この要因が重要であるという意味では、日本も例外ではない。

経済繁栄と生産性

ある国の富は、最終的には、その国の企業が競争を通じて達成する生産性に依拠している。(注1)一国の経済全体における生産性は、その国の人的・資本的・物的資源一単位当たりで生産される財やサービスの価値という尺度で測ることができる。労働あるいは資本一単位によって生み出される収入が、その国の賃金水準や、投資効率性、物的資源から生み出された付加価値のレベルを規定する。これらが、一人当たり国民所得の決定要素となる。

そして、この生産性が、一国の競争力を規定するのである。(注2) 生産性とは、その国によって製造される製品が市場に要求することのできる価値（価格）と、その製品が生産される際の効率性とを包含する概念である。効率性を向上することだけで、あるいは労働・資本一単位当たりの生産量を増やすだけで、賃金水準や利益水準の上昇が実現できるわけではない。その財やサービスに課すことのできる価格が安定したものであるか、あるいは上昇しなければならないのだ。グローバル市場における競争においては、標準的な製品に対しては価格に対する圧力が増えるため、効率性の追求だけでは不十分である。先進国では、付加価値の低い標準規格製品をより低コストで生産しようとするよりも、（より高度な技術、マーケティング、付加サービスの向上などの方法で）自国製品の高付加価値化を目指し、イノベーションによって新たな産業分野に進出するほうが、国民の生活水準をさらに向上させることができる。

したがって、経済発展における最重要課題は、迅速かつ持続的に生産性を向上させるための環境をいかにして創り出すかということになる。一国の生産性は、その国で事業を行うすべての企業の生産性を総和したものと考えられる。ある地域の経済繁栄や生産性は、企業が競争する場としての産業ではなく、その産業の中で企業がいかに競争するかということに依拠する。産業の種類に関係なく――製靴産業であれ、農業であれ、半導体産業であれ――優れた経営手法を取り入れ、進んだ技術を用い、独自の製品やサービスを提供する限り、企業は生産性を高めることができる。すべての産業が先進技術を採用することができるし、知識集約型になることもできる。「望ましい産業」だけを重点育成しようとする政策は、競争力に関する誤った理解からくるものである。つまり、規模の経済だけが成功を規定する要因とされ、競争は無駄なものと誤解されているのだ。第二章で述べたように、日本政府が行った過去の重点育成政策は機能しなかった。むしろ、政府がすべきことは、生産性向上の障害となる要因を、あらゆる産業において取り除くことである。

生産性向上を目指す政策には、輸出型産業だけでなく内需型産業も含めるべきである。なぜなら内需型産業も、国民の生活水準や輸出型産業の事業コストに影響を与えるからである。競争力は輸出型産業のみに必要だと考えてきたことの危険性を、日本の現在の状況は示しているが、この間違いを正すことこそが、日本が抱える中心課題の一つである。

生産性の向上が最重要課題であるということは、一国の富を実現するために、様々な選択をしなければならないことを意味する。もはや、国の地理的条件や天然資源、軍事力などは、重要な要素ではない。むしろ国の経済繁栄は、国家と国民が自国経済をどのように組織し運営するか、どのような機関を作るか、いかなる種類の投資をしていくのかといった事柄についての、一つ一つの選択および全体としての選択により決まってくるのである。

堅実なマクロ経済政策や、安定した政治体制や法体制等は、経済繁栄の潜在成長力を規定する要因にはなる。しかし、富が実際に創り出されるのは、ミクロ経済レベルなのである。つまり、企業が高付加価値の製品やサービスを効率よく創り出すことができるかどうかにあるのであり、この能力こそが高い賃金水準や資本効率を支えることができるのである。したがって、経済繁栄は、国の競争力をミクロレベルで向上することができるかどうかによって決まる。この仕組みは生産性が企業レベルや産業レベル、産業クラスターといったレベルでどのように向上するかを調べることによってのみ理解することができる(「クラスター」については後で定義する)。政府の政策や民間企業の活動が互いに影響を与え合うのも、このようなミクロ経済レベルにおいてである。

つい最近まで、日本は堅実なマクロ経済政策を運営し、マクロ経済の観点からみる限り安定した経済を謳歌してきた。しかし、日本が抱える真の問題は競争に直接関わるミクロ経済に存在するのであって、史上最大規模といわれるマクロ経済的な景気刺激策をいくら打ち出したところで解決される問題ではない。生産性向上のための土台となるのは、相互に関連し合う二つのミクロ経済的要因である。一つは企業のオペレーションや戦略の高度化を図ることであり、もう一つはミクロ経済的なビジネス環境の質を向上させることである。技術開発やマーケティングに対する取り組み方等、企業が自ら競争していく上で必要な要素の高度化を図ることが、最終的にはその国の生産性の向上につながる。つまり、企業の生産性が向上しない限り、国の生産性も向上しないのである。

第三章で述べたように、企業が競争力の高度化を図る方法には、二つの方法がある。一つはオペレーション効率による高度化である。つまり生産管理や技術開発、マーケティング手法、経営手法などの分野において、世界のベスト・プラクティスを取り入れ、効率改善を図ることである。(注3)もう一つの方法は独自戦略の構築による高度化である。これは、先進国での企業の成功にはより重要である。

国が持続的に繁栄するためには、企業が競争の仕方を転換しなければならない。つまり競争の次元を、「比較優位」(低い労働賃金や天然資源等)から、独自戦略によって生み出される独創的な製品やプロセスをもとにした「競争優位」へと転換しなければならない。企業のオペレーション効率や戦略こそが国の生産性を規定するのであり、ひいてはその国の競争力の向上に直接つながるのだ。

しかし、企業の競争力の高度化は、企業自身の努力だけから実現されるものではない。企業が事業活動を行う国のビジネス環境の質によって大きく左右されるのである。企業がどの程度のオペレーション効率を実現することができるか、あるいはどのような戦略を打ち出すことができるかは、多分にビジネス環境の影響を受ける。規制が複雑であったり、物流システムが不安定、あるいは必要な部品が迅速に納入されなかったり、生産設備に必要な部品が迅速に納入されなかったり、あるいは高品質のサービスが受けられないといったビジネス環境では、オペレーション効率を追求することはできない。同様に教育レベルの高い人材の獲得が困難、流通チャネルが未発達、あるいは顧客が洗練されていないというようなビジネス環境では、企業が差別化戦略を打ち出すことは難しい。

国のビジネス環境の向上と、企業の競争力の高度化は、密接に関連する。投入生産要素の質の向上、インフラの改善、あるいは高等教育機関やその他の機関の充実を通じてビジネス環境が良好になれば、企業は独自戦略を打ち出して競争力の高度化を図ることができるようになる。同時に、企業が競争力の高度化を追求することが、ビジネス環境の向上にもつながる（たとえば企業顧客が洗練されれば、より高質の供給業者を求めるようになる）。そして、ビジネス環境向上のためのさらに効果的な政策を、企業が政府や諸機関に要求するようになる。

企業の業績とミクロ経済的なビジネス環境とがいかに相互関連するかは、我々が行ったケーススタディのすべての事例において顕著にみることができる。日本企業は、オペレーション効率において大きな優位性を持つ場合は、国際競争力を有する。しかし、テレビゲームや自動車、産業用ロボット産業のいくつかの企業にみられるように、企業が独自戦略を打ち出して競争している場合は、その競争力はさらに確実なものになる。日本のビジネス環境がダイナミックで、刺激に満ちており、しかも激しい競争が展開されている産業では、日本企業は競争力を獲得し、それを維持している。

逆に、国内のビジネス環境がイノベーションや生産性とは無縁である場合は、日本の企業や産業には競争力がない。国際競争力がない産業では、日本企業は互いに模倣し合い、国際市場では何ら価値を生まないような競争を続け、オペレーション効率を阻害するような要因にも直面する。

競争力と日本のビジネス環境

一国のビジネス環境は、四つの要因によって形成される。これらは、個々に異なる要因であるが、相互に関連し合っている。図解すると、図4-1のように四つの構成要因から成るダイヤモンド型として描くことができる。日本の競争力は、これらの要因が他国の例と比較した場合にどのような状況にあるかによって左右される。我々のケーススタディの分析結果によると、恵まれた要素条件、国内の高度な需要、個々に競争力を持ちながら産業クラスターを構成する支援産業、本国における熾烈なライバル間競争の要因が整った場合に、日本の産業が成功していることが明らかになった。逆に、産業に必須のインプットが得られなかったり、それが低質である場合や、国内顧客の需要が国際市場と比べて異質な場合、重要な支援産業が脆弱または存在しない場合、本国においてライバル間競争が実質的に欠如している場合などは、例外なく日本の産業は競争力を持っていない。

表4-Aと表4-B（本章末に添付）は、我々のケーススタディの対象となった産業のビジネス環境をダイヤモンド・フレームワークの要因別に要約したものである。以下に、ビジネス環境のそれ

国のビジネス環境を決定する要因　図4-1

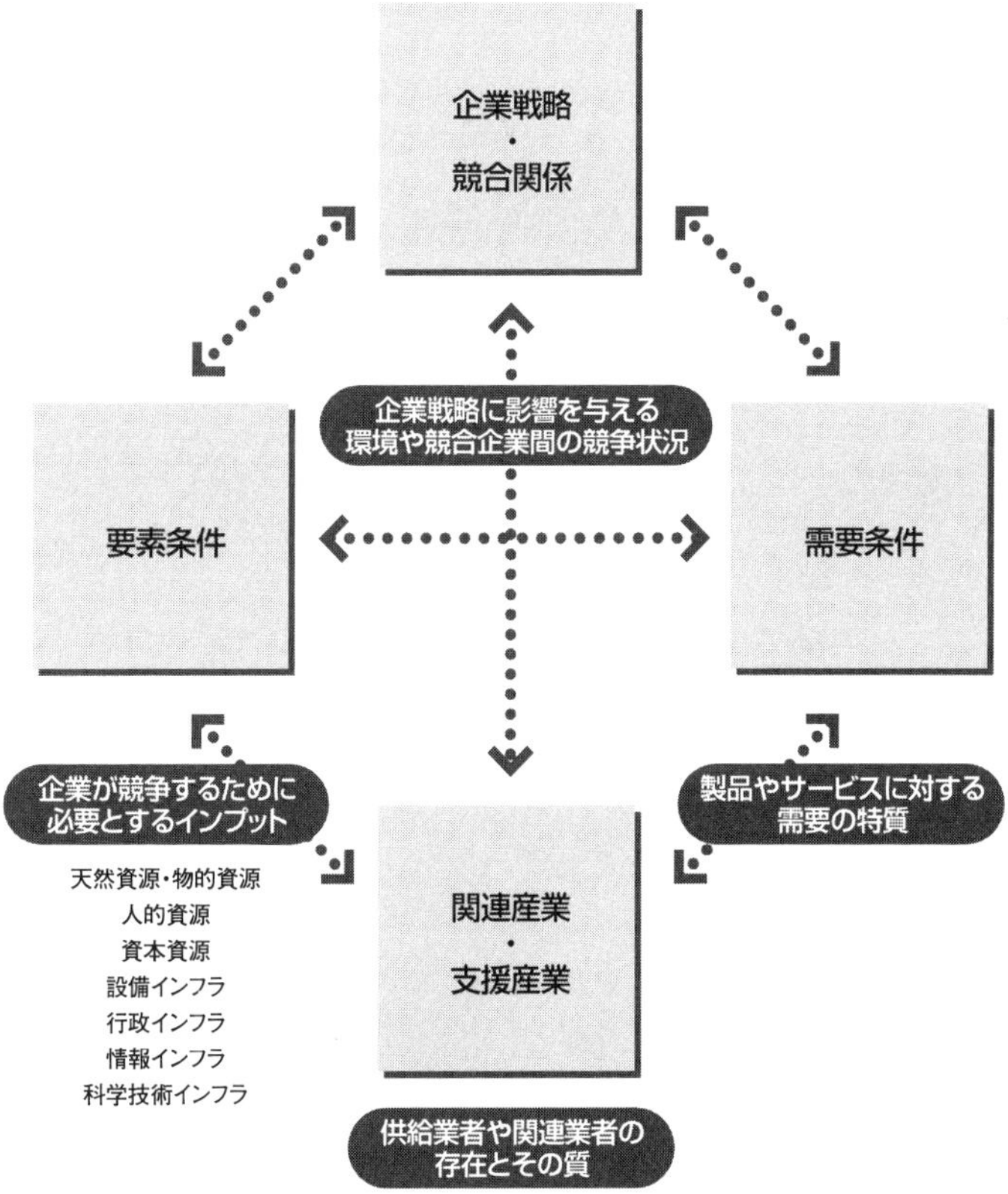

出典：Porter (1990)

ぞれの構成要因が産業競争力にどのような影響を与えるか、成功産業と失敗産業の例を具体的に対比しながら詳述する。

①要素条件：要素インプットのコスト、品質、特化

要素条件とは、企業間の競争を可能にするインプット、たとえば労働者や技術者等の人材や科学技術インフラを指す。企業が高い生産性を実現するためには、高質のインプットが安価に得られることが重要である。インプットの中には、設備インフラのような有形資産もあれば、情報や大学研究機関のような無形資産もあり、その種類は多岐にわたる。どの産業でも利用する一般的なインプットは、それが欠けると競争劣位になることがある。しかし、そのようなインプットは、通常は多くの国で得られるために、競争優位の源泉になることはめったにない。生産性を向上させるためには、インプットが効率や品質に優れたものであるだけでなく、各産業クラスター固有のニーズに応えられるよう特化したものでなければならない。

日本の失敗産業に広く共通しているのは、基本的な要素条件において日本が競争劣位にあることである。たとえばチョコレート産業では、政府の貿易障壁によって輸入原料の砂糖やココアが非常に高価なものになってしまった。このような状況は、醤油産業のような日本の成功産業の例とは対照的である。醤油の原料となる大豆は日本人の食生活における主要食物であり、かつ国内に保護す

べき業者がほとんど存在しなかったために、大豆に対する政府の輸入規制はなかった。

また、必須の特化したインフラが欠けている場合も、日本の産業は競争力を欠いている。たとえば日本の民間航空機産業は、風洞実験装置やテスト飛行用滑走路等の特別な実験設備が整っていなかったために、発展しなかった。対照的に、高度に発達した国内のコミュニケーション用インフラが存在したことが、ファクシミリ産業の発展に貢献した。

産業の競争優位は、通常、特別な訓練を受けた人材が豊富に得られるところに生まれる。日本では、優れた電気工学系技術者の人材が豊富に輩出されたために、ファクシミリや産業用ロボット、家電など多くの産業の発展に寄与した。また、一見したところ関連のない産業分野で培われた熟練技術が、他の産業に移転可能な知識となり、競争優位に貢献することがある。たとえば日本の大規模に発展した漫画産業で培われた多数の漫画家やアニメーターは、テレビゲーム産業でも活躍した。

逆に第二章で述べたように、特殊な技能を身につけた人材に欠けた分野では、日本の産業は競争力を欠いていた。日本が競争力を持たない化学産業では、長年にわたり化学者や化学技術者が不足していた。この問題は、大学制度や研究機関における日本の弱みに端を発するものである。同じ理由によって、特殊技能を有する人材の不足が、証券やソフトウエア、民間航空機等の産業における競争力の欠如を招いた。

ある産業で育成された人材は、他の産業でも活用できることがある。第二次大戦直後に発展を遂げたミシン産業にいち早く参入したのは、戦前の銃製造企業であった。また、連合国軍占領政府が航空機製造を禁止したために、かつて航空機分野で活躍した技術者は自動車産業で働いた。さらに、一時期は日本を代表する重要産業であった合成繊維産業の凋落により、合成繊維産業で育成された優れた人材が炭素繊維産業の発展に寄与することになった。

国内の関連した科学技術基盤が優れていた場合も、日本の産業は競争力を有していた。光学分野やエレクトロニクス分野などでは、企業の研究施設に優秀な科学技術者が集まり、ガリウムヒ素素材や、光学リソグラフィー、光通信等の基礎研究を行った。このような企業内研究施設が、日本の半導体や光学エレクトロニクス分野における発展の原動力となった。(注4)対照的に、日本が競争力を欠く産業は、ソフトウエアや、化学、医薬、バイオテクノロジー等、いずれも国内における研究能力、特に基礎分野の研究が脆弱であった。

賃金の上昇、国内での原材料の不足や天然資源の枯渇等、基本要素における選択的な競争劣位は、他のミクロ経済的な条件が整っていれば、イノベーションや生産性の継続的向上につながる。自動車産業においては、一九五〇年代の労使紛争以降、企業は正社員雇用を最小限に抑えるようになった。企業は、労働力を拡大する代わりに、新規生産設備の導入や、TQC、従業員の多能化等の経営手法を採用することによって、生産性向上を目指したのである。一九六〇年代に自動車の国内需要が急速に伸び、七〇年代には輸出需要が急成長するにつれて、自動車メーカーは、従業員一人当

たりの生産性を向上させることをさらに徹底的に追求した。(注5)

資本の面においては、メインバンクあるいは多角化した企業で内部調達された長期的観点を持つ低コスト資本をもとに、半導体や炭素繊維、VTR、ファクシミリ等の産業では大規模な投資や急速な事業拡大が行われた。半面、国内にリスクマネーが存在しなかったために、ソフトウエアやバイオテクノロジーといった高リスク事業で、かつ担保用有形資産が存在しない産業は、他の産業では一般的である銀行からの資金調達にはなじまず、発展しなかった。

②関連・支援産業：産業クラスターの集積と競争力

生産性の継続的向上や戦略の高度化は、高質の素材や部品、機械、サービス、情報を提供する供給業者なくしては実現できない。これらは場合によっては政府や大学その他の諸機関によって提供されることもあるが、多くの場合は企業によって提供される。外国から調達することも可能であるが、国内供給者に能力がある場合には、国内企業から調達するほうが、イノベーションや生産性向上につながるため望ましい。(注6) また、国内の関連産業——共通の技術や流通チャネル、顧客を持つ産業——も同様の利益をもたらす。産業クラスターは、個々の産業の効率性を向上させるばかりでなく、複数の産業間を超えた効果——経済学者のいう「外部性」効果——をもたらす。

産業クラスターとは、互いに関連した企業や、特化した供給業者、サービス業者、さらには関連産業の企業や、関連分野の諸施設（大学や基準認定機関、業界団体等）が地理的に集積していることを指す。クラスターは、国や地域あるいは都市のようなレベルでも成立する。シリコンバレーのように、ある特定分野の企業や機関が一箇所に集積した場合、互いの協力関係を容易に深めることができたり、特化した部品や人材、サービス等を効率的に調達することができるため、すべての企業が恩恵をこうむることができる。また、その地域に蓄積される特殊なノウハウや人材を利用することで、企業は生産性を向上し、より高度な戦略を構築することが可能となることも、クラスターの重要な利点である。実際のところ、競争が高度化するにつれて、クラスターの重要性はさらに高くなる。クラスターが存在する地域内の企業が、高度な情報、人材、供給業者や関連企業に容易にアクセスできる一方で、その地域外の企業にはそれに対抗することはむずかしいからである。また、クラスターが発達すれば、企業はこれら重要な資源をすべて社内で揃える必要はない。クラスター内で利用可能な資源を低コストで利用することができるからである。

日本が競争力を有する産業では、どの産業においても強力な特化した供給業者が存在する。産業用ロボット産業をみてみよう。NC機器や工作機械、光学センサー、モーターといった多くの関連・支援産業でも日本が世界的なリーダーであることは偶然ではない。家庭用エアコン産業では、コンバーターやコンプレッサー、小型モーター、ラジエーター等の部品産業において日本が世界的リーダーであることが、産業の成功に寄与している。ファクシミリ産業では、日本の成功はカメラや光学機器、エレクトロニクス、小型モーター等の関連産業からなる強力なクラスターから生まれた。フォークリフト産業は国内自動車産業の供給業者が持つ国際競争力の恩恵を受け、連続合成繊維織物や炭素繊維といった産業も、日本の合成繊維産業の競争力に深く依存している。

クラスターの中には、必要に迫られて生成したものもある。自動車産業では、一九六〇年代に国内需要が急伸長し、製品数が拡大した結果、自動車組立メーカーは部品製造や製品開発の外注を拡大せざるを得なくなり、これが供給業者との緊密なネットワークの発展につながった。自動車産業の部品供給業者は典型的に、地理的にも組立企業の近くに存在する。このクラスターによって、自動車メーカーは生産性を向上させただけでなく、需要の変化にも柔軟に対応できるようになった。(注7)

対照的にチョコレート産業では、食品加工機械や乳製品その他の加工食品分野における関連産業クラスターが脆弱であることが国際的な競争劣位につながった。家庭用洗剤産業も、化学や広告代理店、洗濯機などの分野において競争力のある関連・支援産業の恩恵を受けることはなかった。ソフトウエア産業では製品開発にハードウエアのアーキテクチャーに関する深い知識が不可欠だが、マイクロプロセッサーやPCにおいて競争劣位にあったためソフトウエア開発も進展しなかった。

複数のクラスターが相互に関連し合う場合、あるいは関連技術分野が融合し、新たなイノベーションを生むような場合においては、産業の国際的競争優位は一気に高まる。日本のカメラ産業は、国内に強力な光学産業やエレクトロニクス産業が存在し、これら産業から企業がこぞって参入したことが、オートフォーカスの一眼レフカメラの開発につながった。日本のタイプライター産業も、エレクトロニクスや精密機械分野の国内供給業者の恩恵を受けて発展し、後に、今度はタイプライター産業がプリンター産業の発展に寄与した。

日本が特に競争力を有する産業では、複数のクラスターが重なる分野に、異なる知識やアプローチを持つ企業が多数参入してきた。ファクシミリ産業では、キヤノンがコピー機の分野で培った経験をもとに新しい光学スキャナー技術の開発で先導し、超小型ファクシミリの開発に成功した。シャープは、家電やPC分野での技術を生かして、高性能ファクシミリをそれほど高くない価格で市場導入することに成功した。(注8)

しかし、複数の関連産業の範囲が規制によって分断されてしまっているような場合は、クラスターは競争力を生み出すことにはつながらない。証券や銀行のような分野では、各金融機関が扱うことのできる商品分野が大蔵省によって決められたために、規制で人工的に決められた複数の分野を横断するような形で新商品が開発されることは事実上禁止された。結果として、何ら商品イノベーションの存在しない、全く競争力のない産業分野が形成された。

③需要条件：洗練された国内需要

ある国の経済がさらなる発展を遂げるためには、その国の企業が製品の品質を向上し、最新の機能を付加し、さらには独自の製品やサービスを開発する能力を培うことが重要である。先進経済においては、企業は市場の要望に応えるだけではなく、むしろ市場をリードしていかなければならない。企業がグローバル市場をリードできるかどうかは、国内市場のニーズや消費者行動といった、本国市場における需要条件によって左右される。国内の洗練された顧客は、企業に製品の改善を要求するばかりか、先端的ニーズやまだ世の中に存在しない潜在的ニーズについても示唆を与えてくれるが、こうしたことは外国市場で得ることはむずかしい。また、国内需要は、企業がどの市場セグメントに特化して戦略の差別化を図ればいいかも示唆してくれる。

国内市場が洗練されると、企業間の競争も建設的なものになる。国内顧客が深い製品知識を有し、高い要求を掲げてくれれば、企業は顧客満足の実現にさらに真剣に取り組まざるを得ない。品質や安全性、健康や環境面においての厳しい基準を設定することで、国内需要は洗練され、企業は技術のさらなる高度化、製品の高付加価値化を目指すようになる。

産業用ロボットを例にとると、顧客である日本の製造業企業は、他国の同業他社よりもいち早く大型産業ロボットを導入した。これは、彼らの製造方法が高度なものであったという理由の他に、熟練工が不足の一途をたどり、終身雇用制度との兼ね合いから安易な新規雇用を避けたいという需要にも基づいていた。また、ファクシミリ産業では、従来のタイプライターやテレックスでは日本語が使えなかったという条件に加え、狭いオフィススペースや、外国市場との時差、高い電話料金等の諸条件が相まって、非常に要求度の高い需要が国内に生まれた。

エアコン産業と洗剤産業の需要条件における違いは、これら産業の明暗を分ける主要因である。日本は、小さな住宅が密集した住環境にあり、これに夏の蒸し暑い気候が加わった結果、小型で静かなエアコンに対する大きな需要が生まれた。さらに、要求の厳しい消費者が絶えず企業によりよい製品を求め、企業は製品性能を高め、新たな機能を付加することによって、製品高度化を図った。一九七〇年代にオイル・ショックを迎えると、政府は厳しいエネルギー基準を設定し、これが、エアコンのエネルギー効率をさらに向上するイノベーションにつながった。

一方、洗剤産業では、国内需要が、外国市場のそれと比べてあまりにも特殊であった結果、日本企業は国際競争力をつけることができなかった。エネルギーや住環境の制約は、エアコン産業においては企業の国際競争力に寄与したが、洗剤需要においては、小さな洗濯機の利用や、頻繁かつ少量の洗濯量という日本独特の消費者行動につながった。これに、日本の水道水が軟水であるという条件が重なった結果、日本企業が開発した洗剤の性能は、外国の消費者が要求するレベルに達しないものになってしまった。

日本独特の需要条件がプラスに働いた産業もあれば、マイナスとなった産業もあった。日本の消費者は一般に、目に見えないサービスに対して対価を払いたがらない傾向があるが、これはソフトウエア産業にとっては障害となった。(注9) 逆に、限られた余暇を最大限に楽しもうとするためにゴルフクラブやつり竿、テニスラケットのような商品に対しては多額の代金を支払ってでも手に入れようとする消費者嗜好は、炭素繊維産業の初期の成長に貢献した。加工食品でも同様のことがいえる。醤油に関しては、日本の消費者は微妙に異なる味の違いを見分けることができ、このような厳しい消費者ニーズに応えるために醤油メーカーは高品質の製品開発にしのぎを削った。しかし、チョコレートでは、消費者はごく最近まで高品質のチョコレートの味をよいものであると受け入れなかった。過去においては、日本の消費者は日本独特のチョコレート製品の味を好み、一方で日本製チョコレートは、外国市場のより洗練された消費者ニーズを満たすことはできなかった。また、日本国内のチョコレート流通チャネルは中小の零細企業が多く、複雑に入り組んだ構造になっており、外国市場の流通チャネルと比べるとあまりにもかけ離れた仕組みであった。第三章でみたように、このような特殊な流通チャネルが、新製品の氾濫やその他の日本特有の慣行を生み出し、チョコレートをはじめ加工食品産業一般における日本の競争力を阻害した。

洗練された需要は、しばしば関連産業における消費者の経験や学習効果の結果でもあった。カー・オーディオの場合、たいていの日本の家庭が高品質のオーディオ・システムを所有していたため、消費者は普段使用しているオーディオ製品と同程度の音質をカー・オーディオにも要求した。そのニーズに応えるために企業は、揺れや高温、高湿、低電源レベル、狭い車内空間といった厳しい製品使用環境においても高音質を実現するために努力した。その結果、日本のカー・オーディオ企業は、国際的な競争力を構築することができた。

政府が需要条件に与える影響は、意図通りになることもあれば、予期せざる結果を生むこともある。戦争直後の時代に、政府の政策によって公立学校で始められた縫製の授業は、家庭用ミシンの大きな需要を生み出した。対照的に、民間航空機の場合、政府の交通政策は陸運需要の促進に照準があてられ、空運需要は抑えられた。しかし、このような政策が、一方で国産航空機産業の競争力向上を目指そうとする政策とは矛盾したものであるとは認識されていなかった。初の国産民間輸送航空機であるYS－11は、一九六〇年代に市場導入されたが、それまで飛行機にあまり乗りなれていない日本の乗客ニーズは満たすことができたものの、米国の乗客は翼や着陸装置から生じる騒音に不満を訴えた。(注10) それまで、日本の民間航空機メーカーは、乗客の乗り心地を考慮する必要性に迫られたことなどなかったのである。

④企業戦略・競合関係：厳しい国内競争

ミクロ経済レベルにおけるビジネス環境を左右する四つの決定要因のうち、主要企業が国内で直面するライバル間競争はおそらく、その産業の国際競争力を占う上で最も重要な要因であろう。企業間の厳しいライバル意識は、イノベーションと生産性の絶え間なき向上の原動力となる。国内市場に競争が欠けている場合、企業が海外で競争力を有することはまずあり得ない。

国内市場におけるライバル間競争は、競争のレベルをより高度化したり、あるいは生産性を一段と向上させるために必要な投資を行うための土壌が、いかに整っているかによっても幾分影響を受ける。税制の構造や、コーポレート・ガバナンス制度、労働者の熟練形成に影響を与える労働市場の仕組み、知的所有権に関する法整備やその運用等、様々な法制度や規則が、企業の研究開発や、従業員教育、設備投資等の投資行動に影響を与える。

また、国内市場におけるライバル間競争の特質やその度合は、競争に直接関連する様々な政策やインセンティブ、規範などによっても左右される。開かれた貿易政策、海外からの直接投資を歓迎する政策、独占禁止法の厳格な運用は、どれも国内市場における健全な競争を保証するためには必須である。

我々が研究対象とした失敗産業では、ほとんどすべての例において政府の施策のため、国内市場における競争がしばしば妨げられていた。たとえば、化学産業では、政府が各企業の生産規模や産業全体の設備規模を調整していた。証券業界では、政府によるあらゆる面での規制や固定手数料によって、四大証券（現在は三社）による居心地のよい寡占状態が作られた。洗剤産業においては、政府が外国企業の日本市場参入を阻んだため、二大企業による国内市場の寡占状況を生み出した。民間航空機産業では、ほぼすべての開発プロジェクトが主要企業間の共同事業として進められた。

失敗産業においても、稀にではあるが熾烈な競争の事例を見出すことができる。ただし、それは日本市場だけに通用する特殊な種類の競争であった。アパレル産業では、主要企業が外国ブランドのライセンス契約の獲得競争に奔走した結果、あまりにも高額な契約を結んだだけでなく、市場におけるブランド氾濫を招き、消費者を混乱させる結果になった。洗剤産業では、花王とライオンが、主要な外国市場と比べて非常に複雑に入り組んだ国内流通チャネルをコントロールするための競争に終始した。日本の洗剤市場の歴史において、唯一イノベーションと呼べる新製品は、花王が導入したコンパクト洗剤「アタック」であった。一回当たりの洗濯に必要な洗剤が少量ですむこの製品は、徒歩あるいは自転車で頻繁に買い物を行い、買ったものは自分で運ぶという、日用品の買物において特殊な習慣を持つ日本の消費者のニーズを満たした。しかし、軽くてコンパクトな洗剤がそれほど必要とされない海外市場においては、あまり注目を浴びることはなかった。

ほとんど競争が存在しなかった失敗産業と対比すると、すべての成功産業においては、熾烈な競争が展開されていたことを我々は見出した。エアコン産業では、十数社にのぼる競争業者がしのぎを削っていた。産業用ロボットの競争業者は、一〇〇社を超え、ミシン産業では二〇社、ファクシミリ産業では一五社以上の企業が競争していた。表4-1は、我々が研究対象とした成功産業における競争業者数を一九八七年と九七年でみたものである。

我々の研究でわかったことのうち最も明確な結果は、国内市場におけるライバル間競争と国際市場における成功との間には強い関係があるということである。日本人の中には国内市場における競

日本の成功産業における競争業者数　表4-1

産業	推定競争業者数, 1997年	推定競争業者数, 1987年
エアコン	20	13
オーディオ製品	14	25
自動車	9	9
カメラ	13	15
カー・オーディオ	8	12
炭素繊維*	13	7
建設機械	30	20****
コピー機器	15	14
ファクシミリ	20	10
大型コンピュータ	5	6
リフト・トラック	15	8
工作機械**	93	112
電子レンジ	7	5
オートバイ	4	4
楽器(ピアノ)	5	4
パーソナル・コンピュータ	9	16
産業用ロボット	190	280
半導体***	15	34
ミシン	20	20
造船	7	33
鉄鋼*****	8	5
合成繊維	10	8
テレビ受信機	11	15
トラック・バス用タイヤ	6	5
トラック	11	11
タイプライター	8	14
VTR(ビデオ機器)	9	10

* 矢野経済研究所の推定によれば、主要3社が産業をリードしている。
** 日本工作機械工業会によると、同産業内で競争する中小企業の数は、200を超える。
*** 半導体の定義は、日本電子機械工業会の定義に準拠した。
**** 競争業者数は、機械の種類によって異なる。ブルドーザーを製造する企業数が最少で10社、ショベル・トラックや、トラック・クレーン、アスファルト舗装機械の製造企業が15社であった。また、日本が特に国際競争力を有する油圧掘削機械を製造する日本企業は20社にのぼる。
***** 一貫製鉄企業数を指す。
出典：　実地インタビュー、日本工業新聞「日本工業年鑑1997」、矢野経済研究所「マーケットシェア事典99」

争が過当だという者さえいるが、我々の視点からいえば、そのような過当競争があるとすれば、それは日本企業が戦略に対して誤ったアプローチをとった結果にすぎない。具体的には、利益を重視しない、互いに模倣し合う、あるいは独自のポジショニングを打ち出さない等の企業行動こそが過当競争につながるのである。

たとえばＶＴＲ産業は、競争が技術の高度化を牽引した特によい事例といえる。ソニーとビクターは、ベータとＶＨＳという技術規格を争って激しく競争し、通産省でさえも統一規格の確立に失敗したほどである。ソニーが自社技術を自社使用に限定した一方で、後発のビクターは技術を積極的に競合他社と共有し、累積販売台数の増大に専念した結果、事実上の標準（デファクト・スタンダード）を確立した。ＶＨＳ製品の製造企業間では、より高品質の製品をより早く開発し、より幅広いソフトウエア数を導入するための競争が激化したため、最終的には、ビクターがこの「ビデオ戦争」に勝利した。しかしながら、両陣営の間での高機能化や、高品質化を目指す激しい競争によって、絶え間ないイノベーションが実現した。

日本の競争力に関する統計分析結果

我々が行った統計分析は、ケーススタディから明らかになった事実を裏づける結果となった。比較可能なデータが入手可能であるすべての日本の産業をサンプルとして選択し、日本の世界輸出シェアと、従来の研究において競争力に関連があるとされてきた複数の変数（具体的には労働集約性、労働資本集約性、物的資本集約性、国内市場規模など）の間の関係を統計分析によって調べた。また、国内市場における各産業での主要企業間の競争の激しさの度合を測るために、主要企業間の国内市場シェアの変動を一八年間にわたって追跡し、これを変数として加えた。主要競争業者間の市場シェア推移が上下動する場合、それはその産業における各産業での企業間のライバル意識が激しいことを示していた。

分析の結果、明白な結論が得られた。つまり、国内市場におけるライバル間競争の度合が、国際市場における日本の産業競争力を最もよく説明する変数であった。(注11) 逆に、貿易保護やカルテルなどの施策が存在する産業は、国際市場における競争力の欠如につながるという結果が出た。また、労働集約性や資本集約性等、従来、産業の比較優位を表すとされてきた変数は、有力な説明変数にならなかった。国内市場規模も変数としては、統計的に有意な結果とはならなかった。このことは、規模の経済という原理だけでは、産業の競争優位を確立できないことを示すものであった。

図4‐2および図4‐3は、分析対象とした日本の産業を幾つか例示したものである。日本が競争力を有するカメラ産業や集積回路産業における国内市場シェア推移の数字を、競争力に欠けるチョコレート産業やポリエチレンフィルム産業における数字と比較してみると、ここでもまた、国内市

国内市場における市場シェア推移:成功産業の事例　図4-2

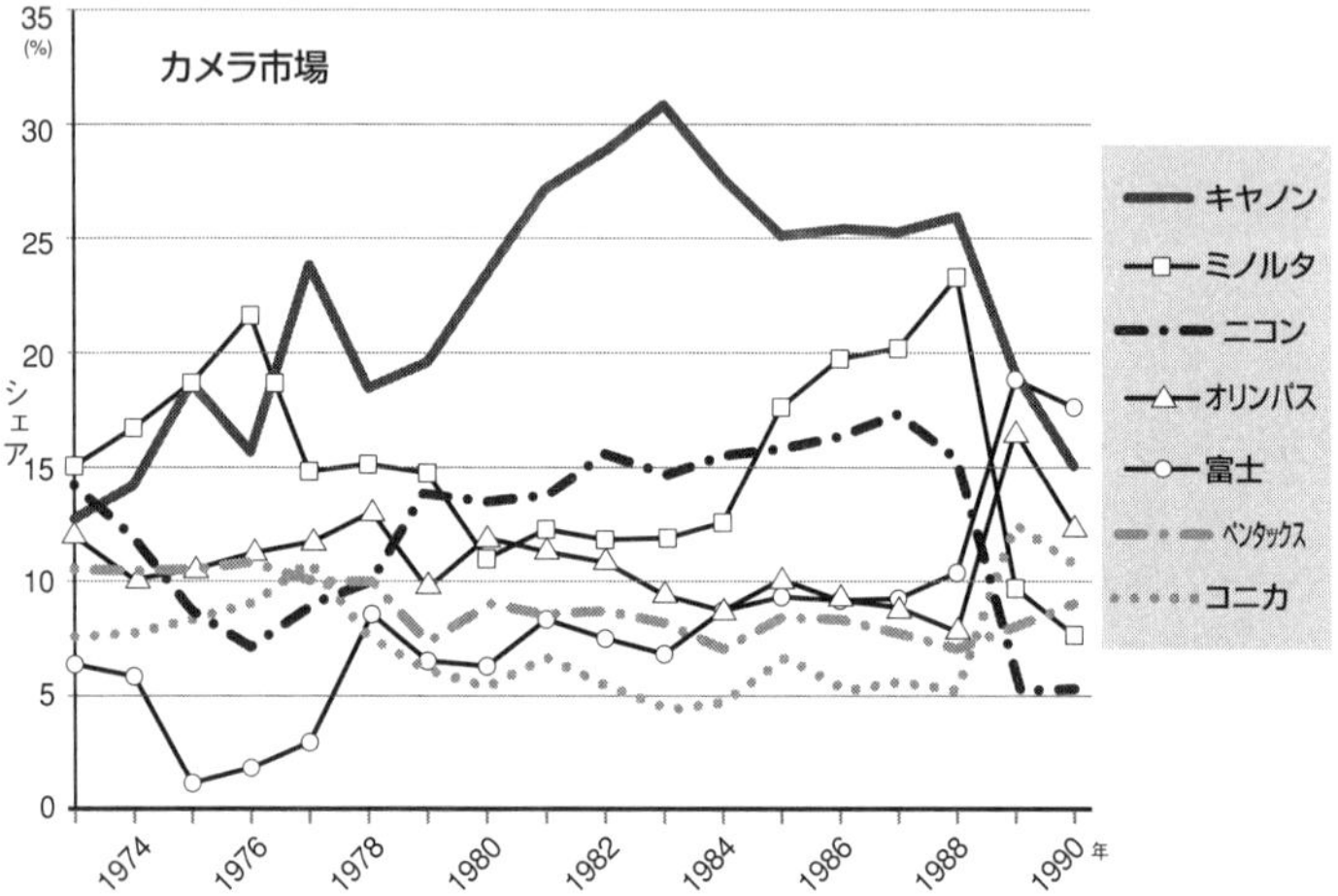

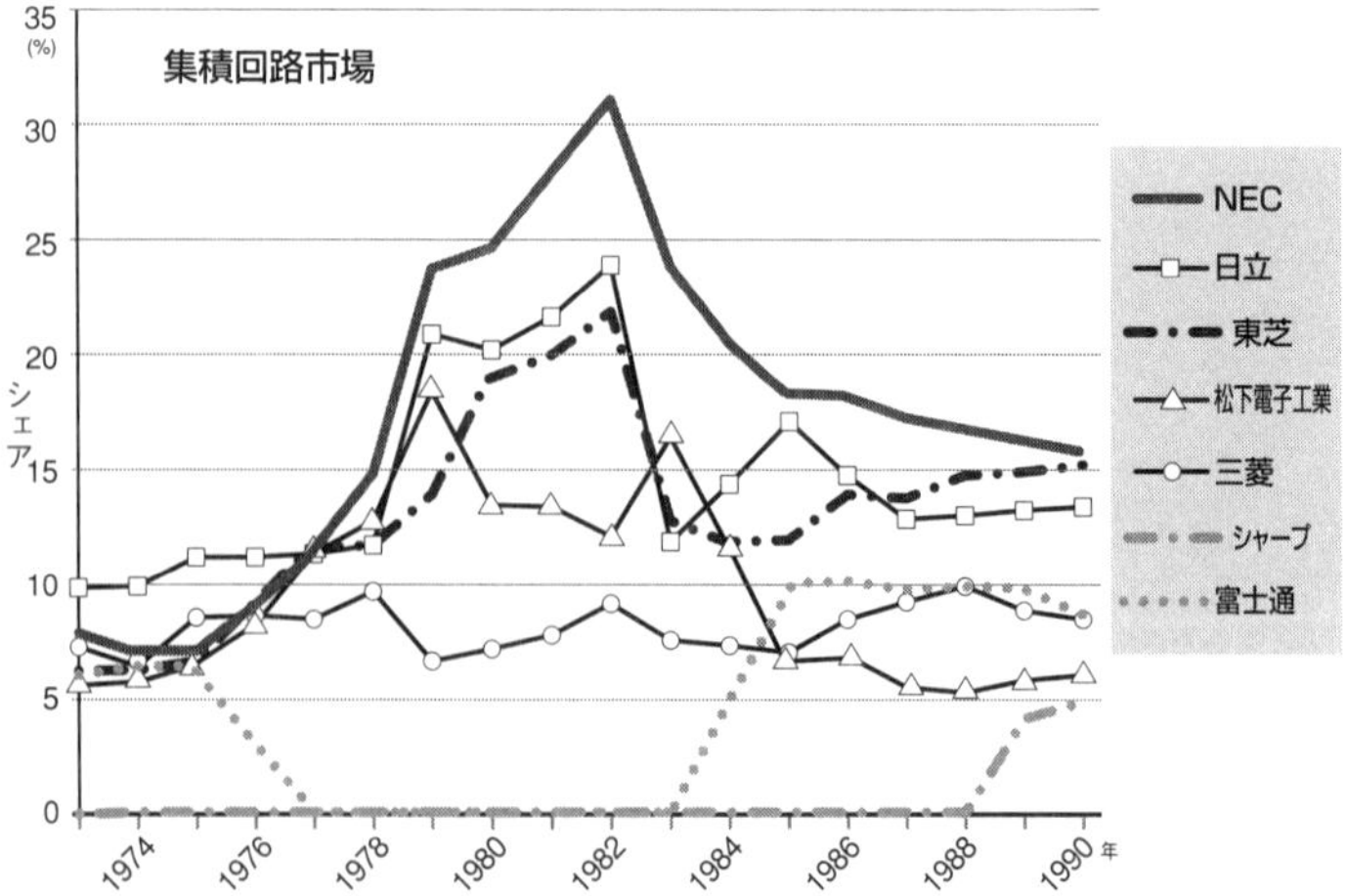

出典:矢野経済研究所「マーケットシェア辞典」各年

国内市場における市場シェア推移：失敗産業の事例　図4-3

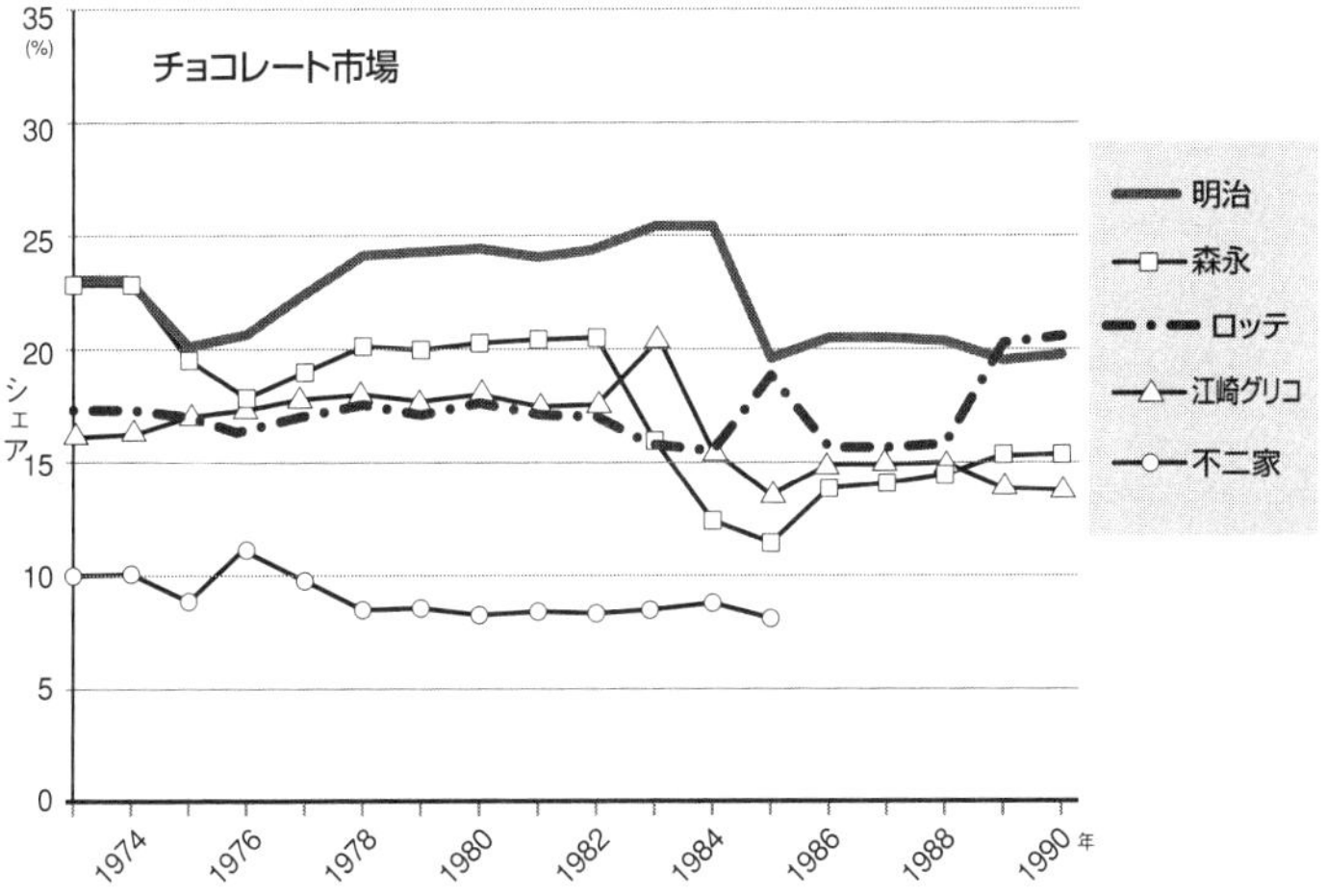

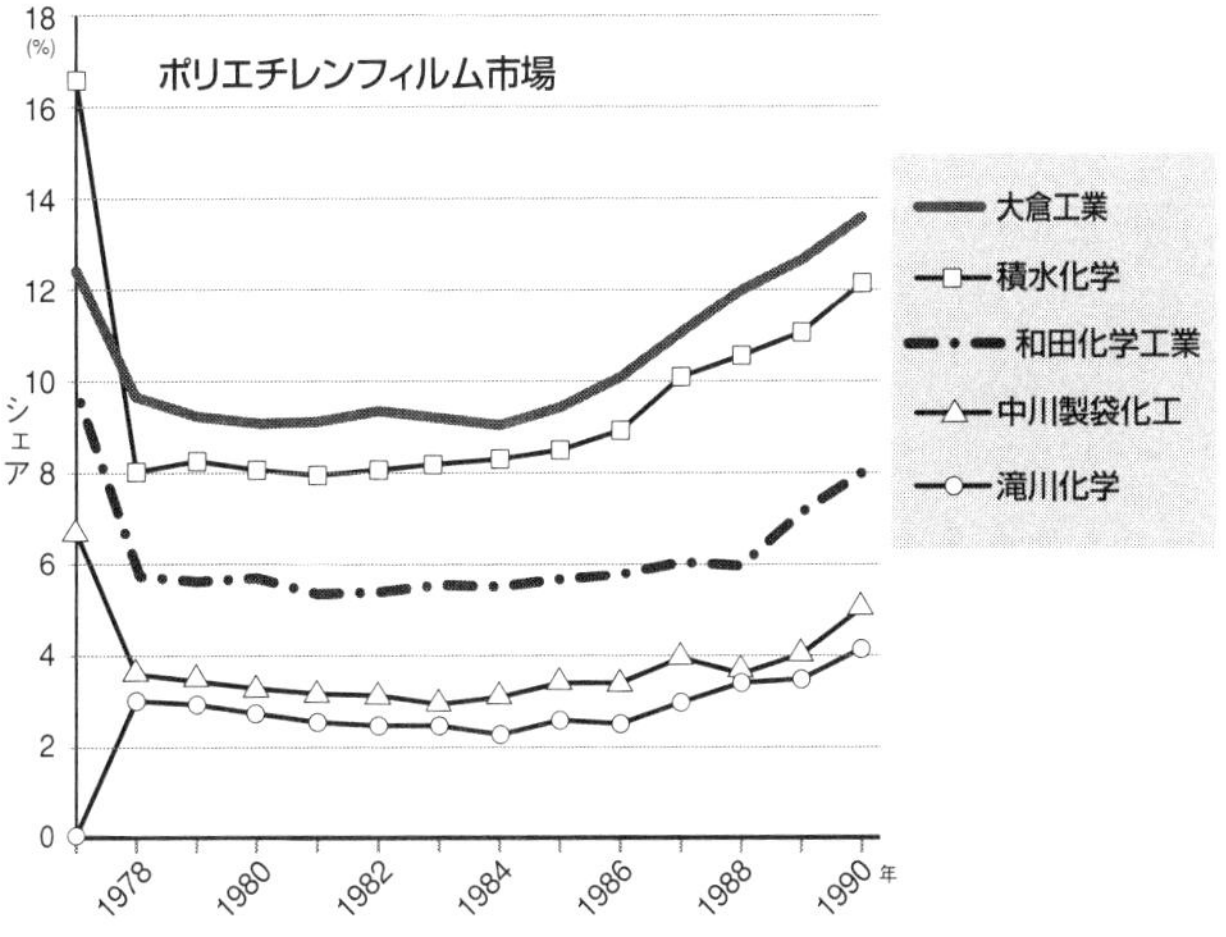

出典:矢野経済研究所「マーケットシェア辞典」各年

場における競争の熾烈さが、国際競争力の向上に寄与していることがはっきりとわかる。

さらに近年の比較可能なデータに基づいて、日本と多数の他国間のビジネス環境の比較分析も行った。グローバル・コンペティティブネス・レポートは、本書でも紹介したダイヤモンド・フレームワークに沿った分析結果に基づいて、ミクロ経済レベルのビジネス環境を各国別にランキングしたデータを、一九九八年以来掲載している。(注12) このデータは、五五カ国のビジネスあるいは政府の指導者層三〇〇〇人以上を対象としたアンケートに基づいたもので、特に各国比較に知見を有する多国籍企業のマネジャーからの回答に比重を置いて分析している。ミクロ経済的な競争力を表す指標は、因子分析の結果から導き出されたものである。このデータによれば、日本の順位は一四位から一八位の間で推移しており、これは購買力平価による調整後の一人当たり国内総生産という指標に基づく順位よりもずっと下位である。これは、現在の日本の国内総生産が、ビジネス環境の質からいえば過大評価されていることを示しており、一種の危険信号と見なすことができる。暫定的な統計分析によれば、国民所得がミクロレベルのビジネス環境を上回る国の相対的国民所得は、将来下降するという結果が出ている。

また、ミクロ経済レベルでみた競争力モデルを使うと、現在の一人当たり国内総生産と比較した場合に、ビジネス環境において日本が優れている点、劣っている点を具体的に評価することができる。表4-2は、これらの具体的な点を一九九九年のデータに基づいて表したもので、各項目につ

日本のビジネス環境の質：他国との比較順位（調整済み国内総生産に基づく、1999年） 表4-2

日本が競争優位にある項目	順位
鉄道インフラの発達	3
国内供給業者の数	3
非防衛分野の研究開発に対する公共投資	3
国内供給業者の質	4
平均教育年数の適正度	4
買い手の洗練度	7
科学者および技術者の質	4
科学研究機関の質	8
国内企業による競争度	6
要求度の高い規制および基準	9
国内市場における競争度	8

日本が競争劣位にある項目	
非関税障壁の撤廃	45
コンピュータの使用状況	26
参入に際する法的障壁	39
ローンへのアクセス	31
ベンチャー・キャピタルの利用可能性	42
ビジネス・スクールの質	50
起業時の資金調達の困難さ	35
空運インフラの質	29
公共事業入札の公開性	56
株式市場へのアクセス	30
金融市場の洗練度	26
財務情報開示の要件	25
関税障壁の撤廃	24
ビジネス情報の入手可能性	19
民間部門の法律専門家の適正度	26
起業に際する事務手続きの負担	37
港湾インフラの質	18
官僚的事務手続きの有無	20
道路インフラの質	17
独占禁止法の効力	17
国際通信料金	17

注：各項目における、調査対象58ヶ国中の日本の順位を示した。
出典：The Global Competitiveness Report 1999中のデータおよびモデルを筆者が分析。

いて、他国と比較した場合の日本の順位を示している。
日本は、強固な供給業者層、要求度の高い購買者層、優れた鉄道インフラ、適度な学校教育年数、良質の技術者層、研究開発に対する公共投資、要求度の高い規制および基準、国内における多数の競争業者、等において好ましい環境を有している。これら全体的な強さは、我々のケーススタディ研究に基づく分析結果と一貫した結果を表している。

しかし、一人当たり国民所得を考慮した場合、日本はミクロ経済環境で、弱点のほうが長所よりも多い。非関税障壁、参入への法的規制、あるいは公共事業入札の閉鎖性など、政府による競争への非生産的な介入は様々な形で行われている。日本の独占禁止法は効力がない。また、金融市場は日本の弱点であり、特に起業に際する資金調達は困難である。情報へのアクセスと財務情報開示は遅れており、煩雑な諸事務手続き、官僚的な事務処理、民間部門の法律専門家の不足はいずれも、日本のビジネス環境面での弱点である。経営分野の教育制度は未発達であり、陸運インフラ、空運インフラはいずれも脆弱で、通信コストは高い。これらの日本の弱点も、我々のケーススタディ研究が示す結果や、我々がここまで行ってきた議論と一貫しており、日本型経済モデルの欠陥を指摘している。

競争力に対する政府の役割

政府は、ビジネス環境の多くの側面に影響を与えるため、国の経済発展において重要な役割を担う存在である。しかし、政府が果たすべき役割は、生産性や競争を促進するために環境を整えることであって、企業間の競争プロセスに直接介入することではない。以下に、我々の理論に沿って、政府の政策が競争力にとってプラスに働く場合とマイナスの影響を及ぼす場合を説明する。たとえば、政府は教育振興策やインフラ整備を通じて、国の要素条件を高度化することができる。また、基準認定や規則、政府による製品購買、輸入開放策などによって、自国の需要条件を高度化することもできる。このように、ダイヤモンド・フレームワークの各要因において、政府はその果たすべき役割を担うことができる。国、都道府県、市町村等、それぞれの行政レベルにおいて、政府や地方自治体が果たすべき役割が存在する。ミクロ経済的なビジネス環境を向上するためには、各行政レベル間に一貫した努力が必要である。

さらに政府だけではなく、大学をはじめとする教育機関、インフラ提供母体、基準認証設定機関等、多くの諸機関が、ビジネス環境の形成に貢献する。競争をより実りの多いものにするためには、これらの諸機関が発展またはレベルアップすることが不可欠である。

最後に、民間部門はビジネス環境を使う「顧客」であるだけでなく、その環境形成に積極的に関わっていくことができるし、関与していかなければならない。個々の企業も自ら、大学と協力する、供給業者を誘致する、業界標準を打ち出す等の方法を通じて、自社利益を追求するだけでなく、産業全体の競争レベルの高度化に貢献することができる。業界団体や商工会議所など産業レベルの団体も、インフラの向上や研修機関の高度化等、普段はあまり議論されないが重要な役割を担うことができる。

日本型政府モデルの多くの側面がなぜ非生産的であるか、我々の理論はこの問題に明確な答を提供する。競争プロセスに直接介入しようとすることによって、日本政府は、効果的な政策の基本から逸脱してしまう結果となった。日本政府による施策の多くは、国内市場における競争を制限し、外国市場においてはむしろ奨励されているものとはかけ離れた競争形態を作り出してしまった。また、独占禁止法の緩い適用や、合法カルテルの実施、補助金の配布、幼稚産業の保護、政府支援の共同研究開発などは、いずれもイノベーションの芽を摘み、競争が持つ活力を吸い取ってしまった。脆弱な教育政策は、特殊技能を持つ人材の輩出を妨げてしまった。貿易障壁の結果、産業に必要な基本要素の価格高騰を招いた。小売業や交通などの国内産業の競争に対する政府の直接介入は、これらの産業を高コスト体質で国際競争力のないものにし、他の多くの産業に対する需要条件を歪めてしまった。行政指導や補助金行政、許認可制度をはじめとする裁量主義の結果、日本政府は、本来競争プロセスが企業の意思決定を規定すべきものであるにもかかわらず競争を信頼することをせずに、個々の企業の意思決定に直接介入しようとしてきた。

また、我々が提示したダイヤモンド・フレームワークに沿って考えれば、なぜ政府の施策の中には非常に有効なものもあったのかが明白になる（具体的内容については、第二章で詳述した）。たとえば政府が新製品やより進んだ製品に対する需要を刺激する政策をとった場合は、需要条件の高度化につながり、それがひいては日本の競争力につながった。政府が厳しい産業基準を定めた場合等も同様の結果につながった。一九六〇年代から七〇年代にかけて政府が行った、電気工学や機械工学の分野での大学学部拡大政策のおかげで、関連産業が必要とする人材供給が豊富となり、要素条件の高度化に寄与した。

日本企業がとる企業行動の中にも、我々が提示する新たな競争力モデルに合致するものがある。近隣に位置する供給業者と密接な関係を構築しようとする日本企業は、供給業者に対して敵対的な関係をとろうとする欧米企業が享受できない利点を得ることができる。また、企業が内部資源の活用により関連産業に多角化しようとすることは、産業クラスターの利用・拡大につながり、ひいては日本経済にとってプラスとなるだろう。

産業クラスターが存在し、企業がそのクラスターの発展をさらに強化したような分野では、日本は成功した。テレビゲーム産業において、我々はすでに任天堂がどのようにファミコンの製造を外注したかを述べた。ファミコンに搭載された専用チップは、リコーをはじめとするチップメーカーから調達された。また、任天堂はカートリッジ製造企業や、ナムコやハドソン（コンピュータ・ソフトウエア企業）、タイトー、コナミ（コンピュータ・ゲーム、ゲームセンター用ゲーム企業）、バンダイ（日本最大の玩具企業）等の独立ゲーム開発業者とも密接な関係を有した。この過程においてクラスターは発展したのである。ソニーが市場に参入した際、それまでにすでに発展していたゲーム開発分野の産業クラスターの恩恵をこうむることができた。ソフトウエア開発業者に対して、新しいゲーム開発を支援するための四〇〇〇以上にものぼるゲーム開発ツールを提供することにより、ソニーはこのクラスターを利用した。

また、テレビゲームのケースは、国内のクラスターが広範囲にわたりさらに深いレベルで発展している場合は、日本の競争力が絶大になることを示す好例である。中でも、国内の巨大な漫画産業やアニメーション産業は、テレビゲーム産業と密接に関連している。日本には、ストーリー展開や漫画キャラクターを開発することに長けた漫画家が無数に存在する（手塚治虫や、梶原一騎、大友克洋等の漫画家の名前は日本では誰でも知っている）。漫画やアニメーション関連の大規模で洗練された国内市場は、そっくりそのままゲーム市場に転換可能である。二〇〇以上にのぼる漫画出版会社が激しい競争を展開し、驚くべき速度で新しい漫画を出版している。また、日本の出版印刷やフィルム現像等の産業分野の企業は、世界最新の機械を駆使し、迅速な作業回転率を実現している。これら産業分野はすべて相互に絡み合い、日本のテレビゲーム産業の活況に大きく貢献している。

結論

いかなる理論も、それだけですべてを説明することはできない。また、ケーススタディには常に異なる解釈の余地がある。しかし、我々が提示するダイヤモンド・フレームワークに基づく理論は、日本の競争力に関して説得力のある説明を提供することができる。従来の通説である日本型政府モデルとは異なり、成功と失敗を分かつ要因を説明することができるのである。

日本経済は、特殊例外的な経済ではない。どの国においても競争を促進する条件を決定するミクロ経済的基礎要因は、日本でも同様に重要である。この現実を理解することが、日本が将来とるべき進路を正確に描くためには不可欠である。

日本の成功産業におけるダイヤモンド・フレームワークの決定要因① 表4-A

	要素条件	需要条件	企業戦略・競合関係	関連・支援産業
自動車	* 戦時中に航空機製造に関わった技術者が戦後は自動車産業に従事し、技術移転や製品開発マネジメントに関する知識が移転された。 * 1950年代の労働不足や労使紛争に対処するために自動車メーカーが生産性向上に努めた。	* 日本の消費者は、乗り心地や外装にうるさい。 * 顧客は常に新しいモデルや機能を欲しがる。 * 日本市場の需要は、小型車や燃費向上、小型トラックを求めた。 * 変化の激しい需要状況に対処するための方策として、トヨタがリーン生産方式を編み出した他、正社員数を最小化する等、柔軟な生産システムと低コスト構造を確立した。これらの手法は広く産業全体で採り入れられた。	* 自動車メーカー9社が多くのセグメントにおいて熾烈な競争を展開した。 * 日本市場における市場シェア争奪競争が転じて、海外市場でも競争が繰り広げられた。 * ジャスト・イン・タイムや、カンバン方式、多能工制度、カイゼン、TQC等のプロセス・イノベーションが編み出された。	* 多能工制度や、作業の平準化、ベンチマーキング等は、織機産業において培われた技術の移転であった。 * 国内需要の急速な成長と、戦争直後の資本不足から、日本の自動車メーカーは外国の競争業者よりもずっと多くの作業を供給業者に委託した。これが発達した供給業者ネットワークを形成することにつながった。 * 産業用ロボット、工作機械、カーオーディオ、家電、制御装置などの分野で日本は競争優位にあった。
カメラ	* 電気工学や機械工学の技術者が豊富であった。	* 日本人の写真好きが転じて、洗練された大規模な国内市場を形成した。 * 日本人は、集合写真を撮影するだけでなく、他人の写真を撮ったり、それを贈ったりするのを好む。 * 日本の消費者は、新製品モデルや新機能をいち早く試してみようとする。後に、それらが業界の標準的な製品に発展する。	* 多くの日本企業間の競争が存在した(1987年に15社、1997年には13社)。 * 主要競争業者間で頻繁に推移する市場シェアが激しい競争の存在を示す。 * 他の産業からの新規参入が相次いだ(たとえば、富士写真フイルムやコニカ等のフィルムメーカーが小型カメラ市場に参入し、ソニーや三洋、エプソン、東芝等の家電企業がデジタルカメラ市場に参入した)。 * 国内における熾烈な競争の結果、多くのカメラメーカーが早くからグローバル市場へも進出した。	* 強力なエレクトロニクス産業や機械産業が国内に存在する。 * エレクトロニクス分野において発展した技術が、カメラのイノベーションにつながった(たとえば、オートフォーカス一眼レフカメラ)。 * 強力な光学レンズ産業が国内に存在する。 * オリンパスやチノン、エプソン等の多くの精密機器企業が集まるクラスターが長野県諏訪地方に形成されている。
カーオーディオ	* 電気工学系の技術者が豊富であった。 * 他のエレクトロニクス製品開発において培われた、小型化における技術や知識が、限られた車内空間における製品開発に適していた。	* ほとんどの家庭が高品質のオーディオシステムを所有しており、同様の音質をカーオーディオにも求めた結果、競争業者は積極的な研究開発投資に迫られた。 * 直接の顧客は日本の自動車メーカーで、彼らは洗練された需要に基づき、高い要求をつきつけた。製品開発では相互密接な協力関係を形成した。 * 市場の3分の2を占める20代の消費者にとっては、高価なカーオーディオがステータスシンボルである。 * 洗練された需要からの要求に応じて、リモートコントロール等の新機能が付加された。	* 数多くの独立系カーオーディオメーカーが様々な分野から参入し、厳しい競争を展開(1987年に12社、1997年には8社)。そして、それがイノベーションにつながった。 * 国内市場における激しい競争状況は、頻繁に入れ替わる市場シェアの数	* 中小の電子部品企業が多数存在する。 * ラジオや家庭用オーディオ機器分野においても日本が国際競争力を有する。

日本の成功産業におけるダイヤモンド・フレームワークの決定要因② 表4-A

	要素条件	需要条件	企業戦略・競合関係	関連・支援産業
炭素繊維	* 紡績産業からの技術移転、合成繊維産業から、品質管理手法が移転した。 * 1960年代に合成繊維産業が優秀な人材を集めた。 * 東レによる研究開発投資は市場における需要が存在する前に先だって行われた。 * 合成繊維企業内の資本調達、銀行融資によって、大規模投資が可能となった。	* 国内において、コスト・プラス構造をもつ宇宙・防衛需要の欠如。 * ゴルフクラブや釣竿、テニスラケット等の早期の新規需要が、低コスト化と高パフォーマンスの両方を促した。 * 軽量で柔軟性の高い炭素繊維は、日本人の体格に合っていた。 * 日本の消費者は、限られた余暇の時間を最大限に活かそうとするため、ゴルフクラブ等の製品に進んで大金を支払う傾向がある。 * 国内需要規模が限られていたので、日本企業は早くからグローバル市場に進出した。	* 日本企業7社の間で激しい競争が展開した。 * 東レが炭素繊維投資に大きな賭けをしたことが、早期の大量生産と低コスト化につながり、大衆市場を創造した。 * 欧米企業が自国の航空宇宙・防衛産業を相手に市場開拓していた間に、日本企業はいち早くグローバル市場に進出した。	* 合成繊維の開発と製造において日本は早期に最先端にいた。 * 進藤博士率いる政府研究機関が重要な基礎技術を開発した。 * 合成繊維メーカーが、需要後退に対処するために炭素繊維市場に参入した。
合成繊維織物	* 高質の技術者が豊富に存在する。 * 副業として繊維事業を営む農家の存在が、不況時には労働需給アンバランスを和らげた。	* 伝統的な着物需要に基づく、高品質の絹のような布に対する需要が存在した。 * 色合いが微妙に異なり、傷のない布を小ロットで使用する国内需要が存在した。	* 1986年時点には、5000にのぼる競争業者が存在した。 * 価格、イノベーション、技術の高度化、納期サイクルの短縮化において、熾烈な競争が展開した。	* 1000年以上の歴史に裏打ちされた、伝統絹織物産業クラスターが北日本に形成されていた。 * 合成織布製造に必要な水力織機において日本は競争優位にある。 * 合成繊維分野において日本は競争力を有する。 * 1950年代のナイロンやポリエステルのライセンス契約に際して、総合商社がその過程を支援し、後には資本提供や輸出支援を行った。

日本の成功産業におけるダイヤモンド・フレームワークの決定要因③　表4-A

	要素条件	需要条件	企業戦略・競合関係	関連・支援産業
ファクシミリ	* 電気工学系の技術者が豊富であった。 * エレクトロニクス、光学機器、オフィス機器等の分野において発展した技術が応用できた。 * 通信インフラが発達していた。 * NTTの武蔵野電気研究所において基礎研究が行われた。 * 民間の共同研究組織である日本画像電子技術者団体によって、ファクシミリ技術の研究が行われた。	* 長距離電話料金が高額であったことが、かえってファクシミリの普及に寄与した。 * 政府・省庁が初期のユーザーとしてファクシミリを購買した。 * ファクシミリの減価償却期間の短縮化によって、需要が刺激され、高付加価値機種への移行が進んだ。 * 政府がファクシミリ文書を公文書として認めたことが需要刺激につながった。 * 漢字や手書き文書の重要性から、画像の高質化や解像度の高度化が要求された。 * 国内市場の早期飽和状態が、さらなるイノベーションや高付加価値化を促した。 * 多国籍企業が、時差を超えた業務を遂行するために、ファクシミリを必要とし、初期購買層となった。 * 既存のテレックスでは日本語が使用できなかった。	* 国内市場では、日本企業13社（1976年当時）が厳しい競争を展開し、製品の高品質化や低価格化を促進した。 * 日本はいち早く国際規格を採用した。 * 競争の焦点は、技術開発、新機能、小型化に向けられた。 * 国内市場の早期飽和が輸出を促進した。	* 電気通信、オフィス機器、家電等の分野から参入した企業が補完的な技術を持ち寄り、イノベーションを促進した。 * 重要な部品分野において日本の供給業者が国際競争力を有していた。 * 半導体や、レンズ、感熱紙、工作機械、産業用ロボット等、支援産業はいずれも世界に通用する産業であった。
フォークリフト	* 自動車産業で開発された高度技術が転用できた。	* 屋内・屋外の両方で使用可能な小型、多機能フォークリフトの需要が国内に存在し、製品の標準化と大量生産化を促進した。 * オイルショックによる国内需要の減少が、輸出を促進した。	* 日本企業8社による熾烈な競争が、コスト削減、品質改善、輸出を促進した。 * 自動車や建設機械等、異業種から参入した主要競争業者が優れた技術を導入し、イノベーションを刺激した。	* フォークリフトの部品は、自動車部品産業から調達された。 * 自動車、トラック、エンジン、油圧機器、ベアリング、タイヤ、建設機械等の支援産業において日本は競争力を有していた。
家庭用エアコン	* 電気工学系の技術者が豊富であった。	* 夏の蒸し暑い気候が、大きな国内市場を生んだ。 * 小さく密集した住宅事情や、高エネルギー価格といった環境において、静かでエネルギー効率のいい小型エアコンに対する需要が高かった。またこのような需要が日本企業の技術開発努力を促した。 * 日本の消費者は、利便性や効率性をさらに強化した機能を求めつづけた。 * オイルショック以降、政府が厳格なエネルギー消費基準を設定した。	* セパレート型エアコンの開発に関して、競争業者間に激しい競争が展開された。 * 日本企業13社による高度な競争の結果、企業は製品の高付加価値化を常に目指した。 * 一社によって導入された施策は、すぐに競争業者によって模倣され、これが、新機能を競って導入する競争につながった。 * エレクトロニクス技術を積極的に利用することによって、高付加価値の新機能が開発された。	* 日本は、コンプレッサー分野において世界一である。 * 冷却装置、空気循環器、コンデンサー等、関連産業においても日本は世界一である。 * コンバーターや、モーター、ラジエーター等の部品産業においても日本は世界的リーダーの座を占めている。

日本の成功産業におけるダイヤモンド・フレームワークの決定要因④　表4-A

	要素条件	需要条件	企業戦略・競合関係	関連・支援産業
家庭用オーディオ機器	* 電気工学系の技術者層が厚かった。	* 要求度が高く、トレンドに敏感な顧客が、新しい高度な機能を求めた。 * 日本の狭い住環境において、小型化や多機能化が重要であった。	* 25社にのぼる日本企業がブランド確立を目指して熾烈な競争を展開した。	* 強力な部品産業が国内に存在したため、高度な良質の部品が低コストで調達できた。
マイクロ波および衛星通信機器	* マイクロ波通信ネットワーク技術がNTTとの共同で開発された。	* 多数の島嶼部や山間部から成る国土においては、ケーブル通信よりもマイクロ波通信の方が適していた。 * NTTや政府関連機関が、マイクロ波通信・衛星通信の初期の購買者となった。 * 洗練された顧客ニーズが、イノベーションや製品高度化を求めた。	* 日本企業5社による競争が国内に存在した。 * NECがトランジスタ技術を応用した世界初の企業となり、通信の安定性とエネルギー効率を高めた。他社もすぐに追随した。	* マイクロ波ジェネレーター、半導体、高速共有回路、アンテナ、他のエレクトロニクス製品において、日本に競争優位があった。
楽器（ピアノ）	* 浜松の天竜川付近で採れる高品質の木材が豊富であった。 * 木材乾燥技術における専門知識があった。 * 電子工学系の技術者層が厚く、最新のエレクトロニクス技術がピアノに移転された。	* ヤマハは、ピアノ学校運営により、需要創造に努めた。今日、ヤマハとカワイのピアノ学校数を合計すると全国で2万5000にのぼる。ピアノ教育は、日本では子供にしつけを教える一環として考えられている。 * ピアノ所有が、裕福さや社会的地位の象徴になった。 * 小学校における音楽教育が戦後初期の需要を創造した。 * 日本の住環境が、消音ピアノや小型ピアノ等、将来的なピアノ需要につながった。	* ヤマハとカワイという浜松に本拠を置く二大企業が互いに熾烈な競争を展開した。 * スタインウェイに追いつくために、世界的に著名な音楽家を積極的に日本に招待し、彼らのお墨付きやアドバイスを求めた。	* エレクトロニクス部品産業が強大であった。 * 家庭用オーディオ機器や電子楽器の分野で競争優位にあった。
産業用ロボット	* 電子工学や機械デザイン分野における技術者層が厚かった。 * 電気機器や機械、輸送機器等の分野で蓄積された電子工学系や機械工学系の専門知識が転用された。	* 自動車メーカーや家電メーカーなど、世界でも最も洗練された需要をもつ顧客層が国内に存在した。 * 1970年代における自動車産業やエレクトロニクス産業の労働不足が、特に中小企業も含めて、産業用ロボット導入のきっかけとなった。 * 早期の市場発展と飽和が製品のグレードアップ化と輸出を促進した。	* 300社近くにのぼる競争業者間（1987年時）で熾烈な競争が展開された。 * エレクトロニクス産業や機械産業におけるユーザー企業が川上参入し、競争業者にもなった。	* 数値制御や、工作機械、モーター、光学センサーなどの支援産業において競争優位があった。

日本の成功産業におけるダイヤモンド・フレームワークの決定要因⑤　表4-A

	要素条件	需要条件	企業戦略・競合関係	関連・支援産業
半導体	* 電気工学系の技術者が豊富であった。ピーク時（1977年当時）には、電気工学分野の大学卒業生数は、米国の1.8倍にのぼった。 * エレクトロニクス、光学機器、新素材分野における企業内研究開発が強力であった。 * 多角化企業内の内部資金調達や銀行融資によって、大規模投資が可能となった。	* 家電、通信、コンピュータ等の分野において、特にメモリーチップや簡単な論理回路に対する莫大な需要が存在した。 * 1960年代後半における電卓向け需要が低コスト化や大量生産化を促進した。	* 多数の日本企業が競争に参加した。 * 主要競争業者は、エレクトロニクス分野での多角化企業であり、不況時においても大規模投資向けの資本調達が可能であった。	* 強力な光学関連産業が、プロセス技術の進展に貢献した。 * ニコン、キヤノン、東京エレクトロン、アドバンテスト等、半導体装置分野における強力な企業群が存在した。 * 測定装置や、精密機械、研磨剤等、関連産業に競争優位があった。
ミシン	* 精密技術や生産方法等、戦時中の武器製造において培われた高度な技術が戦後工作機械に転用され、ミシン製造工程の効率性と近代化をもたらした。 * JUKI（ジューキ）のような銃製造企業が、その技術をミシン生産に利用した。 * 電気機械技術や生産ノウハウが他の戦時産業からも転用された。	* 戦争直後においては、家庭内で縫製した服を着るのが普通であった。 * 戦後は洋服に対する需要が強まり、多数の下請業者から構成されるアパレル産業構造も相俟って、ミシン需要が刺激された。 * ミシン販売会社による月賦払いの購買制度の導入が需要を拡大した。 * 公立小学校では、女子に縫製のクラスが教えられ、縫製学校とともに大規模で品質改善等を強く求める要求の多い顧客としての役割を果たした。 * 政府が、1948年には産業ミシンの税金を、1951年には家庭用ミシンの税金を免除し、国内需要を刺激した。 * 国内市場の成長が弱まるにつれて、ミシンメーカーは家庭用ミシンからより高度な技術を要する産業用ミシンへと転換した。 * 1960年代に既製服需要が拡大すると、産業用ミシンの需要が伸び始め、家庭用ミシンの市場を追い抜いた。	* 家庭用ミシンだけでも20社を超える日本企業が激しい競争を続けた。 * 政府や産業による、輸出振興政策が存在した。 * コストと品質両面における継続的な改善。	* 東京・大阪・名古屋（針関連部品）や新潟（ボビン関連部品）において、部品供給業者間に激しい競争がみられた。 * ミシンメーカーにとっては、多数の供給業者が存在した。 * 政府による製品標準の設定により、部品産業が発展した。 * 商社が世界中にもつ販売網は、ミシンの販路として役だった。 * 1950年代・1960年代には、輸出取引受注をめぐり商社間の激しい競争が存在した。 * 工作機械、モーター、後に産業用ロボット等の支援産業において日本が競争優位にあった。
醤油	* 大豆には輸入制限がなかった。 * 発酵技術の伝統は、8世紀に中国から味噌が伝来して以来の歴史に裏打ちされている。	* 醤油は日本料理の基本調味料である。レストランや寿司屋には、テーブルに必ず醤油瓶が置いてある。 * 日本の消費者は、醤油の味覚にうるさい。 * 日本料理が海外に紹介されるに連れて、醤油の輸出需要が伸びた。	* 2500にのぼる国内醤油メーカーが厳しい競争を展開し、製品や生産方法における高度化を促進した。 * 複数の企業が協同組合を組織し、大規模設備を利用して生産効率を向上した。	* 海外市場の開拓にあたり、商社が大きな役割を果たした。 * スチームボイラーや、温度管理装置、圧力調整機等、発酵技術関連の製造装置産業が強かった。

日本の成功産業におけるダイヤモンド・フレームワークの決定要因⑥　表4-A

	要素条件	需要条件	企業戦略・競合関係	関連産業・支援産業
トラック・バス用タイヤ	* 1970年初頭までは低賃金労働力が豊富であった。	* 劣悪な道路事情から、摩耗に強いタイヤ需要が生まれた。 * 日本の消費者は、欧米の消費者よりもタイヤを頻繁に交換する(英国の4倍、米国の2倍の頻度)。 * 新製品が毎年導入された。	* 日本企業間に熾烈な競争が存在した。 * 競争圧力が、ラジアルタイヤ等の高度技術の早期開発につながった。	* 自動車やトラック産業では日本が競争優位を有する。 * 輸出市場においては商社の役割が大きかった。 * 大量生産方式の知識を有する供給業者によって、本来ならば労働集約的な産業において高度技術が発達した。 * 製造原価の60%を占める原材料は、系列企業をはじめとする国内企業から調達された。
トラック	* 自動車産業に培われた高度な専門知識が活用できた(特に、大量生産技術)。 * 機械工学系の技術者が豊富であった。	* 山がちな地形や狭い道路事情などが、日本企業が得意とする小型トラックの需要を創造した。	* 日本企業11社による激しい競争が存在した。	* 自動車産業から、様々なプロセス技術や製品技術が移転した。 * 自動車部品、トラック用タイヤ、工作機械、産業用ロボットにおいて日本は競争優位にあった。
タイプライター	* タイプライターメーカーは、すでにミシンや編機等の製造を通じて精密工学に関する専門知識を蓄積していた。	* 国内市場は小規模であったが、輸入制限が存在したため、国内企業による生産が必要であった。	* 国内競争が激化し、電子タイプライター等の製品を生み出した。	* 半導体をはじめとする電子部品産業において日本は競争力を有しており、電子タイプライターの開発へとつながった。
VTR(ビデオ機器)	* VTRメーカーは、すでに家庭用オーディオ機器や、テープレコーダー、テレビ等の製造を通じて音響やビデオの専門知識を培っていた。 * 電気工学系の技術者が豊富であった。 * 多角化企業の内部資金調達や、銀行からの低金利融資をもとに、大規模な設備投資が行われた。	* 小型で高性能の製品に対する強い国内需要が存在した。	* VHS とベータ陣営間の激しい規格競争が転じて、イノベーションや製品高度化か進んだ。	* VTRメーカーが部品供給業者と共同で、高精密で高性能な部品開発を進めた。 * 磁器ヘッドや、チューナー、テープデッキ、音量調節器等の電子部品、工作機械、産業用ロボット等の分野において日本企業が競争力を持っていた。
テレビゲーム(ソフトウエア)	* 漫画家やゲーム開発者の層が厚い。	* 消費者は、新バージョンや新ジャンルを常に追い求めた。 * テレビゲームの普及率が高かった(たとえば、ファイナルファンタジーVIIは、1年間で200万本売れた)。	* 無数のソフトウエア開発業者間に激しい競争が存在した(たとえば、ソニーのサードパーティ開発業者数は500にのぼる)。 * テレビゲームのハードウエアにおいても熾烈な競争が存在した。	* 日本の漫画産業やアニメーション技術は世界トップクラスである。 * 半導体や電子部品産業では日本が競争優位を有する。 * 漫画、アニメーション、ゲーム、テレビ番組、映画、キャラクター商品等からなる強固な産業クラスターが国内に存在した。

日本の失敗産業におけるダイヤモンド・フレームワークの決定要因①　表4-B

	要素条件	需要条件	企業戦略・競合関係	関連・支援産業
アパレル	* アパレルデザイン教育機関の欠如。 * ファッション・デザイナーの社会的地位は、近年まで低かった。	* 既製服に対する需要の歴史が浅い（過去40年程度）。 * 日本の消費者は縫製にはうるさいが、着心地や、サイズ、色などについては洗練されていない。 * 国内向けの限定したサイズ数が、外国市場では通用しない。 * アパレルメーカーは、デパートの売場スペース確保のための競争を展開し、デパートとの関係強化に努めた。このいわゆる「オンワード方式」は海外市場では通用しない。 * デパートに専門バイヤーが欠如しているために、アパレルにおけるイノベーションを要求するような厳しい需要が存在しなかった。	* 日本企業は、こぞって外国ブランドのライセンス契約獲得競争に乗り出し、デザインやコンセプト面で新機軸を打ち出そうとはしなかった。 * アパレルブランドは、国際的に通用するような企業ブランドとしてではなく、外国ブランドや小売店舗に関連づけた形で構築された。 * デザインやコンセプトを模倣しようとする傾向から、差別化戦略は生まれなかった。 * 流通チャネルは、大店法等によって保護された産業であり、アパレル企業間の競争を促進する要因にはならなかった。 * 流通チャネルを確保するための戦略は、デパートとの関係強化策にとどまった。	* アパレル企業は合成繊維などの素材産業との関係を強化しなかった。日本は染織やデザイン面で脆弱であった。 * アパレル製造は、小規模の非効率な下請業者に委託され、そこでは専門技術もイノベーションも生まれなかった。 * 産業ミシンや大量生産手法における日本の強みは、アパレル産業に移転されることはなかった。
化　学	* 化学分野における高等教育機関の欠如。 * 化学技術者は、電子技術者よりもステータスが低いとされていた。 * 研究開発は、欧米に追いつくことが目標とされ、自らイノベーションを起こすことは目標とされなかった。 * 1975年までは製品特許が認められなったために、企業内の研究開発は盛んではなかった。 * 大学における研究開発は資金に乏しく、非常に官僚的であった。 * 国の研究機関は、化学分野における研究開発には積極的な役割を果たさなかった。	* 自動車と家電産業を除いて（これらの分野向けには競争力のある化学製品あり）、顧客企業の化学分野の需要は洗練されていなかった。 * 最も要求度の高い顧客層は多数のグレードを要求し、このため日本製品は、グローバル市場の需要とはかけ離れていた。 * 国内需要の大半は、基礎化学品で、ファインケミカルへの圧力はなかった。	* 化学産業の発展に政府が強力に介入した。 * 政府が生産量や生産規模の面で介入したため、企業間の競争は阻害された。 * 不況や過剰設備処理対策としてカルテルが形成された結果、弱小企業の存続、多数乱立の構造、製品改善努力の欠如につながった。 * 主要競争業者は、国内市場において基礎化学品で収益性をある程度確保したため、ファインケミカルや海外市場に進出する必要に迫られなかった。 * 研究開発やマーケティング面の能力に欠けたため、模倣戦略をとる企業が多かった。	* 生産加工分野の機械やエンジニアリング面では日本は競争力を有するが、欧米企業のような洗練されたサービスを提供できない。 * 石油精製産業は、政府によって競争が規制されているため、非効率である。

日本の失敗産業におけるダイヤモンド・フレームワークの決定要因② 表4-B

	要素条件	需要条件	企業戦略・競合関係	関連・支援産業
民間航空機	* 航空宇宙工学分野における大学プログラムが少ない。 * 研究開発施設が貧弱。 * 航空機製造の熟練工の数が限られている。 * 企業内での研究開発の対象が、重工業全般に向けられており、航空機製造に特化したものではない。 * 防衛産業の欠如が、大規模システム工学における技能や経験の欠如につながった。 * 重要な技術はすべて海外(特にボーイング)からの移転に頼る。研究開発を目的とした国際コンソーシアム経由による技術移転。	* 代替交通手段(鉄道)が発達しているため、航空需要は大きくない。航空業界は政府規制のため、高額料金を維持している。結果として、飛行機旅行に関する日本人の需要は洗練されていない。 * 東京一大阪間の移動需要が最大であるが、この間には優れた鉄道網が発達している。 * 騒音問題や狭い空港が原因で国内の便数は制限されている。 * 軍需が大きくない。 * 小型飛行機需要は非常に限られている。 * 航空産業が規制されているため、航空機のイノベーションを刺激するような競争はない。	* 市場参入や競争に関して政府が直接介入。 * 日本企業間に競争が皆無で高度化への圧力なし。ほぼすべての事業は競争業者間のジョイントベンチャーとして行われる。 * 主要競争業者は、独自の技術や戦略を構築しようとしない(たとえば、タイムリーな新製品導入や、納入期間の短縮化、マーケティング、サービスの強化等)。	* 軍事産業が存在しないため、そこからの技術移転や技術者流入などが期待できない。 * 高度なCAD・CAM技術や航空機製造専用の工作機械において強力な国内産業が存在しない(これらは航空機製造にとって不可欠)。
チョコレート	* 主要原材料はすべて輸入に頼るか、保護を受けた非効率な国内生産業者からの調達。政府による頻繁な輸入制限や貿易障壁の変更の結果、チョコレートメーカーはそれに対応して頻繁な製造方法変更を余儀なくされた。 * 基本原材料に対する政府による積極的な価格管理と輸入障壁。 * 製品開発や生産方法における優れた技能の欠如。すべて輸入し模倣。	* 洗練されない国内需要:チョコレートではなく、日本独特のチョコレート菓子を好む。 * 緩い品質基準が、低品質の製品につながった。 * 和菓子等、従来の日本菓子が割安の代替品として存在。 * 多層で複雑に入り組んだ流通構造は日本特有のもので外国市場には存在しない。消費者理解を阻害し、日本固有の企業行動を生み出した。	* 1980年代後半に至るまで、輸入制限や高率関税によって国内市場が保護された。産業の高度化に役立つ外国企業の参入を許さず。 * 主要競争業者間の差別化はほとんどない。互いに模倣を繰り返す。 * 小売スペース確保のために新製品濫造を伴う競争形態。	* 食品加工機械等の支援産業における競争劣位。 * 酪農産業や食品加工産業等の関連産業における劣位。
洗 剤	* 洗剤関連の化学分野における大学研究開発が欠如。 * 洗剤関連の化学工学分野において国内には技術者が不足。	* 軟水(カルシウム含有量が低い)、小さな洗濯機、頻繁かつ少量の洗濯、低い水温など、日本特有の需要が存在し、他国の市場ではこの経験の応用はできなかった。 * 軟水を使い、少量の洗濯を頻繁に行うことで、洗剤に対する要求度は低く、イノベーションを促進することはなかった。 * 製品の分類や、品質、環境等に関する厳しい政府基準は設定されなかった。 * 1960年代まで洗濯機の普及が遅れたことで、洗剤需要も伸び悩んだ。 * 国内流通チャネル対策を通じて培われた知識は、海外市場では通用しなかった。	* 1970年まで、外国企業の参入は政府によって阻止された。 * 二大国内企業間の競争に限定された。 * 複雑な流通制度が参入障壁として機能した。 * 1975年まで、製品特許は認められず、イノベーションを阻害した。 * 洗剤は小売店舗の目玉商品として売り出されることが多く、花王やライオン等広範な製品ラインを有する企業の視点からは、投資対象にはなり得なかった。	* 化学産業や、洗濯機、広告、消費者用パッケージ商品、小売などの関連・支援産業は競争劣位にあった。

日本の失敗産業におけるダイヤモンド・フレームワークの決定要因③　表4-B

	要素条件	需要条件	企業戦略・競合関係	関連・支援産業
証　券	* 金融関連の優れた大学プログラムが存在しない。 * 大学における金融理論研究が存在しない。 * 産学分離が、金融新製品の創造を阻む。 * 証券会社におけるコンピュータ普及が遅い。 * 企業内のインセンティブの仕組みが、専門家の養成を阻害する。	* 資金調達源としての間接金融への依存度が高く、直接金融の高度な需要が育たなかった。 * 株式持ち合い制度によって、市場に流通する株式量が制限され、市場では投機売買が主流を占めた。 * 金融サービスに関する洗練度の低い顧客が、投資に対する利回り保証を要求した結果、証券会社は不正市場操作を余儀なくされた。 * 株式持ち合い制度や未発達の金融関連の規則や基準のため、M&A関連サービスの市場が限定されていた。	* 政府による市場参入規制や競争抑制策のため、証券会社がイノベーションや業務高度化を図ることはなかった。 * 取引および引受手数料の固定化によって、競争は抑制された。 * 四大証券（現在は三社）による居心地のよい寡占状況が続いた。 * 「過当競争」を回避するために、政府は企業の模倣戦略を奨励した。四大証券間に戦略の違いは見られなかった。 * 国内市場での競争は、市場シェア争奪戦と化し、イノベーションを追求することはなかった。顧客との安定した関係維持が最大の関心事となった。 * イノベーションの大半は外国企業との提携を通じて導入された。	* 規制によって、銀行と証券が分離された結果、産業の枠を超えたイノベーションは起こらなかった。 * 資産運用業務は未発達であった。 * データベース産業も未発達であった。
ソフトウエア	* ソフトウエア関連の大学プログラムの欠如。 * ソフトウエア関連分野における国立研究機関、大学における研究の不足。 * ソフトウエア技術者の不足。 * ベンチャー・キャピタルの不足がソフトウエア事業の起業を阻害。 * 技能や技術向上につながる政府による大規模研究開発の欠如（米国と対照的）。	* メインフレーム・コンピュータやPCにおいて複数のOSが存在。互換性のないプラットフォームが存在したため、汎用ソフトウエアの発展を阻害した。 * 日本企業における汎用ソフトウエアやPCの普及が遅れた。 * 日本の消費者が、ソフトウエアのような無形資産に対する代価の支払いに慣れていなかった。 * 学校におけるコンピュータの普及が遅れたため、国民のコンピュータ知識が乏しい。 * アルファベット表記のキーボード操作は日本人消費者には難しく、結果としてコンピュータの普及を阻んだ。 * 日本語環境が、グローバル市場向けの製品開発やマーケティング努力を阻害した。	* テレビゲーム分野を例外として、アプリケーション・ソフトウエアにおける優れた競争業者が少ない。 * ハードウエア企業（最近までソフトウエア産業を支配）が、コンピュータ販売に際してソフトウエアをただで抱き合わせ販売した。 * ソフトウエア企業間の競争は、提供する製品内容ではなく、技術者1人・1時間あたりのコストをベースにしたカスタム・ソフトウエアの製作について行われた。 * 汎用ソフトウエア開発に対する政府補助金を受けた企業は、補助金に甘んじて、製品化を目指すことをしなかった。	* ハードウエアのプラットフォーム間に互換性が欠如したため、ソフトウエア市場の進展が阻害された。 * 戦後は防衛・航空宇宙産業分野が存在しないため、ソフトウエア開発の重要性が軽視された。 * マイクロプロセッサや、PC、ワークステーションにおいて日本は競争劣位にある。

第五章

日本はいかにして前進すべきか：政府への課題提言

日本が直面している問題の本質は、日本に浸透した、競争に対する考え方にある。日本政府は、競争原理の果たす役割を疑い、国家の生産性と繁栄を妨げるような干渉をする傾向にある。日本企業が抱える問題も、競争に対する彼らのアプローチの仕方に深く根ざしている。日本企業は、間違ったモデルを手本にしているために、自らの利益を損なうような破壊的な競争に陥ってしまっている。

では、どうすれば、日本は前進することができるのであろうか。過去の競争における成功と失敗に関する深い理解に基づいて考えてみれば、金融機関の救済、所得税の低減、地域振興券の発行等という、これまでの場当たり的な応急処置は、今後も効果を上げないことは明白である。日本に深く根ざす構造的問題に対処するために、日本の政策決定者や企業の指導者層は相互に協力し合いながら、もっと効果的な競争構造を構築していかなければならない。そのために必要なものは、新しい経済戦略に他ならない。その新しい戦略は、過去における日本の真の成功要因に基づいたものであるべきだ。また、日本が現在置かれた状況と今後変革していかなければならない将来像との違いを明確にし、現代のグローバル競争の現実を反映したものでなければならない。しかし残念ながら現状は、差し迫る危機感と思い切った行動の必要性に駆り立てられるあまり、政策決定者や企業の指導者層が誤った問題を解決しようとする大きな危険性があるように思えてならない。

この章は、日本政府が考慮すべき課題に焦点を当てる。企業に対する課題に関しては、第六章で取り扱う。

政策決定者が考えるべき優先課題

政策決定者はまず、大いなるプライドのもととなっている従来のアプローチを捨て、過去において実際に機能した政策、そして今日の競争の現実に合った政策に転換すべきである。確かに、公共政策は日本の戦後の復興において重要な役割を果たしたが、その有効だった政策は一般に考えられているものとは異なる。また日本は、これまで避けてきた、国家に深く根ざす自らの弱点にも目を向けなくてはならない。

一九九九年二月、「健全で創造的な競争社会への変革」を謳う小渕恵三首相の私的諮問機関、経済戦略会議は、一連の規制緩和案を提案した。その提案には、より効率的で小さな政府の設立、地方自治の強化、より公平で国民の努力に報いるための税制改革、より創造的な人材育成のための教育改革などが盛り込まれていた。

このような制度上の改革は、あるべき方向に向けた改革の第一歩ではあるが、それを遂行すれば果たして最終目標を実現できるかどうかという点になると、不足の感は否めない。国家が競争の次元を高度化するためには、競争に対するアプローチ、競争を取り巻くビジネス環境、そして競争に関して日本企業あるいは国民が抱く考え方自体を変えていかなければならない。

過去に成功した施策は継続すべき

日本の最優先課題は、過去にどの政策が成功したかを確認し、その政策を今後も継続して行うことである。高水準の義務教育、貯蓄と投資を奨励する政策、安定したマクロ経済政策、広範なビジネス情報の収集と普及、設備インフラの絶え間ざる改善等の施策は、どれもこれまでに日本の生産性向上に役立ってきた。これらの施策は、今後も継続して行われるべきである。(注1)

そういう意味で、現在掲げられているマクロ経済政策は深刻な問題を抱えているように思われる。大規模な財政赤字や銀行預金への巨額の政府保証は、長期的には日本経済のマクロ的な安定性を脅かす危険性がある。効果の疑わしい内需刺激政策や金融機関の救済策は、目先の問題の応急処置にすぎず、真の問題解決にはつながらない。

日本には、現在あまりにも多くの規制が存在する。したがって、規制改革のペースは今まで以上に迅速に進められなければならないが、その半面、すべての規制を悪と決めつけるのは間違いである。省エネルギーや安全性、品質基準、騒音等に関する高いレベルの規制基準は、これまでイノベーションと生産性向上を支えてきた。我々はケーススタディを通じて、厳しい規制や基準が有効に働く多くの事例を取り上げた。日本はそれら規制や基準のレベルを今後もさらに厳しくしていくべきである。現行の規制基準が高いことよりも、不必要な分野に対する規制や、煩雑な行政手続きが問題である。

新製品の初期需要を喚起するような規制は、日本に恩恵を与えた。このような施策は、洗練された国内需要を喚起し、日本の産業競争力を強化した。同時に、製品規格や業界標準に関する迅速なコンセンサス形成を助けるプロセスは、産業成長と供給業者の発展を促進した。このような施策は今後も続けるべきであり、さらに新しい分野にも適用していくべきである。

新たな経済政策への課題

次に、変革に向けた優先課題について具体的に検討する。まず、現行のマクロ経済政策には改善の余地があるが、より根本的な問題はミクロ経済にあることを認識しなければならない。

①日本はたいがいの分野で競争することができるということを信じよ

我々は、競争が制限されずに自由に行われてきた産業においては、日本は成功を謳歌してきた事実に加え、そうでない産業においては失敗を繰り返してきた事実の両方を示してきた。日本が過去の失敗から学ぶべき最も重要なことは、政府によって広く行われている反競争的な施策をやめることである。日本の政策決定者は、独占禁止法や、カルテル、コンソーシアム、行政指導、反競争的な規制を見直すべきである。また、規制緩和だけでなく、競争強化を目指し、規制改革の目標として盛り込むべきである。たとえば、国営企業を民営化する場合、国営企業の代わりに民営の独占企業を作り出すのではなくて、その企業が支配してきた市場を開いて多くの企業が自由に競争できるようにすべきなのである。

競争を避けようとする傾向は、日本の政官界に深く根づいている。制限のない競争はあまりに破壊的であり、労働者や中小企業を苦しめ、貴重な企業資産を損なう危険性があるという長年の考え方が存在する。しかし、我々が実証してきたように、この考え方は時代遅れである。今日の日本企業は、十分に競争していける実力をつけている。企業を競争から保護しようとする政府の努力はこれまで失敗してきたし、そのツケは消費者だけでなく、保護の対象となった当の企業、そしてその企業と取引を強いられる他の企業にも回ってきた。もし日本が、競争強化の政策を取り入れなければ、グローバル経済における成功に不可欠な生産性向上とイノベーションは起こらないだろう。

「自由競争」という概念に疑いを持つ日本の国民は、一握りの人間が歪んだ市場を利用して、他の大多数の犠牲の上に裕福になっている現行システムよりも、競争原理の方がずっと公平で平等なシステムであることをまず認識する必要がある。競争は、長期的にみて生産性を改善するためにも必要であり、ひいては現在の高い生活コストを下げる唯一の手段である。国民は、政府が競争を歪めることによって自分たちの生活にどのような影響を及ぼすのか、その関連性をよく理解すべきである。勤勉で活気にあふれた国民に自由な選択権を与え、政府による競争への介入を取り払うことによって、日本は自らのイノベーション能力を高めることができる。

競争を自由化するための政策課題は、様々な分野にわたる。まず独占禁止法を強化し、実効性のある罰則規定を盛り込むべきである。形骸化した現行の独占禁止法運用の改善に着手しなければならない。これにはまず、公正取引委員会に対して、今以上の資源や財源を割り当て、権限委譲を行う必要がある。また、合法カルテルに関する議論は時代遅れであり、これを正当化する法律は改正が必要である。その他おびただしい数の法律や規則、許認可等は、それらが競争に与える様々な障害をなくすことを念頭に、再検討されるべきである。政府の役割は、問題を抱えた企業や産業を救済することではなく、労働者や資本がより生産性の高い用途に移るように促すという方向に転換すべきである。これまでに失敗してきた特定産業の重点育成政策も廃止し、あらゆる産業に影響を与えるビジネス環境を改善するための施策へと方向転換すべきである。

ここで、すでにいくつかの前向きな兆候があることにも触れておこう。まず、合法カルテルを容認してきた特定産業に関わる法の多くが一九九七年に廃止された。残りのカルテル根拠法も廃止の方向で再検討されている。(注2) また、通産省は、一九九九年六月に「二一世紀のビジョン」と題した骨子を発表し、その中で新しいビジネスの創造、規制緩和、規則のさらなる透明性、イノベーションの促進等の重要性を強調した。

しかし、問題はそれをどうやって実現するかである。通産省は、競争の結果として失敗企業や失敗産業を生み出すことをいまだに躊躇しており、競争に不可欠な失敗のリスクを最小限に抑える方法を模索している。たとえば一九九九年八月に施行された産業活力再生特別措置法は、政府から事業再構築計画の認定を受ける企業に対し、設備廃棄に伴う欠損金の繰延期間を従来の五年間から七年間に延長した。主に鉄鋼メーカーを救済するために作られたこの法律は、新たなカルテルのような形式で実施されるのではないかという心配の声も上がっている。(注3)競争に対する恐怖心は、日本の政策決定者の考え方にあまりにも深く根ざしているため、変革を可能にするには関係者の総意を結集する必要がある。

②貿易自由化が日本企業の国際競争力の低下ではなく、向上につながることを認識する

海外からの輸入や投資を制限することは、実際には、保護対象となった日本の産業の多くを弱体化してきた。貿易制限は、製品の高価格化、低品質化を招き、消費者に損害を与えるだけではない。貿易制限によって保護された企業は、ほぼ例外なく活力や革新性を欠くようになり、外国企業との競争に太刀打ちできなくなる。貿易や投資に対する制限は、他の日本企業にも打撃を与える。彼らが必要とする原材料の要素価格を上げ、競争力を奪うからである。

このような要素価格の高騰や供給業者の低生産性が招く結果は、我々のケーススタディから明白

である。チョコレートメーカーは、貿易障壁によって保護されたココア豆や砂糖、乳製品等の原料を調達するために高いコストを支払わなければならなかった。同様に、化学メーカーは、手厚く保護された国内の精油所が生産する高価格の原料を使用することを余儀なくされた。海外からの投資に対する制限もまた、日本企業が、日本市場進出を目指す外国の供給業者と取引をする可能性を絶つとともに、優れた産業クラスターが発展する可能性をも絶ってしまい、結果として、日本企業の競争力を阻害することになる。さらに貿易制限は、アイデアや技術、競争につながる様々な刺激が行き交うことを妨害し、イノベーション創造の速度を遅らせる。(注4)

グローバル経済における貿易や投資に対する制限は非生産的なブーメラン効果をもたらし、結果的には国内企業の競争力を弱めてしまう。このことは、これまであまり認識されず、議論もされてこなかった。これこそが、国際競争力を有する産業が日本には限られた数しか存在せず、一九八〇年代以来、新しい輸出産業がほとんど創出されないことの理由の一つである。

自由貿易が国内企業の繁栄につながることを理解するには、自国の農業分野をみれば一目瞭然である。種苗業は、日本の農業の中でもあまり保護や規制を受けていない数少ない分野の一つである。この分野においてサカタのタネは、世界のパンジー種子市場の七〇%、米国のブロッコリー種子市場の八〇%を占めている。保護されている企業と異なり、サカタのタネは早い時期から海外進出を果たした。一九三〇年代には米国で行われた花の品評会で入賞し、世界的な知名度を獲得した。自社の製品ラインのグレードアップを常に図りながら、果物や野菜の種苗開発にも着手した。今日、サカタのタネが販売する種苗の六〇％は海外で生産され、世界一三〇カ国に輸出されている。同社は、事実上、国際的に競争力のある唯一の日本の農業関連企業といえる。

政府による保護政策が緩和された産業では、すでに発展の兆候がみられる。携帯電話の事例をみてみよう。(注5) 一九九四年以前、日本国民は携帯電話を所有することさえ許されていなかった。ＮＴＴを通してレンタルできただけである。この政策により、携帯電話の国内市場は当時、未発達で、洗練されていない市場となっていた。政府は携帯電話の規格を二つに限定し、一つはモトローラの技術に基づいた規格、もう一つを日本だけに通用するＮＴＴの技術に基づいた規格とし、その他の外国企業すべてを国内市場から締め出した。その結果、日本製携帯電話は、二流品で高価格のものとなってしまった。

一九九四年に、米国や欧州の企業および政府からの強力な圧力に応じて市場開放して以来、日本は世界における携帯電話の先端市場となった。一億二六〇〇万人の国内市場において、五〇〇〇万台を超える携帯電話が普及した結果、今や人口当たりの普及率では日本は米国を上回っている。

日本製携帯電話は、世界の最先端を行く欧州製モデルにすでに追いついている。消費者の需要や競合社間の競争が高まるにつれて、今や携帯電話は株式の売買や、鉄道や飛行機のチケット予約、銀行口座間の振込み、さらには文章のメッセージや簡単な絵を送受信したりできる機械に変貌を遂げた。二〇〇一年には、複数の日本企業がさらに優れた音声品質を実現し、データやビデオ通信を可能にする第三世代の携帯電話を市場導入するといわれている。京セラは、すでにこのような新世代機種を売り出している。この事例は、貿易保護やその他の障壁がない環境で厳しい競争や要求度の高い国内需要にさらされた場合、日本企業が全く遜色なく競争していける能力を持っていることを如実に示している。

日本は今まさに、自由貿易を支持する確信を持つべき時である。これは、要素価格を抑え、イノベーションを促進し、多くの産業の競争力向上につながる。自国産業保護による「自給自足」型経済は、四〇年前には意味のある政策であったかもしれないが、変貌を遂げた日本経済ひいてはグローバル経済においては、全くの時代遅れである。苦境に陥っている企業を政府が保護しなければならないというような論理は、今日の日本のような高度に発展した大国の経済においては、もはや通用しない。多くの統計分析の結果からも、自由貿易と海外投資の促進が、経済成長と生活水準の向上との間に強い正の相関関係を持つことは、繰り返し実証されてきた(注6)。

多くの日本人がいまだに誇りの拠り所としている巨額の貿易黒字は、むしろ日本にとってはマイナス要因である。なぜなら貿易黒字は、自国産業の生産性を劇的に向上するはずの外国企業の参入を制限することによって、もたらされているからである。そして皮肉にも保護貿易は、もっと効率よく原料調達をしたいと考える企業や、政府の長年にわたる保護主義が原因で起こる貿易摩擦を避けようとする企業を、日本から追い出す引き金となっている。

自由貿易を促進するためには、貿易と投資に関する直接的・間接的なあらゆる障壁を撤廃しなければならない。また、日本の消費者が国産製品と外国製品を公平に選べるシステムを構築することが重要である。たとえば板ガラスに関する貿易問題においては、輸入ガラスの採用を妨害するような業界慣習（国内メーカーが独占卸売業者と取引を行う慣行）が、外国企業の日本市場参入を阻む隠れた要因となっていた。[注7] 独占禁止法を強化し、外国企業にも流通産業の門戸を広く開くことは、将来的には日本企業の競争力を促進することにも役立つ。Eコマース（電子商取引）の台頭によって、日本の消費者は内外価格差をより意識するようになり、海外の販売業者と直接取引をする機会も広がるであろう。これも、日本の市場開放をさらに促進することになるであろう。

③世界に通用する大学制度を構築する

大学制度は、先進国経済の国際競争力にとって日増しに重要な要素となっている。大学の重要性はそこで行われている研究成果にとどまらず、国家のイノベーション創造プロセスにおいても重要な役割を担う。第一に、大学における研究は開放的で、その成果は企業内研究所や政府系研究機関が行っている研究よりももっと早く社会に普及する。第二に、大学で行われる研究を通じて、次世代の若い科学者や技術者の人材が育成される。第三に、大学の研究は新しい企業を生み出す強力な孵化器でもある。一九八〇年から九七年にかけてのマサチューセッツ工科大学、スタンフォード大学、そしてカリフォルニア大学の米国の三大学の例だけをみても、二四五以上にのぼる新規企業が大学研究からのスピンオフとして設立された。最後に大学は、国の基礎研究能力と民間産業とを結びつける重要な役割を果たす。国家のイノベーション力に関する一九九九年のポーターとスターンによる研究によれば、国の研究のうち大学で行われている比率が、国のイノベーションの創造に大きな影響を与えていることが明らかになった。(注8)

第二章で説明したように、日本の競争力のない産業の原因は、しばしば日本の脆弱な大学制度に端を発しているといえる。従来、日本の基礎教育は、高い水準を維持し、日本の強さの源泉であると考えられてきた。しかし、今や大きな改革が必要であるとする見解に、我々は賛同する。

機械的な暗記力を重視する教育制度は、もはや十分ではない。問題を創造的に解決する能力の向上や、生徒の様々な能力評価、生徒の多種多様な要望への対応等に、もっと力を入れるべきである。そして、文部省によって制定された、全国統一型の教育カリキュラムからも脱却する必要がある。

基礎教育における問題が顕在化するにつれて、東京大学をはじめとする大学は、新入生に対して、数学や物理、化学の分野において補修クラスを開かなければならない状況に至っている。大学一年生を対象にした大規模アンケート調査の結果によると、文系の一〇%以上の学生が分数を使う簡単な計算を解くことができなかった。(注9) 大学入学を目指す学生は、自らの専攻分野に直接関連のある教科だけでなく、すべての基礎教科の能力を証明すべきである。

日本の高等教育制度については、改善の必要性が叫ばれて久しい。大学や大学院レベルの教育の質が他国の水準に達していないばかりか、日本の大学は、コンピュータ・ソフトウエアやバイオテクノロジーのような重要分野において十分な数の学生を送り出していないのである。一九九六年に日本の大学で生物学関連の分野を専攻した学生は一八七五人にすぎず、米国の大学が年間に輩出する六万二〇八一人と比べると雲泥の差である。(注10)また、人口一〇〇〇人当たりの大学院生数は、日本が一・三人(一九九六年)であるのに対して、米国は七・七人(九四年)、フランスは三・五人(九五年)であった。同年の、学部学生に対する大学院生の割合は、日本が六・九%、米国が一六・四%、イギリスが二一・三%、フランスが一七・七%であった。(注11)

第二章でみたように、特殊技能を有する人材の不足は、重要な産業における生産性の向上を阻害してきた。最近の事例では、弁護士がそうである。日本はよく米国よりも訴訟の少ないことの恩恵をこうむっている国といわれるが、いかなる経済においても、それが複雑な先進経済であればなおさら、弁護士は必要である。弁護士の不足が、ビジネス取引の遅延を招く。特に、日本では科学技術分野に精通した弁護士が圧倒的に不足している。

日本人が幅広い学問分野において高度で特化した技能を修得しない限り、日本の生産性とイノベーションは向上しないであろう。一般に、企業内研修プログラムは優れているが、それは大企業に雇用された一握りの労働者を対象とするにすぎない。また、企業内研修が、一流大学で行われる教育を代替することはできない。企業内教育はゼネラリストの育成が中心であるが、今日の知識経済はスペシャリストを必要としている。これまで賞賛されてきた日本企業の人材育成手法も、今や改革が必要である。

日本では、一流大学に入ることはとても難しいが、卒業するのは簡単である。学生の中には、大学で過ごす期間を四年間の休暇期間あるいは「モラトリアム期間」と考える者が多い。企業のほうも、企業内研修を重視するあまり、新規採用に際して大学の成績をあまり重視しないため、学生には大学で懸命に勉強するインセンティブがない。企業は、大学教育を人材開発制度の一環として位置づけ、大学と密接な関係を持ちつつ、企業が必要とするスキルを学生に教えるよう大学に要求することによって、その恩恵を得ることができる。

日本の大学が抱える問題の一端は、官僚が大学を厳しく管理し、細部にわたるまで運営に関わろうとすることにある。たとえば、東京大学のような一流といわれる国公立大学の教授は、企業の取締役会に参加したり、企業で働くことを禁止されている。そのために、一流の経済学者が大学教授の座を辞した例は記憶に新しい。小渕首相による個人的仲裁にもかかわらず、人事院はその教授がソニーの取締役会に参加することを認めなかったからである。大学・企業間の広範囲にわたる相互交流関係は、奨励されるべきであって、制限されるべきではない。

もちろん、大学自体にも問題はある。大学は、規制された制度の中で甘んじ、学生に対しても厳しい要求をほとんどしてこなかった。ほとんどの授業は大教室で行われ、そこで学生は私話に興じている。ほとんどの日本の大学では、学生による授業評価制度が存在しないため、教授たちは何のためらいもなく授業を休講にする。大学改革は遅々として進まず、学部や専攻分野の新設にも及び腰である。今後は、大学の新設や、既存のうまく運営されている大学の拡張によって大学間の競争を促進すると同時に、個々の大学への予算配分をその研究や教育実績に結びつける等の努力が必要である。

前述したように、大学における研究は、国家の基礎研究システムの根幹を成し、イノベーションの基盤としての役割を果たす。しかし、限られた予算と老朽化した研究施設しか持たない日本の大学は、多くの重要な分野において強力な研究プログラムを欠く状況にある。また、その研究内容も、基礎研究よりも応用研究に焦点が当てられている。年功序列や学内登用に基づいた昇進制度の下では、新しい分野を開拓して革新的研究に取り組もうという意欲は湧いてこない。たとえば今までにノーベル賞を受賞した科学者の数は、米国が一八〇以上、ドイツが六〇、デンマークやオーストリアという小国がそれぞれ九人であるのに対し、日本は五人にすぎない。

日本で行われている研究活動の中枢を担っているのは企業であり、大きく水を空けられながらもそれに次ぐのが政府系研究機関である。これまで、日本では民間企業が大学での研究に投資することを許されていなかった。一九九八年までは、文部省は、大学の研究者が企業から研究資金を受け取ることを禁止していた。

活気にあふれる大学制度を欠く一方で、日本政府は、大学制度に対する干渉や補助金提供を続けてきた。また、研究開発向けの補助金を個別企業に提供することで、本来ならば市場メカニズムが機能して得られたはずの成果を歪めてしまった。さらに、政府が支援する共同研究開発は煩わしいばかりでなく、企業戦略の類似化を招いた。(注12) 第二章で述べたように、政府が支援する共同研究開発は次善の策にすぎず、競争力向上という点では限られた効果しか生み出していない。共同研究開発は選択的に使われるべきであり、技術の商業化等から離れた分野に限定すべきで、競争自体を阻害するものであってはならない。そして、それらのプロジェクトは、参加企業間に知識を普及することを目的として運営されるべきである。

一九九九年九月、文部省は、全国九九の国公立大学制度の全面改革を発表した。文部省は、今後一〇年間で中央官庁職員数を二五％削減するという目標を名目的に達成するために、各大学を独立行政法人化する計画を立てている。しかし、独立行政法人化するといっても、もっと自主的に運営する自由を大学に与えるわけではない。現在は大学内で選出されている学長を、今後は文部省が任命する計画が立てられている。大学変革に対する官僚的プロセスは、改革を実体のないものにしている。

教育政策に関して現在行われている議論には、大学運営に関する戦略的視点が欠如している。文部省は、大学を「独立」化しさえすれば、米国の私立大学制度に匹敵した大学制度ができるようになると考える一方で、大学制度に対しては引き続き詳細にわたる管理権限を行使している。

政府は、日本における大学への研究資金補助を拡大すべきである。一九九六年には、日本の国内総生産の〇・七％が大学の研究や教育にあてられたが、米国の一・一％や、ドイツの一・五％と比べて、はるかに低いものである。(注13) また、米国の国立科学財団や国立衛生研究所で行われているような、独立機関による査定に基づく、研究の重要性に応じた研究資金の配分制度を導入すべきである。

しかし、いくつか明るい徴候はある。社会科学分野の国公立大学教授はいまだに民間企業の取締役会に参加することを許されていないものの、自然科学分野の教授には、大学または国立研究機関で開発された技術を使ってベンチャー企業を設立することが許可された。一九九九年四月には、国立大学の奈良先端科学技術大学院大学の現職教授が社長になって、バイオテクノロジー関連のベンチャー企業を横浜に設立した。さらに、東京大学の生産技術研究所の研究者数名が太陽電池用シリコンを製造するベンチャー企業を、大阪大学の教授が他の私立大学教授と共同でシステム・チップをデザインするベンチャー企業を設立した。(注14)

文部省は、日本に専門大学院を新設することにも着手した。日本で最初に開校される専門大学院の一つは、経営学と金融工学の修士号を出すビジネス・スクールである一橋大学国際企業戦略研究科である。一橋大学でのフルタイムのMBAプログラムは、すべて英語で授業が行われ、世界中から学生を募集する。文部省は、勤務経験のある社会人向けのビジネス・スクールやロー・スクール、その他の専門大学院を創立することで、大学と企業間の交流がもっと活発になることを望んでいる。

④時代遅れの非効率な国内産業分野を近代化する

オペレーション効率において世界の模範となった国家が、自国経済の多くの分野においてそれを実践できていないというのは、なんとも皮肉である。日本の失敗の多くは、小売や卸売、物流、金融、医療、エネルギー、トラック輸送、通信、建設、農業のような、中小企業が多く、非効率で、時代遅れの国内産業分野にみられる。長年にわたる政府の政策は、その仕組みから「二つの日本」を作り上げてしまった。一つは高い生産性を誇る輸出産業から成る「日本」で、もう一つは内需型の国内産業から成る「日本」である。これらの国内産業分野は、きまって数多くの規制や政策によって保護されており、その結果、高コストを招き、競争を制限し、企業の統廃合を阻害する等の産業の非効率性につながった。

たとえば小売部門は、競争に対する制限のために、非常に小規模の企業が多い。日本の大規模小売店舗法は、ここ数年緩和されてきたものの、いまだに非常に面倒な手続きを要する。売上面積一〇〇〇平方メートル以上の規模の店舗をオープンするには、地元の小売業者への影響を最小限に抑えることを主眼に、都道府県の実質的承認を得なくてはならない。さらに、肉や豆腐、電化製品のような日用品を販売したり、ドライクリーニングのようなサービスを提供するための許可を得るために、大型店舗は平均して一店当たり一五〇以上もの書類を政府に提出しなければならない。(注15)

日本の建設業も中小企業が多く、非効率的で競争力のない、内需型産業のもう一つの例である。建設業は談合と政官界との癒着構造、そして、外国企業の参入から強力に保護されていることで知られている。公共事業はこの産業の売上の中で大きなシェアを占めるため、政治家や建設官僚はどの建設会社と契約するかについて絶大な権限を持っている。公共事業が入札されるとき、建設省は通常は指名競争入札を行う。指名業者が指定されたあと、指名業者間でどの会社がいくらで入札するかが話し合われるのが普通である。業者の間で今度はどの企業が落札する番かを決め、その他業者の入札価格を示し合わせ、こうして確実に利益を確保するのである。これがいわゆる談合である。

「二つの日本」を作り上げた背景、そして競争がないことに対する人々の寛容さには、一見合理的な根拠があるようにみえた。効率的な「日本」が、その他大勢の非効率な「日本」を支え、その非効率な「日本」は、社会安定や雇用創出、自給自足を実現すると同時に、零細な自営業者の事実上の年金制度を提供してきたとみることもできる。建設業では、一九九九年には六八〇万人を雇用しており（労働者人口全体の約一〇%にあたる）、他の産業がない地方で雇用機会を提供している。この非効率な日本のコストを支払わされてきたのは、あらゆるものに高い値段を支払わなければならない日本の消費者であったことはいうまでもない。その結果、第一章において図示したように、日本人の生活コストと生活の質に与えた影響は、非常に大きなものであった。

しかし、日本の政策決定者は、この政策が二つの破滅的事態を招くとは予期していなかった。第一に、内需型の国内産業であっても、輸出型の諸産業に影響を与えるということである。非効率な「日本」は生活コストだけでなく企業の事業コストも吊り上げ、輸出産業の競争力を低下させた。たとえば建設コストは、少なくとも米国より三割は高いと推定されている。

第二に、非生産的な国内産業分野は、目立たないが長期的には潜在的に重大な影響を日本経済にもたらした。非効率な「日本」は、日本経済の広い分野において、国際的に通用する競争力を有する新たな産業の育成を阻害した。日本の国内産業分野があまりにも非効率で、他の多くの外国市場における同様の産業とは全く異なる構造をしているため、それらの国内産業分野を通じて、またはそれらに対して販売される製品（消費者用パッケージ商品や加工食品等）は、外国市場では通用しない特殊なニーズや業界慣行に適応しなければならなかった。国内産業分野が提供するビジネス環境があまりにも特異なために、その環境下で事業を行う日本企業が国際的に競争していくことは事実上不可能となった。この結果、日本に新しい輸出産業がほとんど芽生えなかった。

零細の小売業者や既存の大型百貨店を新たな競争形態から保護するための政策が、いかに日本の競争力に負の効果をもたらしたかを考えてみよう。アパレル産業では、市場支配力を持つ百貨店の要望に応じて、日本のアパレル企業は百貨店内専用の店舗を経営をする能力を磨いてきた。このように販路をいったん確立してしまうと、製品デザインやブランド構築といった面で努力する必要はなくなり、安心して外国ブランドのライセンス契約競争に専心した。同様に、日本のチョコレートメーカーは、細分化した流通経路において売り場スペースをめぐる競争に勝ち抜くために、小手先の工夫に終始し、数え切れないほどの新製品を導入したが、いずれも輸出市場で通用するようなものではなかった。このような例をはじめ、内需型産業における日本企業は、本国市場において世界に通用するマーケティングを学ぶ機会を奪われたのである。

日本のサービス産業分野全体に共通してみられる歪みによって、日本はほぼすべてのサービス産業において競争力を持たず、労働生産性も低い。米国と比較した場合、生産性の差は、航空、通信、銀行、卸売、小売、レストラン等の産業では四〇%にのぼるとされている。(注16) 日本の百貨店や専門店、銀行等では多数の社員を雇用し続け、彼らは欧米では当の昔にセルフ・サービスや機械に取って代わられた業務を行い、他国では決して目にすることのないサービスを提供している。

今日、日本のサービス分野における競争劣位は、国の経済繁栄を大きく妨げるものとなった。先進諸国ではサービス産業は急速に発展する産業分野であり、多くのサービスは国際市場で取引されるようになってきている。しかし、日本はこの重要な産業分野において、実質的にゲームに参加していない状態にある。

ただし、まだ多くの改善の余地があるが、最近になってようやく進展の兆候もみられるようになった。通信分野においては、これまでインターネットの普及は、高額の接続料金によって妨げられてきた。市内通話サービス分野において、国内には競争相手が存在しないため、NTTは法外な電話料金を徴収してきた。しかし、遅まきながら、郵政省が定額料金のサービス提供をNTTに要求した結果、ようやく料金は引き下げられた。NTTは、一九九九年一一月に東京と大阪の限定地域において、一カ月八〇〇〇円の定額料金サービスを試験的に開始した。将来的に一カ月四〇〇〇円に値下げする計画を発表した。しかし、それでもなお、米国の料金に比べると非常に割高である。この事例は、日本政府が依然として競争原理を信頼し奨励することができず、企業活動に対する直接介入という手段をとりたがることを示している。

ガソリン販売においては、一九九七年になってようやくセルフ・サービスのガソリンスタンドの開設が許可された。全国六万にのぼるガソリンスタンドは、長年にわたり多くの従業員を抱え、車内のゴミ捨てや灰皿の掃除、客の車がスムーズに車道に出られるための交通整理等、フル・サービスを提供してきた。セルフ・サービスのガソリンスタンド開設のような新たな機会は、日本の消費者に自らが望むサービスレベルを選択する機会を与え、さらに、生産性を大きく押し上げる。

建設業では、一九八〇年後半に公共事業の入札制度が日米の貿易摩擦の議題（特に、巨大な関西空港建設プロジェクトを巡って）となっているから、外国企業の公共事業への参加を進める努力がなされてきた。しかし、建設業における居心地のよい構造は、依然として残っている。

時代遅れで、非生産的な国内産業分野を向上させるために日本は競争原理を導入し、カルテル体質を正し、健康や安全に直接影響を及ぼさないような、参入や企業行動に関するすべての規制を撤廃しなければならない。政府は引き続き、通信分野で行ったように、新しい規制や行政指導を通して企業や産業の再構築を指揮しようと試みるであろう。しかし、これは失敗するのが目に見えている。

国内産業への参入機会を外国企業にも広げることは、産業再編成のプロセスを加速化するであろう。一九九一年のトイザらスの日本進出は、既存の玩具小売産業を震撼させた。小規模だが、便利で、近所にある家族経営の店で買い物をするのか。あるいは低価格で、品揃えは多いが、余分なサービスなど一切しない店で買い物をするか。おもちゃを買う際の選択肢を、消費者に与えた。

また、輸送や流通産業の合理化と効率性向上のための施策は、日本企業の事業コストの低下につながるだけでなく、日本国民の生活コストの低下にもつながる。これらの分野における改善は、輸入商品が不利をこうむっていた法外な物流コストや多段階もの流通マージンを取り去ることになり、貿易を促進する。

政府が日本の国内産業分野における諸問題に本気で取り組むのなら、国民の生活費を削減し、事業コストを低減し、国内需要を拡大し、多くの新しい輸出型の企業を育成するといったことが同時に実現できない理由はない。その過程で生じる失業は一時的なものであり、長期的には新しい産業によって創出される雇用が一時的な社会コストを上回ることになる。

⑤真の企業責任を追及する制度を構築する

戦後の日本において企業は、主として省庁や銀行に対して説明責任を負ってきた。日本では、選挙によって選ばれた政治家でなく中央省庁の官僚が、実際の政策決定者である。これまでにみてきたように、官僚による行政指導や規制は、日本企業のコーポレート・ガバナンスの中枢として機能してきた。銀行は、重要な資金調達源であると同時に、いわゆる系列内の株式持ち合い制度において中核としての役割を演じてきた。しかし、銀行は、企業に対する日々のモニタリングは行わなかったし、企業が財政危機に直面しない限り、その経営に介入することもなかった。

株式の持ち合い制度は、個々の企業に経営責任を追及せずに、企業間の安定した関係を維持するためのものであった。ほとんどの企業の株式は、非常に長期のキャピタルゲインのために保有され、市場取引されることは稀であった。結果として、企業買収の恐れはなかった。外部の株主は、ほとんど影響力を行使しなかった。取締役会は、その企業内部の者で完全に支配されてきた。会計基準は厳格でなく、財務報告内容にも裁量の幅が存在した。情報開示の義務も限られていた。

日本のコーポレート・ガバナンス制度は、長期投資を奨励し、それは時には日本の強みとなった。しかし、それは、しばしば過剰投資を引き起こしたり、生産性への注意を逸らしたり、非採算の製品や事業をいつまでも継続する等の企業行動につながった。企業間に激しい国内競争が存在し、洗練された顧客から厳しい要求を突きつけられた産業では、このようなコーポレート・ガバナンスの抱える問題はこれらの外部からの圧力で補完され、重要な問題にはならなかった。しかし、それ以外の国内産業においては、脆弱なコーポレート・ガバナンス制度が、日本の失敗産業を創造し、永続させた。

しかし、これまでわずかながらも存在した企業責任でさえ、近年は消失しつつある。度重なるスキャンダルや規制への批判が相俟って、官僚の威信と影響力は低下した。同時に銀行も、間接金融の比率が低くなった日本企業に対する影響力を失ってきている。また銀行は、自らの不良債権処理に忙しい日々を送っていて融資企業へのモニタリングを行う余裕はない。

日本には、経営資源の用途に関して企業責任を厳しく追及するコーポレート・ガバナンス制度が必要である。資本を効率的に利用し、適正な収益性を要求する圧力がなければ、日本企業自らが抱える根深い競争力上の問題に今後も取り組むことはないだろう。

日本は、企業の意思決定や財務報告のプロセスを、より透明性の高いものにし、取締役会をより独立性の高いものにするための基準を作り、株主にはより大きな影響力を行使できるようにすべきである。日本のコーポレート・ガバナンス制度を再構築するためには、会社法を強化する他、証券監視当局による取締役会や情報開示に関する基準を設定し、会計基準設定機関によって財務報告制度を確立し、株式取引に関する政策を打ち出さなければならない。

我々は、アングロサクソン型のコーポレート・ガバナンス制度を日本が真似るよう主張しているわけではない。アングロサクソン型のコーポレート・ガバナンス制度にもそれ特有の短所があるからである。日本企業は、これまでどおり長期的視野に立った投資を継続すべきであり、アングロサクソン型のコーポレート・ガバナンス制度にみられる頻繁な株式取引や短期的な利益追求を模倣すべきではない。また、米国企業のように、負債利子やリストラクチャリング費用をプーリングする等の税制上・会計上の措置をとることにより、経済合理性のない企業合併を招いたり、真の企業業績をあいまいにしてしまうようなことをすべきではない。その代わりに、日本がしなければならないことは、株式の長期保有を奨励するような税制措置を導入し、従業員や技術に対する投資を経費としてではなく資産と見なすように会計基準を改定する等して、日本の長所をさらに強化することである。

情報開示制度の制定に向けた最近の動きは、あるべき方向に向けて日本が踏み出した第一歩といえる。日本政府が進める証券取引法改正を通じて、企業財務の報告形式や、退職金・企業年金積立金の報告方法、保有株式の評価方法等は大きく変わるだろう。また、一九九九年から二〇〇一年の間に、新しい会計基準が段階的に実施される予定である。今までは、親会社の出資比率が五〇％を超える場合に限り、親会社は子会社の財務状況を連結して報告すればよかった。しかし、新基準の下では、持ち株比率が五〇％以下の関連企業でも、その負債に対して親会社が資金提供したり、あるいは取締役会に役員派遣したりした場合は、連結決算の対象となる。

これまでは、親会社が余剰人員を関連会社に派遣したり、親会社の損失を関連会社の帳簿に移転させたりして、真の収益性をあいまいにするということが日常的に行われていた。しかし今後、企業は退職金・企業年金債務を公開し、保有株式や他の投資資産を簿価ではなく、時価に基づいて評価する必要性に迫られることになるだろう。このような改革を最大限に活かすためには、法人税の連結納税制度等新たな規則が必要となる。しかし、現状において政府の動きの鈍さをみていると、自らが定めた計画を実行できるかどうか疑わしい。このことも、日本政府が真の改革を躊躇していることを示している。

⑥イノベーションと起業活動に関する新しいモデルを構築する

日本は、過去数十年の間に、目を見張るほどイノベーション能力を拡大してきた。たとえばポーターとスターンの研究によると、国民一人当たりの国際特許出願件数を他国と比較した場合、一九七〇年以降日本の数字は大幅に伸びている。(注17) この優れた成果は、ポーターとスターンの研究によって明らかになったように、特定の分野のイノベーションの基盤において日本が持つ強みを表している。全体的にみて、日本は研究開発や教育に多額の投資をしている。また、研究開発の大部分は企業が担っており、研究成果の商業化を促進している。

しかし、日本のイノベーション・システムが持つ弱点は、今やますます明らかになってきた。日本の経済政策は、イノベーションや新規ビジネス形成の推進役としての役割を、大企業やそれらの系列会社に頼ってきた。政府は、重要な技術分野を指定する役割を積極的に担ってきた。政府が支援する共同研究開発は、数ある技術政策の中でもその最たる例である。このようなアプローチは、いくつかの大きな成功を生み出したが、その限界も明らかになってきた。

一九九九年、通産省は、「産業技術戦略」と題する報告書を二〇〇〇年に出版することを発表した。その中で、民間部門が力を入れるべき重要技術分野が明らかにされる予定である。しかし、このアプローチは、依然として古い考え方に基づいたものである。通産省は、政府が行うべきことは、将来有望な技術を指摘することではなく、イノベーションを促進するための環境を整備することであることに気づかなければならない。

日本は、研究開発や教育に対する従来の投資を続ける一方で、イノベーションを生み出す基盤となる経済構造を転換するための、新たなイノベーション政策が必要である。第一に、政府は自ら、企業のイノベーション努力を指導しようとする役割から降りる必要がある。そして、イノベーションを促進するインセンティブ制度を作り、科学者や技術者の質の向上に努め、国の科学技術インフラを強化し、不必要な規制や、保護されてきた国内産業分野によってもたらされた国内需要の歪みを矯正する、等の役割に徹するべきである。

第二に、今後は大企業だけでなく、中小企業を、日本のイノベーションや経済成長における原動力として位置づけるべきである。新しい企業は、しばしば大学からスピンアウトして起業される。それらの企業は、特定地域に集積した関連企業や産業のクラスターの中で成長するようになる。これら新興企業を育成するためには、新たな政府の発想、新たな政策が必要である。

第三に、日本はイノベーション政策の中心に、大学を据えなければならない。先述したように、研究開発に関する政府の投資は、主として大学を通じて行われるべきである。そして、大学や政府研究機関と企業のつながりを強化し、さらに起業家を生むプロセスにもつなげていく必要がある。そのためには、大学や国立研究機関における研究成果が新たな起業化につながるように、制度上の柔軟性を高め、技術ライセンスに関する制度や、起業プロセスを支援するためのインフラ（インキュベーター施設や起業に際する行政手続きの簡素化等）を整備しなければならない。

第四に、イノベーション政策の基本を、企業間の協調にではなく、競争に置かなければならない。企業間の共同研究は一定の役割を果たしてはきたものの、過去に日本がイノベーションに成功した実例の多くは、企業間の激しい競争の結果であることが多い。イノベーションが最も早いペースで起こった産業は、最も激しい競争が展開された産業であった。日本はさらに多くの産業分野で競争を奨励するとともに、外国からの輸入や投資にもさらに門戸を開放する必要がある。ポーターとスターン(一九九九)は、国際市場に対する開放度は国内市場における競争を促進するとともに、自国経済を新たなアイデアや企業にさらすことによって、自国のイノベーションの速度向上につながることを示している。

第五に、日本は、知的所有権の保護を強化しなければならない。日本の特許制度を他の先進諸国の制度に沿ったものにしようという努力は続けられてきたが、イノベーションを促進するために十分といえるほどの改革はほとんど行われていない。[注18] 今後さらなる改革、特に、特許侵害訴訟の判決を下すプロセスを迅速化することが重要である。[注19] 米国では判決に至るまで一年しかかからないのに比べて、日本では四年を要する。このように長い時間がかかるため、日本で判決結果が出る頃には、その技術は時代遅れになってしまっていることがある。実際、日本企業が他の日本の企業を提訴する場合ですら、早期解決のために、米国の裁判所で提訴するケースも増えている。

また日本は、特許侵害に対する罰則をさらに厳しいものにする必要がある。一九九八年まで、特許侵害者は、損害賠償として特許保持者に対してライセンス料相当額を、罰金として五〇〇万円を支払うだけで済んでいた。九八年以来、賠償金は、特許権利者の逸失利益額とされ、罰金は一億五〇〇〇万円まで引き上げられた。これは進展ではあるが、罰金や賠償額は、侵害そのものを抑止するようなレベルまで引き上げられなくてはならない。

第六に、日本の環境、安全、品質、その他に関する規制は、常にイノベーションを支援するものでなければならない。第二章で述べたように、いくつかの分野における厳しい基準は、日本の長所であったが、行きすぎた規制は、新しい製品や技術の発展を妨げることが多い。

最後に、日本は新規企業の設立や成長を支援するために国家をあげて取り組む必要がある。会社設立や事業拡大に関する許認可制度や、報告義務、その他の規制は大幅に削減すべきである。規制によるコストは、売上規模に関わりなく定められているため、その負担は中小企業に特に重くのしかかる。一定規模以下の企業に対しては、書類手続きや許認可義務を軽減し、経営者に時間やコストの多大な負担を強いるような絶え間のない手続き義務をなくし、定期的な手続きに簡素化すべきである。

さらに、起業活動に対する強いインセンティブを構築する必要がある。たとえば、新規企業設立を奨励するための長期キャピタルゲインに対する税制優遇措置や、従業員による持株制度やストックオプション制度に関する規則、より寛大な損失の繰り延べ制度などを設定することが重要である。たとえば一九九七年までは、小規模のベンチャー企業を例外に、ストックオプションは禁止されていた。

また、日本は中小企業の資金調達方法として、担保や債務保証に基づく間接金融モデルから、リスクマネーによる直接金融を促進するモデルに移行する必要がある。スタートアップ企業の資金調達のための資本市場へのアクセスを容易にすることや、新規事業に対する投資をより容易にするために資本市場の流動性を高めることも重要である。今までは、企業の株式公開には、大きなハードルをいくつも越えなくてはならなかった。たとえば、株式公開にあたって、八つある地方証券取引所のうちの一つか、店頭市場、あるいは東証二部のいずれかから始めなくてはならなかった。このような制度があるため、資本調達に最も適した東証一部に上場するには二〇年もの期間を要した。

日本においても、今後リスクマネーの供給を増やすためのいくつかの動きがみられる。一九九九年三月にニューヨーク証券取引所の東京事務所が設立されたことや、二〇〇一年までに日本のソフトバンクがナスダックとの合弁でナスダック・ジャパンを設立するという計画などである。これらの新しい動きは、今まで競争相手を持たなかった東京証券取引所に大変なプレッシャーを与えている。その結果、東証は一九九九年一一月に、急成長の新規企業を対象にした独自の株式市場を設立した。また東証は、これまで新しい企業の株式公開の障害となってきた過去三年間の黒字収益義務という条件を免除する計画である。また、株式公開にあたって、最低一億株を発行しなければならない等、他の多くの規則も撤廃されてきている。

⑦国際競争に勝ち抜くための地方分権化、産業集積、クラスター構築を目指す

日本型政府モデルは、国家の経済活動を東京や大阪に集中させて発展させる傾向があった。これら二大都市だけで、全製造業の総出荷額の約五〇%を占めている。このような経済の一極集中は先進国においては珍しく、これは通常は開発途上国の特徴とされる。日本の一極集中は、開発途上国によくみられるように地方のインフラが未整備であるがゆえに起こったことではなく、むしろ政策や諸機関の中央集権化を図る中央政府による経済活動への強力な介入の産物であるといえる。また、政府による一極集中は、民間産業にも影響を及ぼす。たとえば、ほぼすべての産業の業界団体は東京に本部を設置している。

経済活動の一極集中は、悲惨な混雑状況を招いた。これは交通渋滞につながるばかりか、高コスト化を招き、生産性を低下させる。首都圏で働く人の二五%が、毎日通勤に三時間を費やしている。東京の高速道路を走る車の平均速度は時速二九キロで、ラッシュ時には時速一七・七キロにまで減速する。さらに、一極集中は、国民の生活の質にも悪影響を与える。首都圏における人口一人当たりの緑地面積は四・五平方メートルであり、これを海外の大都市と比較した場合、ニューヨークが二九・一平方メートル（一九九七年）、ロンドンが二五・三平方メートル（九四年）、パリが一一・八平方メートル（九四年）である。

また、経済活動の一極集中は、産業集積やクラスター形成を阻害し、それらがもたらすはずの生

全企業数における新企業数の割合* 表5-1

	1969	1972	1975	1978	1981
日本	6.5	7.0	6.1	6.2	6.1
米国	NA	NA	NA	NA	NA

	1984	1987	1990	1993	1996
日本	4.7	4.2	4.7	4.7	3.7
米国	14.3	14.8	13.8	13.5	13.7**

*農業や鉱業などの第一次産業を除く
**出典：中小企業白書（中小企業庁、1997年、1999年）

産性を享受できなくしてしまっている。クラスターが形成されなければ、イノベーションや新規企業の設立の動きなども望むべくもない。表5-1に示すように、日本の全企業数における新企業数の割合は、一九七二年に七%に達してピークを迎え、九六年までにその半分にまで下がった。九六年の三・七%という数字は、一九八四年以来一三～一四%のレベルを維持している米国の四分の一にすぎない。

一極集中に加えて、全国一律に適用される、画一的な規則や政策も、地域独自の産業集積を阻害する。これは特に高度な競争分野において日本の競争力を阻む原因となっている。なぜなら、そのような競争分野では、競争優位の源泉が、その地域に本拠を置く供給業者との関係や、専門能力を備えた人材、そのクラスターにしか存在しない諸機関等、非常にローカルな要因に存在するからである。ある特定地域において発展した産業集積は、生産性を引き上げ、イノベーションを促進する。たとえば、日本と面積規模をほぼ同じくするカリフォルニア州では、シリコンバレーにマイクロエレクトロニクスやバイオテクノロジーのクラスター、サンフランシスコにはマルチメディア、ロサンゼルスにはエンターテインメントや防衛・航空宇宙産業、そして、サンディエゴには医薬や分析機器のクラスターが形成されている。

日本における産業集積の例をあげると、浜松地方のモーターバイク、北陸地方の合成繊維等があるが、いずれも過去に形成されたもので、現在は衰退しつつある。今日、多くの地域は、大企業を誘致する、産業基盤を広げる、あるいは公共投資を拡大する等を通じて、ただ単に東京のようになろうとするばかりである。

どのインフラを地域内に発展させ、教育機関をどのように強化し、それをどのように産業と結びつけるか、さらには、どのように経済活動を規制するか等の問題について、政府が中央集権的に管理しようとするのではなく、地方自治体が自由に意思決定できるように分権化を進める必要がある。同時に、中央政府は、競争力強化プログラムを採り入れるよう都道府県や市町村に働きかけ、さらにはそれを義務づけることも必要となろう。そして、各地方自治体の指導者たちは、その地方独自の経済発展計画を打ち出さなければならない。

経済の多極化を図るためのもう一つの強力な方法は、産業クラスターを発展させることである。産業クラスターは、企業だけでなく、その供給業者や、サービス提供企業、大学や研究機関、金融機関、規制機関等、様々な主体によって形成される。クラスターは、企業と政府、その他の機関が対話する場となり、その中で、産業発展に必要となる特別な技能を有する人材育成をどう進めるべきか、重要な特定目的のインフラを整備するにはどうすればいいか、不必要な規制を撤廃するにはどうすべきか、そして、大学における必要な技術開発能力をいかに育成すべきか、等の問題が取り組まれる。たとえば米国では、多くの州や地域が、イノベーションや競争力向上のための手段として、クラスター形成に取り組んでいる(注20)。

日本において地方が特定産業集積や経済発展に取り組み、クラスター形成を促進している好例としては、京都があげられる。第三章で述べたように、新規の企業家精神あふれる企業の多くが活動の本拠地を京都に置いている。さらに、京セラや、任天堂、オムロン、三洋化成工業等、現在日本で最も活気ある、すでに発展を遂げた企業の多くも京都に本社を置く。日本企業を、社長就任以来の企業の株式時価総額の上昇度という尺度で測った場合、上位二〇社中、京都企業が四社を占める。京都は、独立性や自由といった点で、日本の他の都市とは全く違った特徴を持っている。この独自性を考えると、科学における日本人ノーベル賞受賞者五人のうち四人が京都出身者であることがうなずける。特に、技術関連の企業にとって、京都が持つ起業家的文化や、科学技術分野における洗練度は非常に魅力的に映る。

京都に発展した情報技術、原料素材、精密電気等のクラスターは、長い伝統に裏打ちされたものである。その一つは、陶磁器や、芸術、デザイン等の分野における一二〇〇年にわたる歴史である。まず、京都には世界に名だたる庭園や、城郭、神社仏閣が数多く存在する。また、茶道や、華道、能舞をはじめとする多くの伝統芸術は、京都が発祥の地である。京都は、日本の中でも最も厳しい「審美眼」を持つ土地ともいわれている。さらに、陶磁器における京焼や清水焼、染織における京友禅や西陣織等など、伝統産業の本家でもある。また、京都には数百を超える着物製造業者や木版業者が存在する。これら伝統工芸において磨きぬかれた技術が、微細な作業を必要とするソフトウエア・エンジニアリングや、コンピュータ・チップのデザインや製造、ゲームソフトの開発等の新産業において存分に生かされたのである。

また、京都には、三三の大学と一一の短期大学が存在し、日本の中で最も大学が密集した都市である。たとえば、京都在住者の一〇人に一人は、大学生もしくは大学院生だといわれている。さらに、京都は、市民一人当たりの外国人人口が最も多いともいわれている。様々な才能を持つ外国人学生が京都に集まり、京都の独自性や創造性を作り出す環境をさらに豊かなものにしている。

経済発展を目指した地元の積極的な取り組みも顕著で、そのほとんどが民間主導によるものである。京都は、新しいビジネス形成を促進するために地域をあげて取り組んでいる。たとえば、小規模ベンチャービジネスを対象としたインキュベーター施設を、日本で最初に開設した。地元の公益企業による投資のおかげで、京都は町の中心に民間のテクノロジーパーク（京都リサーチパーク）を置く数少ない都市の一つでもある。民間団体である、京都起業発展委員会は、ベンチャー・プロジェクトを評価し、支援することを目的に創立された。京都にある複数の大学は、研究成果をスタートアップ企業に技術移転するプロセスを迅速に進めるために、日本初の技術ライセンス制度を設けた。また、京都大学は、ベンチャービジネスを研究対象とする研究室を持っており、立命館大学は、科学者や技術者を対象にした経営学の授業を開講している。中央政府ではなく、京都の行政組織や、民間産業のイニシアチブによって、新規ビジネスを支援するようなビジネス環境が作り上げられたのである。

では、京都は、どのようにしてこのような環境を作り上げたのであろうか。まず、京都は、地理的に東京から離れていて、その人口規模もそれほど大きくない（京都の人口は約一五〇万人で、東京の約八分の一である）。京都は、第二次世界大戦において爆撃を免れた唯一の都市で、その結果、小規模ビジネスの基盤が破壊されずに存続した。また、地元産業を支配するような大企業や大産業が存在しなかったことも、中小企業の繁栄につながった。通産省は、大規模な共同研究開発の対象に、京都企業を含めることはなかった。また、京都には、宗教団体や、学者、芸術家等が、政府役人や財界の指導者と同程度の権力を持っていた。この権力の分散が、硬直した階級社会の生成を阻害するとともに、顔見知りの人間関係をもとに構築されるネットワークの形成を促した。

小規模の京都企業は、従来の系列内企業の閉鎖的なネットワークに入り込むことができなかった。その結果、外国市場に顧客を求めて事業展開することを余儀なくされた。京都企業は、売上規模や国内市場シェアに執着するような、いわゆる「大企業病」を回避してきた。むしろ、京都企業は、グローバル市場において競争できる、コア・ビジネスに特化した事業展開を進めた。また、担保がなく、系列の関連会社でもない京都の中小企業には、日本の銀行は資金提供したがらなかった。その結果、京都を本拠地とする企業は、株式市場を通して資金調達をしてきた。

京都の例は、我々が繰り返し強調してきた主要論点を実証する好例である。つまり、高品質の要素や諸機関を擁し、イノベーションやダイナミックな事業展開を支援するようなビジネス環境において、企業間の競争が激しく展開される、これこそが経済繁栄へと導く真の道すじなのである。

政府の新しい役割

過去において、日本政府は、経済の効率性と安定性を向上するという名目の下で、企業行動に関する指導や管理を行い、企業間の競争を抑制してきた。しかし、将来の日本経済における政府の役割を考えるにあたり、今までとは異なる全く新たな概念が必要である。日本政府が果たすべき新たな役割は、ビジネスに必要な要素条件の改善、競争の促進、そしてイノベーションの奨励にある。政府は、今までのように競争過程に直接介入し管理しようとするのではなく、ビジネス環境の質とダイナミズムの改善を目指すべきである。

まず、政府は競争を制限することを止め、厳しい独占禁止法の適用を進めるべきである。それには、貿易や投資分野における様々な規制を撤廃し、産業集積の促進やイノベーションの奨励、生産性の向上に着手する必要がある。政府は、日本の産業の再編成に二の足を踏んだり、特定産業の改革に伴う痛みを全産業・企業間に分散させようとすることも、止めなくてはならない。政府は、市場圧力が自由に機能するようにすることで、最も生産性に優れた企業のみが市場に残り、その一方で、リストラクチャリングが労働者に与える影響を和らげるためのセーフティ・ネットや、その結果自由になった経営資源が他の分野に再配分されるメカニズムを構築すべきである。さらに、内需型の国内産業において競争を制限したり、リストラクチャリングの進行にブレーキをかけないようにするべきである。政府は内需型産業の改善が、国の長期的な競争力の獲得のためには不可欠であるという事実を受け入れなければならない。

また、政府は、金融市場を管理することや、企業に対するコーポレート・ガバナンス制度として機能することをやめなくてはならない。むしろ、政府は、情報開示や証券取引に関する規制を厳重にすることによって、民間企業自らの手による有効なコーポレート・ガバナンス制度の確立を支援するべきである。また、日本の長期的な競争力構築のためには、国内産業の変革が必要不可欠であることを認識しなければならない。そして、日本政府は、経済構造のあらゆるレベルで管理しようとすることをやめて、地方の市民や指導者に今以上の責任や権限を委譲すべきである。

現代の競争においては、政府は、企業が競争していく上で必要となる資産を向上するための投資を行い、さらに高度化した競争において重要となる諸機関を設立しなければならない。たとえば、日本の大学制度に積極的な投資を行うと同時に、初等教育のあり方を再構築する努力が必要である。また、社会のすべての分野において日本を情報技術の最先端へと発展させることは、緊急を要する事項である（詳細については、第六章参照）。新ビジネスの形成や起業活動を奨励するための制度に投資することも重要である。最後に、政府は、従来行ってきた、品質や安全に対する基準設定や、環境に関する規制を厳しくすることをはじめ、その他競争促進に役立つ規制を廃止するべきでない。

これら日本政府が果たすべき新しい役割は、従来の役割と比べて、決して小さいものでも重要性が薄れるものでもない。求められているのは、従来とは異なる新たな役割であって、それは、現在先進経済としての日本が置かれている状況や、現代の競争の現実により合致したものであるはずである。

さらに、これらの新しい役割を果たすためには、政府の意思決定プロセスを変える必要がある。集団的な意思決定の伝統や、重要ポストにつく官僚は頻繁に交代するため、たとえ政府が誤った政策をとっても、誰もその責任を問われることがない。選挙で選ばれた者が政策決定プロセスに積極的に関わっていくことによって、政策責任の所在を明確化することができるであろう。また、政策決定プロセスは、より社会に開かれたものにし、シンクタンクや業界団体、メディア等からも代替案が提供されるような機会を設けるべきである。さらに政府の意思決定を評価するための独立した監視組織も設立されるべきである。

日本人の可能性を活かす

本章で述べた様々な重要課題に対して日本政府が取り組んでいくことは、日本の競争力を活性化するのみならず、日本が今後も成長を続け、現在の生活水準を維持するためにも必要である。よく知られている通り、日本の人口は高齢化しており、これは、日本という国家のあり方とその経済にとって重要な意味を持つ。しかし、高齢者人口の増加に伴い、我々がこれまで述べてきた日本が必要とする変化は、さらにその重要性を増すということは、あまり広く認識されていないようである。日本が、その生産性をさらに高め、労働力を新しくよりよい方法で活用しない限り、従来の日本の生活水準を維持することは難しい。

一国の経済成長率は次の三つの要因によって規定される。つまり、労働力人口の増加、資本量の増大、そして、生産性の拡大である。日本の貯蓄率はすでに高水準にあり、労働力人口の自然増加率の上昇は見込まれず、むしろマイナスに転じるかもしれない。したがって、日本が経済成長を遂げるために残された唯一の道は、労働力人口拡大の新たな方法を模索し、生産性を飛躍的に向上する以外にはない。

今後、短期的には、失業問題が深刻化することが見込まれる。しかし、数年もすれば、むしろ、労働力不足が真の問題であることが明らかになるであろう。日本は、もはや貿易障壁のおかげで生き残ってきた非効率な国内産業分野や非生産的な産業に労働力を費やす余裕などなくなるはずである。したがって、これらの産業分野から労働者を解放することが必要となる。また、日本は、女性の職場進出を、男性と同等レベルまで引き上げる努力をしなければならない。女性労働力を最大限に活かすためには、職場に進出する女性に対する従来の偏見を変えるだけでなく、保育施設を適正な価格で提供するなどの環境整備も重要となる。より柔軟な労働市場を構築していくことも必要であるが、これは効率性の観点からのみ重要なのではない。パートタイム労働の選択を可能にしたり、高齢者が労働力として企業に貢献することを可能にするような、新たな労働市場構造が必要である。このような変化なしに、日本が将来にわたって健全な経済成長を続けることはまず不可能である。

結論

日本政府は、戦後経済の立て直し過程においては素晴らしい成果をあげてきた。しかし、昨日までの政策、つまり一九五〇年代から八〇年代にかけて日本政府がとった政策は、もはや今日の社会には適さない。政府は、日本が今でも発展途上国であるかのような政策をとり続け、今日の競争の現実に適応できなくなった。特定企業の利害を政府が保護・指導するという、いわゆる「護送船団方式」は、グローバル経済下では、まったく時代錯誤の策である。なぜなら、政府が競争を管理する権力を失い、新たな企業や産業が毎日のように創造される経済こそ、今日のグローバル経済の本質だからである。

二一世紀を迎えるにあたり、日本政府は、競争原理に対する態度を根本的に転換し、日本経済における自らの役割を再定義しなければならない。今日のグローバル経済においても政府が果たすべき重要な役割が存在する。しかし、それは過去に日本政府が果たした役割とは異なるものである。これまで日本国内においても変革の必要性が叫ばれてきたが、いずれも断片的なものであった。今必要なのは、互いに効果を高め合うような広範にわたる複数の政策を同時に進めることによって、構造的な変革を目指すことである。たとえば、貿易自由化政策をとることによって、非効率な国内産業の再編成が促され、これは日本企業が今後さらに激化する競争を勝ち抜くために有効となる。

また、コーポレート・ガバナンス制度を刷新し、業績評価としての収益性の重要性を高め、個々の企業に独自戦略を打ち出させると同時に、大学制度やインセンティブ制度を変革することが、日本企業のさらなるイノベーションの促進や、新たな輸出産業の創出につながる。これら各分野における変革は、一筋縄ではいかないであろう。しかし、明確な方向さえ持って進めば、日本にこれまで渦巻いてきた懐疑心や問題先送りといった風潮を払拭することができるだろう。

第六章

日本企業を変革する

一九九〇年代を通じて、日本企業はいつまでも続く多くの問題に直面したにもかかわらず、競争に対する自らの基本姿勢を問い直そうとした経営者はほとんどいなかった。成長率低下への対応策として日本企業がとった行動は、本業が抱える問題を解決することではなく、関連性の低い分野への多角化を進めることであった。また、収益性の低さに対処するために日本企業がとった解決策は、低賃金労働者や低価格要素を求めて海外に進出することであった。近年、製品ラインの絞り込みや、従業員の解雇、組織構造の簡略化に着手する企業も増えた。

しかし、一般的にこうした対策は、日本企業が競争に対する基本姿勢を変えようとはせずに、依然としてオペレーション効率に基づいた発想のままであることを示唆している。いずれの方策も、日本企業が抱える真の問題を捉えようとしていない。競争に対する新しいモデルが、今の日本企業には必要なのである。

日本企業が取り組むべき新たな課題

日本企業の経営者が抱える問題は、日本政府の政策決定者が直面している問題と同程度か、あるいはそれ以上に深刻である。日本企業は、過去に築いた自らの真の長所を最大限に生かすとともに、今までとは異なる方法で競争するための準備を整えなければならない。以下、日本企業が取り組むべき新たな課題について詳述する。

①長期的視野に基づいた独自性のある戦略を立案する

オペレーション効率は今後も重要な競争優位の源泉にはなり得るが、それだけで優れた業績を実現することは難しい。日本企業が直面している最重要課題は、おそらく戦略の必要性を認識した上で、競合他社とは明確に異なる独自性を打ち出すことであろう。

戦略とは、企業に何をしないのかという厳しい選択を迫るものである。他社の模倣をすることが当たり前の日本では、企業は競合他社とは異なる一連の活動を選ぶか、同じことをするにも競合他社とは異なる方法で実行する必要がある。

優れた戦略とは、トレードオフを伴うものである。しかし、日本企業はトレードオフを行うことを苦手としている。日本企業は、生産性のフロンティアをさらに前方に推し進めること、つまりコストと品質の両方における優位性を追求することに慣れきってしまい、そのフロンティア上のどこで競争していくべきかを問うことが今では重要となったことに気づいていない。

日本企業が真の戦略を構築するに当たって、多くの障害が企業内部に存在している。第一に、コンセンサスを重視する文化的規範がある。これは、すべての消費者にすべてのものを提供しようとする傾向を助長する。たとえば、日本の子供たちが学ぶ諺の一つに「出る杭は打たれる」というのがある。他人と異なることは、日本社会の中ではよしとされないのである。同じ考え方が、日本企業にも行き渡っている。採用活動などは、日本企業の横並び行動を示す恰好の例である。一九九七年にいわゆる「就職協定」が正式撤廃されるまで、大学生は、毎年七月一日になるまで企業を訪問することが許されず、一〇月一日以前に採用通知を受け取ることも禁止されていた。また、新入社員の入社は、毎年四月一日と決まっていた。

日本企業における意思決定の方法は、コンセンサスを基本としている。日本企業では、「稟議書」や「根回し」といった方法によって、誰一人として意思決定のプロセスからはみ出る者が出ないようにしている。稟議書は、ある提案の発案者が、組織のあらゆるレベルの人間の同意を得たことを確認して初めて、経営トップの判断を仰ぐプロセスである。また、根回しは、ある提案が公式のものになる前の段階で、様々な組織メンバー間の意見の基礎固めをする非公式プロセスである。いずれのプロセスも、話し合いやコンセンサスの形成に膨大な時間を要する。たとえば三菱電機では、一九九〇年代初頭、六四メガバイトのメモリー・チップの製造拡大に関する提案は、まずセミコンダクター部門において二五人以上のマネジャーの承認を得た上で、取締役会に提出された。さらに、そこではさらに五〇人にのぼる役員の承認が必要であった。この長いプロセスを経て提案は採択されたが、この案自体は最終的には大きな失敗に終わった。

このようなプロセスは、戦略的ポジショニングの確立に際して深刻な弊害を伴う。まず、あまりにも多くの承認を必要とするために、これは大胆または独自性のある戦略が遂行されないことをほとんど保証するようなものである。なぜなら、ある事業部に有利で、他の事業部には不利となるような提案が通り、トレードオフが行われる可能性はほぼないからである。さらに、ひとたび多くの関係者の承認を得てしまうと、たとえその製品や事業が成功しなかった場合でも、撤退するのが非常に難しくなる。

日本企業が真の戦略を構築できない第二の大きな理由は、日本企業に深く根づいた顧客サービスに対する姿勢である。自動車産業では、ディーラーのセールスマンが顧客の家庭を個々に訪問してセールスをし、購買契約をするのが習慣になっている。ほとんどの場合、セールスマンは新車を顧客の家まで届けるだけでなく、ディーラー推奨の点検の際にはその車を引き取りに行き、点検後また顧客宅に戻しに行くのが当たり前になっている。

このように顧客を重視する姿勢そのものは、戦略上の長所ではあるが、日本企業のマネジャーはどの顧客の要望も一律に重要であると考えるようになってしまった。そのためマネジャーは、どの顧客から来たものでも、あらゆる要望に応えようとする傾向がある。その結果は、第三章の半導体産業の例でみた通り、すべての日本の半導体製造業者が、トランジスターからマイクロプロセッサーに至るまであらゆる種類の半導体を提供することとなった。日本企業は、どの顧客を自分の顧客として選び、どの顧客を競合他社に譲るかに関して取捨選択することはほとんどない。つまり、

「すべての人にすべての物を」という発想が浸透してしまっているのである。しかし、どの顧客のいかなるニーズに応えるかを取捨選択することこそが、戦略の本質であることを、日本企業のマネジャーは理解しなければならない。

戦略上の競争は、最終的には顧客に利益をもたらす。一見したところ、競争業者が類似の戦略を遂行し、価格競争を展開することのほうが、顧客の立場からすれば望ましいように思える。しかし、顧客のニーズは多種多様である。真の戦略を打ち出す企業が複数存在すれば、顧客は自らのニーズに最も適した製品やサービスを自分で選ぶことができる。さらに、どの顧客のどのニーズに応えるかについて取捨選択をした企業ならば、ターゲットとする顧客が持つ特有のニーズに対してより効率的に応えることができる。ここでもまた、顧客に利益がもたらされるのである。

日本企業の真の戦略策定を阻む第三の障壁は、日本企業のマネジャーが、市場や産業情報の収集にあたる際に、しばしば全く同じ情報源に頼っていることである。政府をはじめ、経団連や審議会等の団体が発行する様々な報告書や白書は広く流布している。この結果、異なる競争業者のマネジャーでさえ将来に関する同じ見解を持ち、似たような行動をとる可能性が高まるのである。

たとえば、最も広く共有されている情報の例としては、通産省が一〇年ごとに発表する「ビジョン」があげられる。この中には、様々な産業の進むべき方向性が示されている。通産省は、最新のビジョンである「一九九〇年代の通商産業政策のあり方」の中で、一八の産業セクターの将来を展望し、個々の産業が抱えている主要課題や問題点を深く分析している。また、過去に出版された「ビジョン」は、どの産業が「将来有望な」産業で、どの産業が「衰退」産業であるかを具体的に断言してきた。このような政府の見解を後ろ盾にして、多くの企業が有望とされた産業に一気に参入するという現象がこれまで繰り返されてきた。

また、通産省をはじめとする各省庁は、数多くの諮問機関を頻繁に利用している。これらの機関は、産業政策を話し合い、提案された法案を検討する。公式性の高い順に、審議会、審査会、協議会、調査会、委員会、そして懇談会と呼ばれる諮問機関は、省庁によって選ばれた民間人で構成される。一九九六年に通産省によって組織された諮問機関を例にとると、自動車、半導体、家電、コンピュータ、ソフトウエア、そして産業用ロボットの六産業から十数名の社長が選ばれ、参加者は通産省の役人や大学教授らとともに日本企業が直面する競争上の課題について話し合い、各産業が二〇〇五年までにたどり得るシナリオを想定した。この諮問機関は、六カ月の間に八回の会合を開いた。通産省の役人による詳細な分析と勧告が記された極秘メモが、諮問機関のメンバー全員に配布された。

このような通産省のアプローチは、第五章で述べたような、政府が企業間の競争プロセスに直接介入するという不健全な伝統に則ったものである。しかし、これは企業にとっても危険なものでもある。このように競争に関する多くの情報を企業が共有することによって、必然的に産業の現状や将来についての見解は同質化してくる。また、このプロセスは、国内市場における競争を阻害することにもつながる。

日本企業がオペレーション効率のみに基づく競争において成功していた時代なら、多くの情報源からの情報を共有することは明らかに有益であった。これによって、産業内のベスト・プラクティスが迅速かつ効率的に広まるからである。しかし、今や日本企業は、もっと独自性のある方法で競争する道を模索しなければならず、このためにはより創造的で、個別のプロセスを必要とする。

最後に、系列構造は知らず知らずのうちに日本企業が独自の戦略を構築することを阻んだ可能性があることについて言及する。これまで、大きな系列のメンバー企業は、同じ産業に参入する傾向が強かった。表6-1は、一九九二年の六大系列内の企業数を、産業分野別に比較したものである。これをみると、これらの系列企業が、すべて同じ産業で競争している傾向にあることが顕著に表れている。たとえば三井と三菱はそれぞれ一〜二の例外を除いて、日本経済のすべての産業分野に参入している。また、この二大ライバル系列は、ほぼ同数の関連企業を系列内に抱える。

系列企業は、系列内の企業同士で取引しなければならないという不文律も、日本企業が独自戦略を打ち出すことができない足かせとなっている。それは、企業がある市場セグメントに特化して競争することを阻み、製品の氾濫傾向をさらに助長するものとなる。つまり、すべての顧客にすべてのものを提供しようとする傾向がさらに強化される。

産業分野別にみた系列企業数(1993年) 表6-1

産業分野 製造業	系列グループ 三井	三菱	住友	富士	第一勧業	三和
農業・水産業	0	0	0	0	0	0
鉱業	3	0	1	0	0	0
建設	14	10	10	14	7	7
食品加工	5	12	6	10	8	0
繊維・アパレル	7	7	3	7	3	5
紙・パルプ	4	2	4	4	1	0
化学	10	19	8	10	9	7
医薬品	3	6	8	0	2	4
石油・石炭製品	2	1	0	1	1	0
ゴム	1	0	2	2	1	2
ガラス	3	7	5	7	1	2
鉄鋼	3	1	5	6	2	4
非鉄金属	2	3	4	1	2	0
電線・ケーブル	2	3	1	1	2	0
金属加工	5	2	2	3	5	0
機械	9	5	9	11	7	4
電子機器	16	12	22	10	14	5
造船	1	1	0	0	2	1
鉄道・トラック	0	1	0	0	0	1
自動車	7	3	2	10	3	2
精密機械	4	2	1	2	3	1
その他製造業	2	2	3	3	5	4
小計	103	99	96	102	78	49
サービス業						
銀行	2	2	1	2	1	2
保険	1	1	2	1	0	0
貿易	11	15	12	12	9	6
小売	4	5	1	5	6	3
不動産	3	2	2	1	0	1
陸運	3	5	2	3	2	2
海運	3	5	2	1	1	0
空運	1	0	0	0	0	0
倉庫	3	2	1	0	1	0
公益事業	3	1	1	0	1	0
通信	1	3	1	0	0	0
レジャー	2	1	1	3	2	2
小計	37	42	26	28	23	16
合計	140	141	122	130	101	65

(株式持合比率10%以上)

出典:「系列の研究」経済調査協会　1993

第三章で述べたように、独自の戦略を打ち出してグローバル市場で成功を収めている企業は案外、身近に存在している。たとえばテレビゲーム産業では、任天堂、セガ、ソニーは三社とも長年にわたり成功を収めていた。炭素繊維産業では、東レがスポーツ用品の製造業者という特定顧客のニーズを満たすことに専念し、航空宇宙や防衛産業における他の顧客を放棄した。ミシン産業では、JUKI（ジューキ）が家庭用ミシンではなく、産業用ミシンに事業の焦点をあてる選択をした。優れた戦略を持つ企業の多くは、有名な伝統的大企業ではなく、一九八〇年代から九〇年代に設立された新世代の企業である。それらの企業は、伝統的な日本型企業モデルに拘束されることが少ないように思われる。これらの企業は、系列企業であれば系列を通して得られる力や資源を放棄する一方で、差別化のできる分野を模索し、大企業なら行い得ないような取捨選択をしてきたのである。今や、戦略に対するこのような取り組みは、日本経済のあらゆる分野で緊急を要するものとなった。既存の大企業は、自己再生する方法を探らなければならない。

②オペレーション効率の対象範囲を拡大する

オペレーション効率は引き続き追求していかなければならないが、今後は、これまで以上の大幅な向上が必要となる。新たにオペレーション効率を追求すべき対象範囲は、ホワイトカラーの生産性、情報技術、Eコマース、マーケティングをはじめとする、日本がこれまで弱いとされてきた分野である。たとえばインターネットの普及において、日本は遅れている。一九九九年三月時点のインターネット・ユーザー数は、日本が一七〇〇万人で、米国の九二〇〇万人と比べて大幅に低い。大企業（従業員数七八〇〇人以上）の二〇％がいまだにインターネットに接続していない。中小企業に至っては、その割合は八〇％にのぼる。また、日本企業内の多くのＰＣは、数人の従業員との間で共有されているという状況である。

日本は、情報技術を積極的に採用し、生産性向上を図らなければならない。日本の産業は、最新の情報技術をまだ十分には採用しておらず、特にインターネットがビジネスを変革していく力を活用するには程遠い。日本語は、情報技術がまだ発展初期の頃には技術導入上の大きな障害であったが、今やこの問題はほとんど解決された。にもかかわらず、情報技術面で遅れをとっていることで、日本企業は莫大で不必要なコストを支払っているだけでなく、重要な新成長機会をも逃してしまっているのである。

情報技術を迅速に導入することは、国家の最優先課題となるべきである。それには、企業や業界団体だけでなく、政府による努力も必要である。政府は、学校のカリキュラムにコンピュータ教育を組み込むことに加えて、全国の家庭や職場にその技術を普及させるために、ハードウエアや、ソフトウエア、そしてサービスを提供する企業にインフラを提供し、インセンティブを与え、そして競争業者間の競争を促進しなければならない。

また、日本のホワイトカラーの生産性には、まだまだ改善の余地がある。一九八〇年代に、売上が伸びていた時期には、フロント・オフィスにかかるコストは無視することができた。しかし、多くの日本企業が売上や利益の減少に直面している現在、製造現場における節約をいくら追求したところで、余剰従業員のいるオフィスのコストを埋め合わせるには無理があることを認識するようになってきた。日本オフィス・オートメーション協会によると、ホワイトカラーが全従業員に占める割合は、一九七一年の三八・七％から一九九五年には五四・二％に増大した。(注1)過去に、製造工程における生産性向上に向けられていたのと同様のコミットメントと努力が、今ホワイトカラーの生産性向上に求められているのである。

一九九〇年代に入ってこれらの問題に取り組み始めた企業も現れた。たとえば松下電器産業は、「Simple, Small, Strategic, and Speedy」というキャンペーンを始めた。このキャンペーンの最終目標の一つは、ホワイトカラーの生産性を三〇％改善することであった。この目標を達成するため、松下は経営トップ層のうち、一つの役職階層を削除し、あいまいに定義されたままであった数十にのぼる製品事業部を合理化して、独立採算制の一〇の事業部に再編し、二七にのぼった社内研究施設を二つに統合した。このような試みは、あるべき方向に進んではいるものの、米国をはじめ他国の企業の取り組みと比較すると遅々としたものである。

しかし、松下はこのようにホワイトカラーの生産性向上を図る一方で、余剰となったホワイトカラーを吸収するために、経営資源を主要事業と関連のない新規事業分野に注ぎ込んでしまっているのは注記に値する。このような例は、いち早く新しいことに取り組む企業でさえも、すぐに過去の悪習に逆戻りすることを示しており、日本企業の変革がいかに難しいかを示している。

トヨタでは特別委員会を設置し、新たなビジネス機会を検討し、ホワイトカラーの生産性の改善方法を探求する任にあたらせた。この委員会には、各スタッフ部門から二割の人員が参加することが義務づけられた。この試みが目指したものは、従業員の起業家精神を鼓舞することに加え、企業のスタッフ部門が実際にはずっと少ない人員で運営できることを証明することであった。しかし、欧米企業が現在行っている姿勢と比べれば、日本企業のこのような取り組みはいかに生ぬるいものであるかがわかるだろう。

電気部品や医療機器のメーカーであるオムロンは、もう一つの例である。同社は、マネジャーに対してある特定事業において専門家になることを奨励している。これを達成するために、同社は「ヒューマン・ルネッサンス」と呼ばれる計画を導入した。この計画では、多くのマネジャーが最高三カ月までの休暇をとることが義務づけられ、自分のキャリアを熟考し、家族とより多くの時間を過ごし、視野を広めることを要求された。また、この計画は上司不在の間に、その部下の社員にもっとイニシアチブをとることを奨励することも目的としていた。

最近、このような例は増えている。しかし、それらは一過性のものであることが、いまだ生産性改善への障害が残っていることを明らかにしている。日本企業は、一九六〇年代から八〇年代にかけて自らが編み出してきたQCサークルや統計管理手法の現代版を積極導入する必要があり、その取り組みにおいては、当時製品の品質改善や工場の生産性向上に傾けた情熱と同程度の熱意を注ぎ込まなければならない。

また、インターネットを積極的に駆使することなしに、日本企業が欧米企業に追い着くことは不可能である。たとえばGEやシスコシステムズ、デルコンピュータなどが採用している技術戦略は、今後の日本企業のお手本とならなければならない。シスコシステムズは、一九九六年には、ルーターや他のネットワーク製品に対する顧客からの注文の三分の一をインターネット経由で受注している。九九年には、その割合は八〇%に達した。シスコは、部品のほぼ一〇〇%をインターネット経由で調達し、従業員は紙を一切使用しないペーパーレスのオフィス環境で働いている。推定によると、シスコの従業員一人当たりの売上高は、富士通の三倍にのぼる。(注2)

③戦略における産業構造の役割を学ぶ

競争に対する日本企業のアプローチで最もよくみられる弱点は、どの分野でどのように競争するかを決定するにあたって、産業構造の果たす役割を完全に無視していることにある。企業の収益性は、その企業の戦略的ポジショニングだけから決まるのではなく、第三章で述べたように産業構造によっても規定される。日本企業は、「ハイテク」あるいは「将来有望」と形容される産業や、もしくは成長著しい産業とみると、そのようなタイプの産業が収益性をまったく保証しないにもかかわらず、後先考えずに参入する傾向がある。その結果、日本企業は魅力的でない事業に群がり、交渉力を顧客側に与え、参入障壁を下げ、さらには競争の次元を価格競争に持ち込むことにより、本来ならば魅力的であるはずの産業でさえ魅力のないものにしてしまう。そして後になって、利益が少ないのはなぜか、利益が出ないのはどうしてだろうかと、不思議がるのである。

オフィス製品分野の代表例としてファクシミリ産業をみてみよう。産業発展の初期には、独自技術の必要性、高い開発固定費、規模の経済が存在したため、参入障壁は高かった。初期の顧客は品質、機能、サービスを評価する企業顧客であり、彼らは価格に対して敏感ではなかった。また、部品供給業者は主として汎用品を供給し、ほとんど力はなかった。競争は穏やかで、価格競争よりもむしろ新機能や解像度、送信時間といった観点で競争が展開された。

しかし、時が経つに連れて、産業の魅力度は企業自らの手によって崩されてしまった。ブランド力のない類似製品が市場に氾濫することによって、参入障壁は低減した。あらゆる流通チャネルに販売することによって、買い手に対する交渉力は弱まった。松下、リコー、キヤノン、東芝、NEC、シャープ、日立、三菱、富士通、ミノルタ、ムラタが採用する類似戦略は、製品の専門化や差別化の余地をほとんど残さず、必然的に価格競争につながった。その結果、日本市場におけるファクシミリの平均価格は、一九九二年には七万八七一七円であったが、九八年には四万二四九八円へと下がってしまった。(注3) 日本企業は、依然としてファクシミリ産業を支配しているものの、その収益性は消散してしまった。

④経営目標を、成長性から収益性へ転換する

日本型企業モデルは、主として企業が設定する経営目標に由来している。終身雇用は、企業の成長なくしては存続しない。不況時においてさえ従業員を解雇することを不名誉なこととする考えから、多くの日本企業は従業員の雇用を確保する目的で新製品を積極的に導入し、新たな分野への参入に懸命となる。

このような選択は、株主が副次的なものとしてとらえられ、経営に対する影響力をほとんど持たないことから可能になった。典型的な日本の大企業の場合、株式の六〇%から七〇%は銀行や保険会社、関連企業等、友好的な安定株主によって所有されている。このような主要株主は、ビジネス関係を維持することを重視し、個々の企業の収益性を厳しく問うことはせず、株式を売買することも稀であった。このような株主構造をもとに、経営者は短期の収益性を重視せずに、成長性の高い事業に注力し、その成長事業は関連企業のビジネスを拡大するという構図が成り立っていた。また、日本の大企業の経営者層の報酬はほぼすべて給与制であるため、収益性を追求するインセンティブ

はほとんど存在しない。

日本企業が業績評価に用いる指標が、市場シェアと売上成長率であることは当然の帰結である。ちなみに、日本には世界のどの国よりも多くの市場シェアに関するデータが存在する。しかし、収益性に関するデータは少なく、あっても信頼性に欠けている。財務報告書のどこにも、具体的な事業別の収益性を比較できるようなデータは見当たらない。

日本企業は、市場シェアに関しては執念に近いものを持ち、収益性を犠牲にしてまでもそれを追求する。一九九六年にトヨタの国内市場シェアが一五年振りに四〇%を下回った際、同社は危機感に駆られて、シェア奪回のためにあらゆる努力を払った。奥田碩社長は、もしシェアが四〇%を下回ったら「従業員の志気によくない影響を与えるだろう」と述べた。(注4)

日本企業の従業員はライバル企業との市場シェアの勝ち負けに一喜一憂する。以前、ソニーのゼネラル・オーディオ事業部では、「どんなことがあろうと松下に負けるな(**Beat Matsushita Whatever**)」を意味する「BMW」という言葉を従業員が多用していた。このようなライバル意識は、明確な戦略の存在によって適切な方向に向けられ、収益性の改善に貢献する場合はよい。しかし、市場シェア至上主義に立って市場シェアそのものを目標として追求することは危険である。

市場シェアに固執することで、日本企業は模倣戦略を遂行し、互いに同質化するようになる。日本企業は特定の製品や顧客に特化せずに、市場全体を対象にした広範な戦略を追求する。日本企業は、自らが提供する製品やサービスを取捨選択しようとはしない。なぜなら、そのような行為が成長を妨げるようにみえるからである。しかし、何でも手がけることによって、何においても独自性を失ってしまうのだ。

市場シェアや売上高を目標にする結果、日本企業は必然的に常に過剰設備を抱えることになり（第一章でいくつかの具体例を示した）、それはさらに収益性の悪化を招く。また究極的には、成長を重視するあまり、関連性のない多角化にも手をつけることになる。こうして日本企業の資本生産性は低下する。

戦略を構築する際に唯一信頼できる指標は、収益性である。この目標を達成するために、日本企業は経営に対する価値観を根本的に転換する必要がある。企業の成功、すなわち企業が経済的価値、顧客への価値、さらには社会的価値を生み出しているかどうかを測る際には、投資に対する収益性を確保しているかどうかが、最終的な判断材料とならねばならない。資本は貴重な資源であり、効率的に運用しなければならない対象として考えるべきである。そして、企業やマネジャーの名声や評判は、事業規模ではなく、戦略の独自性に基づくべきである。

外国人投資家からの圧力が高まったこともあり、日本企業にも次第に収益性を重視する兆候がみられる。過去一〇年、市場のグローバル化が進み、日本企業への投資に関する規制が緩和される中で、外国人投資家の役割は拡大した。表6-2は、外国人投資家の割合が高い企業例をあげている。

外国人株主比率の高い企業（1999年）　表6-2

企業	%
ソニー	45
ローム	42
キヤノン	39
ミネベア	38
富士写真フイルム	36
オリックス	35
TDK	35

出典: Japan Company Handbook, 1999

これらの企業では、すでに従来の経営目標に大幅な修正が加えられていることは驚くに値しない。さらに、表6-2の企業はすべて、自己資本利益率（ROE）において、東証全上場企業の平均値よりも高い水準を保っていることは特筆すべきである。

日本企業は、収益性が重要であることに気づき始めてはいる。しかし、収益性と、産業構造、戦略がどのように関連し合うかを、本当に理解しているかどうかは明らかではない。今日、日本企業が取り組んでいる変革の大半は、オペレーション効率に焦点があわせられている。製品ラインの削減も、独自の競争的ポジショニングを選択するという積極的な理由から行われているのではなくて、不採算事業から撤退する等の消極的な理由から行われている。

⑤関連性のない分野への多角化を止める

歴史的にみた場合、日本企業の多角化は、輝かしい実績を残している。日本の優良企業は欧米企業と異なり、常に内部から多角化を推し進め、自分たちが得意の分野に多角化先を限定してきた。そのよい例がキヤノンやオリンパスである。キヤノンは、創立以降三〇年間は主にカメラメーカーであったが、一九六二年に自社の光学技術を活用してコピー機器の分野に参入した。七七年にはインクジェット・プリンタを新分野として開拓し、オフィス機器分野への進出を果たした。そして、これを足がかりに画像処理や精密機械をはじめとする様々な印刷関連の応用分野へも多角化した。一方、オリンパスは一九二〇年に顕微鏡製造業者として設立され、一九三六年にはカメラ分野に、五〇年と六三年には胃カメラ、ファイバースコープの分野にそれぞれ進出し、八三年には医療検査機器の分野へ参入した。

しかし、成長率を重視するあまり、日本企業は、自社が何ら優位性を持たない分野であっても新規事業に参入してしまう傾向がある。オペレーション効率における日本企業の優位性が低下し、不況によって国内市場における成長機会も限定されるようになると、多くの企業は全く関連性のない事業分野に多角化を試みるようになったのである。新日本製鉄は、一九八〇年代に主要事業の業績が横這いとなった際、テーマパークやスポーツジム等の事業に手を伸ばした。ヤマハは一九八〇年代にピアノ市場が飽和状態に達した際、スポーツ用品やアパレル、スキーリゾート経営に参入した。トヨタやソニーのような優良企業でさえおよそ関係のない異業種へ多角化していった。トヨタは住宅やヘリコプター、金融、ソフトウエア、通信といった分野へ、ソニーは保険や証券等の分野へ進出した。

すべての顧客にすべてのものを提供しようとする傾向は、多角化戦略の名の下に強化された。典型的なのは、総合商社である。三菱商事や三井物産、住友商事、伊藤忠商事、丸紅などの総合商社は、ミサイルからインスタントラーメンに至るまで、ありとあらゆる製品を取り扱う他、エンジニアリングから金融事業に至るまで広範囲にわたるサービスを提供している。一九七〇年代と八〇年代の高成長期には、多くの日本企業がこぞって、自分たちは何らかの「総合」企業であると喧伝した。総合電機、総合住宅、総合生活、総合レジャー、総合アパレルといった具合である。しかし、その結果は散々たるものであった。八九年から九八年にかけての日立、東芝、三菱電機の三大総合電機企業の売上高利益率をみると、平均わずか〇・九％であり、日本電産、ローム、村田製作所、双葉電子といった専門電機企業四社の平均六・三％を大幅に下回る。

東急、西武、京王、小田急、東武、近鉄、阪神、阪急等の私鉄企業も、すべての顧客にすべてのものを提供しようとする企業の典型例である。これらの企業は、沿線に住む人々に広範なサービスを提供している。自社のターミナル・ステーションに隣接するデパートをはじめ、ホテル、スーパーマーケット、住宅開発、自動車教習所、美術館、レストラン、旅行会社、スポーツジム、不動産業、アミューズメントパーク等である。このようにあまりにも広範に展開された事業のうち、そのごく一部にさえ、競争優位を確立することは、いかなる企業にとっても至難の業である。

マイクロ・チップや電池から、発電所や自動組立工場までを手がける東芝や日立、三菱電機といった多角化大企業を目指したり、何らかの総合企業になろうなどという時代遅れの発想を、日本企業は捨て去るべきである。このようなモデルは、資本や経営者層が貴重な資源である開発途上国では有効であるが、先進国経済においてはもはや通用しない。史上最悪の危機に瀕しているこれらの企業と、知名度は高くないが高業績をあげている企業を比較するとその違いは歴然としている。これら高業績企業は、ごく少数の、互いに関連性の強い事業分野に特化している。戦略における取捨選択の必要性は、個別事業レベルと同様に、多角化企業にとっては全社レベルで重要な課題である。

⑥日本型組織モデルを更新する

日本企業が、真の意味で戦略を打ち出そうとすれば、日本型リーダーシップスタイルや組織構造も必然的に変革を迫られる。日本企業のリーダーの多くは、自らの役割をコンセンサスを形成することや、組織を存続させること、そして大過なく次期社長に椅子を譲ることであると考えている。

しかし、日本が今日必要としているのは、ソニーの出井伸之氏、オリックスの宮内義彦氏、ソフトバンクの孫正義氏のような新しいタイプのリーダーである。日本では先駆者として見られている彼らは、変化を恐れず、大胆な行動をとる。彼らは革新的な発想を持ち、リスクをとることを厭わない、日本の新しいタイプのリーダーを代表している。

日本企業に広くみられる組織構造は、いまだに漸進的な改善を継続的に進めることを念頭に構築されている。一般に本社によって中央集権的に強力な管理が行われている日本企業の組織に共通してみられる堅固な階層構造は、オーディオ機器の小型化やメモリー・チップの歩留まり向上といったオペレーション効率の改善には適している。しかし、その組織構造は、大胆な変革やイノベーションには向いていない。たとえば新しい民間航空機を開発するためには、たとえ組織のいくら高いレベルでデザインが決定されたものであっても、技術者が絶えずよりよいデザインの可能性を追求し、いったんなされた決定を覆していくことが重要である。さもなければ、航空機デザインの進展はありえない。しかし、日本企業の技術者は、このようなやり方で作業を進めることを許されていないし、慣れてもいない。

多くのビジネスにおいて、この強固な階層構造はますます時代遅れのものになりつつある。今や、ソニーで出井氏が実施しているのと同じような、新しい組織モデルの構築が必要である。出井氏は全社レベルの組織変革を断行し、より市場に焦点をあわせた四つの事業部に再編した。各事業部の意思決定権を拡大し、イノベーションを促進するとともに、意思決定の迅速化、経営責任の明確化を図った。本社が果たす役割は大幅に縮小された。

日本企業は、コーポレート・ガバナンス制度を改善するためのステップをとることも考えなければならない。日本企業の取締役会は肥大しており、行動が遅い。社内各部署の利害を代弁する、内部の人間だけから構成されていることが一般的である。このような組織構造では、戦略的な意思決定、特に事業の縮小や撤退に関する決定は困難である。ソニーは最近、取締役を従来の三八人から一〇人に削減したうえ、三人の（代表権を持たない）外部取締役を加えた。東芝も、三三人から一二人に取締役を削減した。富士写真フイルム、日立、ジャパン・エナジー、コマツ、サッポロビール、三和銀行、オリックス等の企業も取締役会の規模を縮小した。同様の取り組みが、日本の他の企業でも広く行われるべきである。

組織内部のインセンティブの仕組みも変革が必要である。さもなければ、日本企業は独自戦略を欠いたまま模倣戦略を続け、業績改善に苦しみ続けるであろう。従来、日本企業におけるインセンティブの仕組みは、平等主義と年功序列に基づいていた。このような仕組みにおいては、失敗は罰せられる。結果として日本企業のマネジャーは、その行動に慎重になり、競争相手を徹底的に研究する。この仕組みでは、成功は報われることがなく、リスクをとることをよしとしないため、その結果、現状維持や競争相手に追随するといった行動を奨励する。したがって日本企業は、独自性や収益性を評価し、給料や昇進等の形で大きく報いる他、起業家が成功した際に得るような破格の報酬を獲得する機会を提供していくべきである。労働市場の流動性が高まり、高齢化による労働力人口の不足が加速するにつれて、日本企業は人材の獲得・維持のためにより独創的な知恵を絞る必要が出てくるであろう。

いくつかの企業は、すでにその方向に向かい始めている。ここでもソニーは先駆的であり、一九九七年にストック・オプション制度を導入した。日本では、同年までストック・オプション制度は、小さなベンチャー企業を除いて法律で禁じられていた。現在では、ＮＥＣ、オリックス、ソフトバンクを含む多くの企業が、この制度を上級マネジャーに対して導入している。今後、ストック・オプションをはじめ、新たなインセンティブに基づく報酬制度が日本で普及すれば、マネジャーは収益性の向上を最優先課題と考えて行動するようになるだろう。

⑦国の経済発展における民間部門の新しい役割を構築する

日本政府が抱える政策課題を迅速に実現するためには、日本企業の上級マネジャーたちがそれに積極的に関わっていかなければならない。従来、日本のビジネス界のリーダーたちは、非生産的な政策でも受け身の姿勢で受け入れる傾向にあった。しかし今こそ、企業と政府の関係を新しい段階へと進展させるべきであり、企業も自らを取り巻くビジネス環境の改善を求めて、政府に積極的に働きかけていくべきである。

日本企業は、自社が直接取引を行う企業以外のビジネス環境を改善することについて直接は関わってこなかった。企業は経済団体や業界団体等に参加するものの、このような団体を通じて行うことは政府との関係維持に限定されており、自らの競争力向上に寄与するような教育研修制度や環境技術問題といった事柄については何も積極的に働きかけることはなかった。このような問題は、すべて政府に任せきりにしていたのである。

先進国経済では、このような姿勢はもはや十分ではない。人材やインフラ、効率的な規制に対するニーズがますます高度化・専門化するに連れて、民間企業が政府や他の機関に積極的に働きかけなければ成果は得られない。企業は、自らが競争していく上で障害となるものが何なのか、具体的に示して問題提起していくべきであり、この過程を、ビジネス経験に乏しく、市場の現場を知らない官僚に一任するべきではない。

産業クラスターの形成に関しては、業界団体やその他各種団体が積極的な役割を担うべきである。団体の参加企業に共通したニーズや障害、機会を検討する中立な場を提供することに加え、具体的な問題を解決するために個々の企業が行う努力を収斂させる役割を果たすことができる。たとえば、他の地域の諸機関と共同で産業内労働者の専門知識の高度化を図った研修制度を設ける、大学と提携して研究開発プログラムや検査機構を開設する、環境問題の解決策を模索するといったことをはじめ、参加企業の共通利害を積極的に追求する役割を果たすことが可能である。

特に、多くの中小企業から成るクラスターの形成において（たとえば旅行業、アパレル、農業等の分野）、業界団体は非常に重要な役割を果たすことができる。特に、規模の経済が重要となる活動においては、業界団体が果たす役割は増大する。オランダでは、生花栽培業者の団体が専門のオークション制度を開設し、運営施設を設立している。その結果、オランダの生花業における国際競争力の向上に貢献している。オランダ生花協会やオランダ生花栽培研究団体には、ほぼすべての栽培業者が所属し、これら団体は応用研究開発やマーケティング等の機能も担っている。

日本には数百にのぼる業界団体が存在するが、この団体をうまく活用すれば、民間企業が政府にビジネス環境の向上を求めて積極的に働きかけていく際の有効な手段となるであろう。業界団体が、政府に対してもう少し積極的になり、その存在意義を政府との関係を維持することから、産業を代表して政府に働きかけることに転換すれば、日本経済を変革する有効な勢力となりうる。

新しい日本企業

本章で説明してきた様々な課題に、日本企業が実際に取り組むには大変な努力を要するだろう。日本企業は、何よりもまず従来の考え方や自らの行動を大きく転換する必要がある。しかし、新たな日本企業像を示す事例は、すでに確実に芽生えている。一九七〇年代や八〇年代に創立された比較的新しい企業の多くが、従来日本の産業を支えてきた大企業とは全く異なる方法で競争している。興味深いことに、そのほとんどが、東京以外に本社を置く企業である。ここでは、これらの企業のうち、京都を本拠地とする日本電産とローム、長野のキョウデン、大阪のシマノの四社を紹介する。高業績を誇るこれらの企業は、いわゆる「総合」企業とは異なり、明確に絞り込んだ戦略を打ち出している。

①日本電産

日本電産はコンピュータのハードディスクドライブ用のスピンドルモーターで世界市場の約七三％のシェアを占める。また、パソコン用の小型冷却ファンでも非常に強い地位を占め、世界市場の三八％を抑えている。一九九九年度の売上高は一〇六〇億円で、ここ一〇年間で四倍の売上規模に成長した。九九年度の売上高利益率は一〇・七％、自己資本利益率（ＲＯＥ）は九・四％（日本企業としては高水準）であった。さらに、輸出は売上高の七七％を占めた。

創立以来、日本電産は明確な戦略を打ち出しており、他の有名な日本の競争業者とは異なる次元で競争してきた。同社は、限定した数の製品分野に特化すると同時に、競合他社が進めるような垂直統合をしなかった。スピンドルモーターは、同社売上の八〇％を占める。そして、スピンドルモーターと同じ顧客に納入される小型ファンが一一%を占める。スピンドルモーターに特化することにより、ミネベアや三協精機といった主要な競争業者に対しても、コスト上の優位性を確立することができた。また、顧客をハードディスクドライブの製造企業に絞ることにより、この分野で他社が真似することのできない専門知識を蓄積してきた。

日本電産の創立は一九七三年にさかのぼるが、同社の最初の製品革新は一九七〇年代の終わりに開発された、放熱量とサイズを抑えた精密小型DCモーターを利用したオールインワンのハードディスクドライブ用スピンドルモーターである。しかし、このイノベーションは、日本市場ではすぐには受け入れられなかった。なぜなら、国内大手企業は無名の供給業者と取引することを躊躇したからである。しかし、同社の革新的な製品と短い納期は、米国市場でいち早く受け入れられた。そして日本電産は、その強力な国際的評判を盾に、日本市場に逆上陸したのである。

日本電産が、伝統的な日本型企業モデルと大きく異なるもう一つの点は、既存の大企業の人材を積極的に引き抜くことである。同社の社員の約四〇%は、魅力あふれる報酬制度に惹かれて他社から転職した中途採用組である。結果、行動、熱意を、年齢、社歴、学歴よりも重視する企業文化とする組織において、従業員に利益分配することは自然なことである。一九九六年以降、日本電産は、他の大企業ではみられないストック・オプション制度を導入している。

日本電産は、一九八〇年代にはグローバルな生産ネットワークの構築に着手した。世界中の顧客に向けて、日本、米国、シンガポール、タイ、台湾、中国、フィリピンにある工場から製品を出荷している。全生産の九五%は、海外で行われている。生産拠点を顧客の市場により近づけることにより、同社は競合他社には真似のできない、迅速な個々の顧客に合わせたサービスを提供している。

②ローム

一九九八年度売上高二七二八億円を誇るロームは、ファクシミリのプリント・ヘッドにおいては世界市場の三四%を占めている。その他、マイクロシグナル・トランジスター(四二%)や、シリコン・ダイオード(三六%)等、多くの製品においても大きなシェアを握る。同社の九八年の売上高利益率は二二・五%、自己資本利益率(ROE)は一一%であった。

ロームのライバル企業は、半導体製品を幅広く製造する多角化した大企業である。これに対して、ロームは、カスタムICやLSIに限定した製品分野にしか参入していない。同社は、既存の大手半導体企業がこぞって参入したメモリー・チップの分野には参入しなかった。

一九五四年に佐藤研一郎氏(現社長)によって創業されたロームは、小型抵抗器の製造から出発し、以来、トランジスター、ダイオード、集積回路等の製品分野に進出した。ロームは、何をしないかという点が非常にはっきりしているところが、競合他社と異なっている。同社は最先端の技術には関与しない。創立以来、「大企業がもはややらなくなったことをやろう」というユニークな考えを固守してきた。大手企業がある電気部品の製造を中止すると、ロームはその企業のOEM供給業者となることによってその部品市場に参入する。また、収益性の低い製品カテゴリーから進んで撤退する。一九九〇年には製品ラインの三分の一を削除し、経営目標を成長から収益性へと転換した。

ロームでは開発技術者を、携帯電話やCD、テレビゲームといった具体的な最終製品のカテゴリー別に配置し、長期間にわたってその開発に従事させる。他の大手企業が特定技術や部品別に技術者を配属するのと比べて、ロームのこのような方法は技術者の能力の差別化を可能とする。なぜならロームの技術者は、特定製品における技術の進歩状況や市場の発展状況をよりよく理解することができるからである。彼らは個々の顧客に合わせて、計画段階から製品開発に至るまであらゆる段階において、様々なコンサルティングやアドバイスを提供するとともに、顧客と密接に作業を進める。ロームは最終製品を製造しないため、顧客企業は技術が盗用されることを心配することなく、自社の製品デザインをロームと共有することができる。その結果ロームは、松下やソニーといった、互いに競争するライバル企業の両方にも製品販売することができる。

この戦略を支援するために、ロームは製品カテゴリー別、事業部別の業績を厳しく査定している。売上高、売上原価、顧客の苦情数、利益をはじめとする様々な指標が毎月社内で公表され、事業部ごとの順位も社内で広く知らされる。社員報酬は業績に基づいて決定され、インセンティブ制度は、従業員が顧客企業と密接な関係を保つことを奨励するよう作られている。一九九九年における同社の従業員二八〇〇人の平均年齢は三二歳である。

③キョウデン

キョウデンは、日本の試作用プリント基板市場の五〇％を握っている。同社は、ＰＣや家電、産業機械をはじめとする様々なメーカーに対して、そのプロトタイプ製造に特化した事業展開をしている。キョウデンは、日本国内の三四〇〇以上にのぼる顧客企業一社当たり二二のプロトタイプを、平均価格一万円で販売している。大量生産製品の価格と比較してみると、キョウデンのプロトタイプには約一〇〇倍の価格がついている。一九九八年に、同社の売上高は一〇九億円、自己資本利益率（ＲＯＥ）は一八・五％に達した。

キョウデンを創立した社長の橋本浩氏は、長野県で松下電器の販売店を経営するかたわら、趣味で電子製品を試作していた。当時、プリント基板を手に入れるのに二カ月近くも待たされ、業を煮やした経験から、一九八三年に少量のプロトタイプ製造を専門とする会社を起業した。競合他社との差別化を図るために、「試作品プリント基板を二日間で作ります」というスローガンを掲げた。今日に至るまで、このスピードこそが、キョウデンの独自性として維持されている。同社は、関東・関西地域の顧客企業に対しては、割増価格でプロトタイプを一日以内に納入することができる。

プロトタイプのみを製造するために、同社の生産設備は、多品種少量生産向けに特化している。一日当たり二〇〇もの異なる注文に対応し、小回りのきく迅速な納期を確保するため、生産設備の規模は稼働率が常に七〇％となるように維持されている。さらに、競合他社との差別化を図るため、迅速な納期を実現するための生産設備に対して多額の投資を惜しまない。

キョウデンの営業スタッフ全員は、ノート型パソコンを携帯しており、顧客からの注文情報は即座に、長野の生産計画部門に送られる。すると、自社開発のソフトウエアが、プロトタイプの製造プロセスを二〇のステップに分割した上で、推定配達時間を割り出し、その情報を現場の営業スタッフに瞬時に転送する。顧客と密接に関わり、機密の技術知識を互いに共有することによって、キョウデンは顧客との間に、競合他社には真似できないような強固な関係を築き上げるのである。

④シマノ

一九四六年に大阪で創業したシマノは、レース用自転車の変速機やハブ、ブレーキ等の駆動・制御部品の分野で、世界市場の七〇％のシェアを誇る。自転車部品販売のほぼ九〇％が輸出向けである。また、一九九八年の売上高は一四五八億円、売上高利益率が九・九％、自己資本利益率（ROE）が八・六％と非常に優れた業績を収めている。

他の高業績企業と同様、シマノは何十年間にわたり一貫して、明確な戦略を維持してきた。その戦略の中核は、初期においてはレース用自転車、後にはマウンテンバイクにおける部品のプレミアム・セグメントへの特化にある。過去に数多くの進出機会に直面したものの、自転車やバイク部品の大衆市場向けの大量生産にはあえて手をつけなかった。同社は、最新技術を駆使した部品製造に特化しているのである。一九七二年以来約二〇年にわたり、シマノは常に革新的な新技術を開発し、世界に名だたる自転車レーサーに受け入れられてきた。世界のトップレーサーに受け入れられるまで一〇年の歳月を要したものの、今日ではツール・ド・フランスに参加するチームの六五％がシマノの部品を使用している。シマノは、新型モデルを迅速なサイクルで導入する点において、イタリアや日本の競合他社より大幅に先んじている。継続した改善努力が明確な戦略に結びついたとき、鉄壁の組み合わせとなる。

また、シマノはハイテクを駆使し、ショック吸収力に優れた頑丈な変速機を武器に、マウンテンバイク市場に参入した。現在シマノはこの分野で、世界市場の八〇％を握っている。優勝選手や優勝チームとの提携、ＰＲ、マウンテンバイクのイベントスポンサー等をとおしてブランド・エクイティを構築した。一九九八年に日本経済新聞が行った調査では、シマノは企業ブランド・ランキングの第八位にランクされた。上位一〇位に入った企業の中、唯一の部品製造業者で、日本では「自転車産業のウィンテル」と呼ばれている。

シマノは、日本のどの競争業者よりも、積極的にグローバル戦略を展開した。一九九五年に同社は、社内の公用語を英語にした。世界中のオペレーションをうまく連携させるため、年二回の国際会議を開いている。

結論

今、日本企業には、その経営や競争に関する新たな概念が求められている。長期的視野に立つ経営姿勢や、従業員を資産として扱う姿勢、サプライヤーとの密接な関係、技術改善のための積極的投資、生産性における継続的改善等、従来の日本型企業モデルの長所は、今後も継続して活かされるべきである。しかし、本章で議論を進めてきたように、日本企業の競争方法や経営手法は、多くの点で転換が必要である。

最後の節で紹介した新興企業の事例は、収益性、明確な戦略、強力な従業員インセンティブ、長期的視野、そして優れたオペレーション効率が結合した場合、絶大な競争優位が生まれることを示している。これらの要因すべてを競争に対する新しいアプローチに組み込むことができれば、他の多くの日本企業も、大いに繁栄することができるだろう。

数多くの日本企業が、自己再生のために積極的な努力を払い始めたことはよい兆候である。しかし、今のところ日本企業の自己変革努力の焦点は、コスト削減や製品ラインの絞り込み、インセンティブの修正、ガバナンス拡大等にあてられている。しかし、コスト削減だけでは、成功はおぼつかない。日本企業のマネジャーが、競争に対するアプローチを根本的に変えたかどうか、真の戦略的思考を取り入れ始めたかどうかは、今もなお明らかではない。

二〇〇〇年現在、インターネットが日本の再生を約束するという楽観論が流行している。しかし、インターネットだけでは、日本企業の再生は実現不可能である。経営目標を再定義した上で、競争優位をどのように創造し、それを維持するのかについて、認識を新たにすることが必要なのである。

第七章

日本は競争できるか

日本は競争できるか。日本が今日と比べてより閉鎖的で、静的で、技術集約性の低い時代であった、一九六〇年、七〇年、八〇年に成功を収めたのと同じように、新世紀の経済環境下において、日本は繁栄できるのか疑う声もある。日本の長所の多くが弱点へと転じた上、日本に深く根ざした社会的、文化的規範は、イノベーションや起業家精神、リスクへの挑戦といった今日の競争を象徴する概念とは相容れない存在のように思われている。

しかし、我々はこのような考え方とは異なる見解を持っている。日本は、過去、競争が制限されなかった時代には、非常に高いレベルの競争を勝ち抜き、国家の生産性を急速に向上させてきた。我々のケーススタディが示すように、日本企業は今でも多くの分野で非常に高い競争力を維持している。日本型企業モデルのいくつかの要素は、今でも長所として機能している。数十年にわたる投資の蓄積により、日本はビジネスのイノベーションにおいて、世界でもトップクラスの国となり、日本の人口一人当たりの国際特許件数や科学分野の文献引用数等は非常に高いレベルにある。科学技術分野のイノベーション・システムに大きな欠点があるものの、それでも日本は他のほとんどの国よりも先行している。起業活動も東京や大阪といった既成秩序の枠外で特に活発になってきている。そして、日本の労働者やマネジャーは、ほぼ全員高い教育を受けており、並外れて勤勉である。このように高質の人材を擁している国は、他にはあまりみられない。

日本は、競争していけるはずなのだ。しかし、そのためには我々が述べてきたように、企業と政府の両方において包括的な変革が必要である。日本企業は競争に追いやられると同時に、自由に競争することを許されなければならない。企業の目標や、その業績尺度は変わらねばならない。日本経済における政府の役割は今後も重要であるが、その役割の本質は根本的に改められなければならない。

従来の日本型モデルは内的整合性を持っていた。多くの個々の施策や政策が互いに調和していた。現在の日本にとっての大きな挑戦は、非常に多くのことを同時に変えていかなければならないということである。これは、たとえ向かうべき方向が十分に理解されていたとしても、非常に困難な仕事である。しかしながら、いったい何がうまくいかなかったのか、そしてこれからどうすべきなのかという点については、日本人の間でも意見は割れており、混乱したままである。

これまで名声と権力がすべて集中していた日本政府は、新たな戦略を最も受け入れ難いと考えるだろう。日本政府が企業や国民を守り、かばい、保護しようとするのは、ほとんど本能的とさえいえる。最近の政府による行動をみても、競争力のない金融機関を保護するために全銀行の総貸出額の一〇％にものぼる巨額の債務補償を行っている。預金保証制度の改革は、中小銀行を窮地へ追いやることを恐れて延期された。法人税改革も企業に対してあまりに急激にリストラクチャリングを強いることを懸念して先送りされた。古くからの習慣は、なかなか抜けないものである。

本書は、日本の内外を問わず、日本の将来を懸念する人々に、この国の取り組みの進捗状況を評価するための枠組みを提供した。我々は、現在日本で行われている改革への取り組みは、本来必要であるものにははるかに及ばないことをみてきた。現在必要なのは、競争に関する新たなモデルである。評論家は金融危機が一段落したため景気は回復していると宣言しがちであり、一時的な楽観論が株価を上昇に向かわせている。しかし我々は具体的にどのような変革が必要かを議論してきた。これらの変革が実際に起こり、積み重ねられて初めて、真の楽観論を持つべきである。

日本は変われるか

日本は競争していける。しかし、真の問題はむしろ、日本が競争する道を選択するのかどうかということである。日本がそのような根本的な変革を実施できるかどうかについては、疑問を持つ向きが日本の国内外に多数存在する。多くの人は、現在、政府と企業を支配している世代は現状を維持することに執着する世代であると指摘する。日本に対する最も痛烈な批評家は、この世代の意欲のなさを厳しく非難している。

我々は、日本に対するこれらの見解よりももっと前向きで、希望を持ってみている。日本に欠けているものは意欲ではなく、ビジョンと方向性である。日本の指導者たちは、彼らが苦労して手にした、奇跡ともいえる成功に誇りを持っている。そして、不安定さと過剰性を常に伴うアングロ・

サクソン型資本主義を、疑いの目で見ている。しかし、多くの人は、日本の過去における成功から間違った教訓を導き出してしまった。従来の通説は、国際的に広く流布している見解によってさらに強化されてしまった。しかし実際には、いくつかの日本に関する通説は、日本の外で通用している見解から生まれたのである。

日本は伝統を重んじる国であり、安定を尊ぶ国である。しかし同時に、国家の将来を左右する事態に直面した際には、驚くべき自己変革能力を発揮する国でもある。今日我々の知る日本は、第二次世界大戦後の荒廃の中から、志を持った人々の努力によって築き上げられたものである。この努力が成功したのは、最善のアイデアがあればその出所を問わずに利用し、自国の独自の長所をそのアイデアに応用する柔軟性にあった。連合国占領政府の命令すら、戦後の経済秩序の一部として受け入れた。日本の指導者たちは、自然資源に乏しい、荒廃した自国経済の現実を見極め、再建のために必要とされた大胆な政策を実施した。

逆境における日本の自己変革能力は、戦後の歴史の中でこれまでに少なくとも二度実証されてきた。一九七〇年代のオイル・ショックは、日本の産業の水準を飛躍的に向上させる契機となった。一九七三年に原油価格が四倍に跳ね上がると、日本経済は一九六〇年代の実質国内総生産（GDP）成長率一〇%から一九七四年にはマイナス成長へと転落した。その後、不況は四年間続いた。このような厳しいプレッシャーの下において、日本企業は省エネルギー技術に多額の投資を行い、高付加価値製品の開発へと移行した。オイル・ショックは、省エネルギー技術において日本が世界的リーダーの地位を達成するための契機として働いた。この省エネルギー技術によって恩恵を受けた日本の産業は少なくない。また、オイル・ショックは、自動車や家電等の産業において、日本企業のイノベーション追求を余儀なくし、この結果、これらの産業は先進産業となって日本を支えた。たとえばテレビの電力消費量を抑えたいという要望は、真空管技術からトランジスター技術への早期の移行を日本企業に促した。この技術的移行は、信頼性、機能性、製造の容易さ等の様々な利点をもたらした。

また、円高ショックは、オイル・ショックと同様に、日本の急速な変革への引き金となった。一九八五年九月のプラザ合意後の二年間で、円は二倍に急騰した。グローバル市場における日本製品の価格は、ほぼ一夜にして跳ね上がった。また、日本の労働賃金は、世界でも最も高いレベルとなった。これは、欧米に対し、熟練労働力の賃金が比較的低かったことが重要な優位性として働いていた経済にとっては、厳しい逆転であった。再びこのような厳しい環境に直面して、日本企業は生産性を大幅に向上させた。単純で付加価値の低い製品の生産を海外拠点へと移し、価格競争の影響を受けにくい、より高付加価値の製品へと移行していった。

これら二つのショックへの日本の対応をみると、日本経済に対する楽観的な観測が生じる。しかし、今日の状況は、これら二つのショックとは大きく異なる点がいくつかある。過去、危機的状況に直面した際、日本には深刻な危機感が存在していた。今日も危機感は存在するものの、以前のような強いものではないように思われる。また、以前の危機においては、その原因が明確であり、目に見えるものであった。しかし、今日の困難の原因は、より難解でよく理解されていない。現在、深層に根ざす原因を理解しようとするよりも、すべてをバブルのせいにし、金融部門を立て直すことだけに解決策を求める傾向がある。

さらに、過去の危機においては、国家の目標と方向性は明白であった。日本は、コスト削減とエネルギーの効率的利用そして製品の高付加価値化によって躍進を遂げなければならなかった。今日、日本の目指すべき目標と方向性は、全く不明瞭である。

また、以前の危機に対処するために必要とされた行動は、ひたむきなオペレーション効率の向上という日本の強みと合致するものであった。今日の危機を乗り越えるために必要とされるものは、政府の政策における抜本的変更は言うまでもなく、日本企業のビジネスに対する考え方、行動における大幅な変革である。しかし、日本特有の意思決定プロセスにおいては、大胆かつ構造的な変革を目指すことは困難である。

変革への契機

それでは、真の変革へ導く契機となるものは何であろうか。我々はそれらがいくつかの源泉から生まれてきているのをみることができる。まず第一に、日本企業における海外投資家の株主としての地位がより重要なものになってきており、従来の半永久的な株式の持ち合い構造は、徐々に解消されてきていることがあげられる。たとえばソニーの株主の四五％は、外国人投資家である（表6-2参照）。これらの新しい株主が、これまでの日本の典型的株主とは異なる役割を果たしていくであろうという兆候は、すでに垣間見ることができる。外国人投資家が日本の投資家に与える最も大きな影響は、おそらく株主の権利をもっと積極的に行使するべきだということを示していくことであろう。その結果予測される変化としては、収益性の重視、不採算製品および事業からの早期撤退、業績評価への注視、透明な財務報告、そしてコーポレート・ガバナンスの向上等があげられる。

第二に、日本市場へ参入する外国企業が増加し、特に日本企業を買収して参入する企業が増えていることである。低い株価と日本企業の新たな資金調達源確保の必要性が強まったことから、企業買収の市場も外国企業に門戸が開かれつつある。一九九八年、外国企業により買収（全体的および部分的）もしくは吸収された日本企業の数は、八五社にのぼり、記録的な数値を残した。九九年、その数は八月時点ですでに八六社に達している。(注1) 九九年六月、英国企業のケーブル・アンド・ワイヤレスは、ＩＤＣの五三％の株式を取得し、二カ月間にわたるＮＴＴとの買収合戦に辛くも勝利を収めた。このＩＤＣの買収は、敵対的買収の成功例としては日本初の事例となった。ＩＤＣの取締役会における最終的な結論は、株主が手にする売却価格をもとに下された。(注2) 二〇〇〇年の初めには、昭栄の買収が、日本初の日本人投資家による日本企業の敵対的買収として試行された（が、実現しなかった）。

従来と異なる視点を持った株主が、より広範な産業に出現したり、株主の権利を行使すると信じるに足る脅威を与えることにより、新たな企業目標と新たな競争へのアプローチが急速に広まることであろう。たとえば一九九八年、ＧＥキャピタルが、苦境に陥った東邦生命と合弁を組んで、ＧＥエジソン生命という名前で新会社を設立した。その際、ＧＥキャピタルは、東邦生命の最も優秀な従業員を採用し、最も収益性の高い業務のみを引き継いだ。企業統合チームが結成され、東邦生命の役員たちに「ＧＥ流」が伝授された。また、このチームは東邦生命の業務を調査し、複雑で非効率な業務プロセスを洗い出した。東邦の支払請求プロセスにおいてチームが発見した問題は、その典型例であった。たとえば給付金の支払請求に来店した顧客は、定型用紙に記入する。支店ではその請求書をコンピュータに入力した後、用紙を本社に郵送する。そして、本社において再度その請求書の内容がコンピュータに入力される。このような業務プロセスに対して一連の大規模な変革

が実施された結果、支払請求の処理は迅速化され、管理費も削減されて、生産性は三〇％向上した。(注3)
また、一九九九年五月に三七％の株式を取得し、日産自動車の筆頭株主になったルノーは、カルロス・ゴーン氏を新しいCOOに任命した。過去八年中七年において損失を計上していた日産は、部品供給業者や赤字の通信関連子会社の株を売却し、ディーラー網の整理にも着手した。(注4) ゴーン氏は日産の役員を駆りだし、競合他社の自動車を比較試乗させた。日産の役員にとっては全く新しい体験であった。

第三は、系列制度が変わりつつあることである。一九九九年一〇月には、日本興業銀行、富士銀行、第一勧業銀行の統合計画を追う形で、住友銀行がさくら銀行との合併を発表した。これら銀行がそれぞれメインバンクとなっている系列制度も、同様にその影響力が弱まる可能性がある。企業間の持ち合い制度によって所有されていた株式も売買の対象となるようになった。これらが連鎖反応を起こし、あらたな資金調達方法やより特化した戦略策定など、日本企業の新たな行動につながるであろう。

第四の契機は、政府の組織改革が進行していることである。一九九九年七月に国会を通過した、中央省庁改革関連法案によって、二〇〇一年一月までに現行の二二の中央省庁は一三に再編され、二〇名の閣僚の定員は一七名に削減される。この法案は、中央政府の職員数を一〇年間で一〇％以上削減する等の目標を含んでいる。また、政党の指導者たちは二五％程度の削減案も議論している。(注5)

さらにこの法案は、総理大臣や民間の専門家等からなる経済財政諮問会議を新設する計画も含まれている。現在は、主に大蔵省の管轄となっている予算編成における総理大臣の権限も強化される。大蔵省は、金融機関の監督権限の大部分を新設機関に譲渡し、財政と税制を管轄する財務省になる。

省庁再編は、政府の経済戦略の方向性が変更されることを保証するものではない。しかし、政府の省庁再編プロセスは、新しいアプローチを生み出す契機となることであろう。たとえば新しい経済財政諮問会議が日本経済の新しい方向性を提示し、それに応じて予算を再配分することも可能であろう。計画に含まれているように、文部省と科学技術庁の統合が実現されれば、基礎科学研究の促進と、あらゆるレベルにおける専門教育の向上を目指した一貫したアプローチを採ることもできるであろう。

第五は、多くの日本企業において新しい世代のCEOがリーダーシップをとり始めているということである。彼らは前任者と比べて、長年の慣行を破ることへの抵抗がはるかに低い。ホンダ（吉野浩行社長）、トヨタ（奥田碩会長）、ソニー（出井伸之社長）、オリックス（宮内義彦会長）そして、ソフトバンク（孫正義社長）のリーダーは、豊富な海外経験を持つ。従来、日本企業では、海外経験は昇進においてマイナスの影響を持っていた。国際ビジネス習慣への深い知識を持ち、財務上および競争上の厳しい圧力にさらされる時期にリーダーシップをとる立場についた、彼ら新しい世代のCEOたちは、これまでとは異なる手法で経営手腕を振るうことであろう。彼ら新しい世代のリーダーたちは、過去のリーダーたちとは一線を画するいくつかの共通点を持っている。第一に、彼らは変化を不可避のものとしてとらえている。ソニーの出井氏は社長就任以来、すでに三度の組織改革を実施している。トヨタの奥田氏は、役員人事の若返りを図った。第二に、彼らは「出る杭」になることを厭わない。彼らは全員、遠慮なく発言し、単刀直入である。

第六は、新たな世代の新興企業が成長し、そのいくつかは大企業と肩を並べる存在になってきているということである。第六章において、これらの企業のいくつかについては言及した。ソフトバンク、オリックス、パソナ等も、楽天やネットエイジ等の日本の新興ドットコム企業と並んでそのような成長企業の例としてあげられる。これらの多くの企業は、強い利益指向を持ち、明確な戦略を持って競争し、きわめて非日本的な組織構造を持っている。これらの新興企業は、他の多くの日本企業にも影響を与えることであろう。

また、これらの新興企業が政府に対してとる態度も、従来の日本企業のそれとは大きく異なるものである。それらは、我々が提唱しているような、政府の政策の変更をさらに推進するものである。たとえば一九九九年六月ソフトバンクは、二〇〇〇年末までに、ナスダック・ジャパンを設立する計画を発表した。ナスダック・ジャパンの計画は、全米証券業協会と直結した、コンピュータ化された証券取引市場を設立するというものである。ナスダック・ジャパンの設立により、これまでの日本の証券市場における新規上場（ＩＰＯ）のわずらわしい条件にとらわれる必要がなくなる。この計画は、大蔵省が綿密に設定した規制を迂回することを狙っているが、今日の金融規制緩和への強い圧力を考えると、大蔵省はこの計画を承認せざるを得ないであろうというのが業界の専門家の見方である。(注6)

そして、最後の変革への契機は、日本の国民自身である。若い世代の労働者は、彼らの前の世代とは異なる指向を持っている。多くの労働者が一九九〇年代の長引く不況の中で職についたが、終身雇用制による保証を期待していない。彼らは実績ベースの報酬制度になじんでおり、情報技術を使いこなし、変化に対して柔軟である。彼らが企業の変革の原動力となり、政策変更の先駆者となることを望みたい。

また、日本人は、株式投資家になりつつある。郵便貯金やその他の従来の貯蓄方法の金利がますます貧弱なものになりつつある中で、投資資金が投資信託や株式に流れている。日本人が貯蓄家から投資家へ移行するに従って、企業に対する彼らの態度も変わってくることであろう。

文化は最も変えることが難しく、日本の変革の障害となるものは文化的要素である、と指摘する声も多く聞かれる。「出る杭は打たれる」という集団指向の強い社会は、新しい経済モデルとは相容れないというのが、その論拠である。しかし、日本の多くの経済的文化は、学習されたものである。それは、現在の経済システムに組み込まれた、様々なインセンティブや規則から生まれたものである。たとえば終身雇用制は、戦後の労働争議の産物であり、日本のマネジャーと従業員の間に元来文化的に根ざす関係ではない。社会状況が変わるにつれ、経済文化は変わっていき、また変えることができるものである。日本人は、欧米における様々な動きについて非常によく把握しており、グローバル化は、この変化の過程を劇的に加速化させている。

変化の兆しは、至る所に見られる。NECや日立といった、典型的な日本企業は、リストラクチャリングに取り組んでいる。外国企業による大規模な吸収合併に対する国民の目立った抗議もない。マネジャーたちは、伝統的な日本企業を去って行っている。中央官庁を早期に退職する官僚たちも出てきている。東京や大阪以外の地域では起業家たちが勢力を伸ばしており、京都では三〇〇以上のベンチャー企業が起業された。渋谷地区は英語直訳の"Bitter Valley"もじって"Bit Valley"などと呼ばれているが、ここにはインターネット関連の企業が集結してきている。

また、一〇代の若者たちがインターネット・サービスを始めるようになった。個人投資家は、貯蓄の一部を株式市場に投資し始めている。インターネットと携帯電話は、普及の一途をたどっている。大卒の学生は、外資系企業に職を求め始めている。女性の職場における自由は、ますます広がってきている。これらの一歩一歩は小さな積み重ねであるが、競争に対する全く新たなアプローチの兆しを示している。

新しい日本型モデルの必要性

今日、日本では、恐怖感からと必要性に迫られた変革が断片的に起こっている。個々の取り組みは、国際的商習慣を採り入れることや、明らかに支障をきたしている事項に対処することを目的に行われている。それらは対症療法にすぎない。新しい取り組み、たとえば連結ベースの法人課税制度、預金保護制度の改革等は、発表こそされたものの延期されたり、中断されたりしているのが現状である。

いまだに欠けているものは、日本が現在直面している困難の原因を包括的に理解し、日本独自の解決策を打ち出すことである。我々は本書が、日本の成功と失敗の注意深い研究、グローバル経済における競争と生産性に関する新しい理論、そして将来の方向性に関する議論を通じて、そのようなニーズへの取り組みに役立つことを願っている。

日本は果たして安定性に基づく経済から、競争に基づく経済に転換すべきかどうか、疑問を呈する者もいる。我々の研究は、これは誤った質問であることを示している。成功を収めている産業においては、日本はすでに競争に基づく経済に移行しているのである。問うべき質問は、日本が果たしてこの現状を正しく理解し、競争をさらに経済の他の分野にまで拡大するために様々な障害を取り除くことができるかどうか、である。

包括的な解決策を講じるためには、日本は過去においてそうしたように、いくつかの欧米のアプローチを採り入れる必要がある。しかし、その結果として生まれるものは、米国型資本主義のクローンではなく、競争に対する日本独自の新たな概念である。

では、そのような日本の独自性は、どこで発揮されるであろうか。我々が可能性を期待している点は以下のようなものである。欧米の個人主義は、長所である一方、欠点にもなり得る。日本人は、専門分野や職能、そして企業の枠を越えて働くという点においては、優れた能力を持っている。この能力が専門教育、インターネット技術と新しい競争への思考法と結合されたとき、新たな生産性と戦略におけるブレークスルーが達成されることも十分に考えられる。

さらに今日、知識の進歩は、ますます分野横断的な取り組みによって進展している。大学研究制度への適切な投資を行い、よりよいインセンティブ制度を作り、競争を促進し、規制による歪みを取り除くことによって、日本が以前にも増して強力なイノベーションの中核として台頭する可能性も十分にあり得る。

日本は、多くの分野の産業クラスターから利益を享受してきた。第四章で述べたように、日本の競争と協調を共存させる能力は、クラスターをより有効なものにする。地域による産業特化が進み、地方分権が進展すると、日本は、起業活動とクラスター形成の新時代を築き上げることもできるであろう。我々は、インターネット分野においてすでにその兆候がみられることを指摘した。

需要条件においては、日本の生活環境、文化、人口構成は引き続き、優位性を提供し続け、将来的にはさらに重要な存在となるであろう。日本は長年、コンパクトで多機能、音の静かな製品においては世界の最先端市場であった。日本人は外見、スタイル、パッケージ等に非常に敏感である。また、エネルギー効率においても日本は世界のリーダーとしての地位を占めてきた。これらの分野は、現在でも日本の強みであり、世界的に重要な分野となりつつある。

需要条件に基づく優位性は、日本の企業と消費者が環境保護に目覚めた場合、さらに強化されるであろう。日本の過密状況を考えれば、これは十分に起こり得る。また日本は、増加の一途をたどる高齢者のニーズに応える先端市場となる可能性もある。さらに、規制緩和によって、通信、サービス、医療といったこれまでの規制分野に対する、教育レベルの高い、要求の高い消費者の高度なサービスを提供するようにという要求は一気に高まるだろう。

欧米の経済が多くの教育水準の低い国民を抱えているのに対し、日本のほぼ全員といっても過言ではない教育水準の高い国民は、知識集約型の競争においては大きな資産となる。特に日本の女性は優れた資産であり、日本の企業セクターを変革し、人口の高齢化という状況下において、経済成長を支える労働力の中核をなす存在となり得る。欧米諸国の多くは、女性の労働市場参入による利益をすでに享受しており、これに頼ることでさらなる成長を期待することはできない。

欧米企業が従業員の参加や忠誠心の維持に苦心する一方で、日本は新しい報奨システムの導入と合わせて、長年培われたチームワークにより、優位性を得ることもできるであろう。

欧米の資本市場と企業が、ますます短期的視点に立った経営判断を強める中で、日本の長期的視野は重要な強みとなってくるであろう。日本の株主はより強い影響力を行使できるようにならねばならないし、企業の利益指向は強まるべきである。しかし、これらは株式の長期保有と何ら矛盾するものではない。欧米の資本市場の慣行を単に模倣するのではなく、日本は、株式の長期保有を奨励する優遇税制措置を導入することもできるし、企業関連法制度の整備により、企業合併などの重要な意思決定において株主の長期的利益が最優先されるよう保証することもできる。

そして最後に、日本の企業や政府が共同で問題に取り組む姿勢は、米国の敵対的環境と比較した場合、大きな長所となるであろう。日本の諸機関は、その役割を再定義する必要があるが、ひとたびそれができた新秩序の下では、企業や政府が協同できることは強みとなる。

今こそ、日本が新しい経済戦略に取り組むときである。その戦略は、競争に対する過去のアプローチの長所と限界に対する深い理解に基づくものでなければならない。また、その戦略を支えるものとして、グローバル経済における政府と企業の役割について新しく、かつ、より洗練された考え方が必要である。我々は、日本の新しい戦略の最も重要な要素を描き出し、それらがいかに有効であるかを日本の過去における実体験からの例に基づいて示すことを試みた。日本の指導者は、日本独自の新しい戦略を策定し、それを具現化する責任と同時に好機をその手に握っているのである。

日本は戦後にすでに一度、競争経済に対するアプローチにおいて大転換を果たしている。一九四〇年代から五〇年代にかけて、日本はおおむね低価格・低賃金を軸に競争し、欧米製品の模倣品を安く売っていた。しかし、このアプローチの限界が明らかになるにしたがい、日本は新たな競争アプローチへと転身した。すなわち、デミングやジュランらの概念を踏襲し、価格だけではなく品質という軸における競争を追求したのである。品質を競争の軸にするという日本の転身は、その後、世界中の競争のルールを変えるに至った。

しかし、本書で述べてきたように、二〇〇〇年現在、現行モデルの限界はますます明確になってきている。今や、日本は品質を軸にした競争から、戦略やイノベーションを軸にした競争へと転換しなければならない。また、日本企業は明確な戦略を打ち出し、真の収益性を追求しなければならない。そのためには、ベスト・プラクティスを追いかけ、漸次的な改善を目指すだけでは不十分である。真のイノベーションが、製品レベルだけではなく、競合他社とどう競争するのかというアプローチのレベルにおいても必要なのである。過去の転換点においてそうであったように、いったん日本人の心構えが変われば、日本という国は急速に変貌を遂げる潜在能力を備えている。以前に品質を追求した時代に負けずとも劣らぬ、国家をあげた取り組みが必要である。次なる大転換が起こることを、我々は期待して止まない。

1999, page 4.

15. *Forbes*（1997）.

16. Hori（1993）.

17.「国際特許」とは、自国の特許制度だけでなく米国特許庁に対しても申請された特許のことを指す。このような特許は、世界に先駆けたイノベーションでありかつ商業的にも重要な特許である。ポーターとスターンは国際特許出願の源泉に関する各国比較研究を行った。詳しくは、Porter and Stern（1999）およびPorter, Stern, and Furman（1999）を参照されたい。

18. たとえば、Sakakibara and Branstetter（1999a）によれば、1988年に導入された改善多項制は、研究開発投資やイノベーションの増大にほとんど貢献していない。

19. 日本経済新聞（1999）.

20. Porter（1998b）第7章を参照。

【第六章】

1. JMA Management Review, August 1996, pp.12-13.

2. 日経ビジネス　1999年3月1日号30～34ページ

3. 中日社、電子機器年報　1999年

4. Alex Taylor III, "Toyota's Boss Stands out in a Crowd," Fortune, November 25, 1996, p. 76.

【第七章】

1. The Nikkei Weekly, 9/ 20/1999.

2. Financial Times, 1/10/1999.

3. The New York Times, 9/14/1999.

4. Business Week, 10/11/1999.

5. Asia Pulse, 7/9/1999.

6. The Washington Post, 6/16/1999.

34. ザ・ボディ・ショップは直営店の販売員を通じて顧客との主要なコミュニケーションを図ろうとしている。販売員は、詳細な商品情報を提供し、同社の社会的、環境的方針を説明したパンフレットを配布する。また、顧客にサンプルの使用を薦めたりして、親しみやすく活気のある店の雰囲気作りに努めている。

35. Nathan（1999）.

【第四章】

1. 経済成長に関するミクロ経済理論については、Porter（1998a）を参照されたい。

2. 国家の競争力と企業の競争力は異なる。たとえば、企業は賃金削減や労働者搾取等の手段によって市場シェアを拡大できるかもしれないが、これは、国家という観点からみた場合、国民の生活水準の下落につながる。

3. Porter（1996）を参照。

4. ハイテク戦略研究会（1990）.

5. Fujimoto（1999）.

6. 詳細はPorter（1998a）を参照。

7. Fujimoto（1999）.

8. Harvard Business School case #9-391-209（1991b）.

9. Datamation, April 1, 1987.

10. 日本航空宇宙工業会（1987）.

11. 調査方法ならびに分析結果の詳細については、Sakakibara and Porter（forthcoming）を参照されたい。

12. Global Competitiveness Report, 1998 and 1999.

【第五章】

1. Patrick and Rosovsky（1976）。Eads and Yamamura（1987）、Porter（1990）第8章を参照。

2. 古城（1999）.

3. 朝日新聞　1999年7月28日

4. Porter and Stern（1999）、Porter, Stern, and Furman（1999）を参照。

5. New York times, July 27, 1999, "Next Stage of the Cellular Tour : Forced to Compete, Japan Becomes a Global Power" and NTT Multi-media Mobile Forum.

6. Porter（1999）、Porter and Bond（1999）、Sachs and Warner（1995）.

7. 公正取引委員会（1993）.

8. AUTM Licensing Survey、AUTM Licensing Survey, reported in Chikamoto Hodo and Hiroyuki Suzuki, " 産学連携、成功には三つの条件," 日経ビジネス, May 31, 1999, p. 53.

9. 岡部、戸瀬、西村編（1999）.

10. 日経ビジネス（1999）.

11. 文部省「我が国の文教政策」 1998, p. 304.

12. 個々の民間企業に対する研究補助金の重要性は過去30年間に減少していることは特筆すべきである。

13. 米国のデータは1994年、ドイツのデータは1995のものである。文部省、教育指数の国際比較（1998）。

14. The Nikkei Weekly, "Venture Companies Begin to Take Root," June 14,

【第三章】

1. MITの the International Motor Vehicle Programによって名付けられた(Womack et. al., 1990).

2. 藤本（1997）とFujimoto（1999).

3. カンバンとは、標準化された運搬用の箱に添付された、再利用可能な札のことを直接は指している。これによって生産の上流工程と下流工程がリンクされる。

4. 藤本（1997).

5. Clark and Fujimoto（1991). Nonaka and Takeuchi （1995).

6. Ballon（1968); Drucker（1971), Yoshino（1968); Furstenburg（1974); and Ouchi（1981).

7. 今井、小宮（1989).

8. Ballon（1968).

9. Drucker（1971).

10. Cole（1971), Dore（1973, 1986).

11. Drucker（1971), Cole（1979), Ouchi（1981), 伊丹（1987).

12. Gibney（1979).

13. Ouchi（1981).

14. 伊丹（1987).

15. Ballon（1968), Yoshino（1968), Furstenburg（1974), Gibney（1979), Ouchi（1981), and 小池（1981).

16. 伊藤（1995).

17. Cole（1971), Dore（1986), 金森(1984), 内野(1988), 伊丹（1990).

18. Whitehill and Takezawa（1978).

19. Yoshino（1968）, Glazer（1969).

20. Tracy and Azumi（1976), Ouchi(1981), Yoshino（1968), Ballon（1968), Rohlen（1975), Nakane（1970).

21. Vogel（1975).

22. Schonberger（1982), Alexander (1981), 佐々木（1988), 加護野（1988).

23. Abegglen and Rapp（1970), Barret and Gehrke（1974), Dore（1986, 1987), Dertouzos, Lester, and Solow（1989).

24. Abegglen and Stalk（1985).

25. Weinstein and Yafeh（1995).

26. Nakatani（1984).

27. Porter(1996)、Porter（1998）を参照。

28. 日経ビジネス, 3/9/1999.

29. Porter（1996).

30. Naono（1996).

31. 日経ビジネス, 10/12/1998, p.42.

32. 当時、TIのメモリー・チップは日本製（KTIセミコンダクター、神戸製鋼との合弁）とシンガポール製（TECHセミコンダクター、合弁）であった。その後1998年にTIはメモリー・チップ事業を米国のマイクロン・テクノロジーに売却した。

33. 輸入チョコレートの流通経路は国産チョコレートとは大きく異なる。たいていの外国のメーカーは日本国内に自社の販売支社を持っていなかったので、必要な輸入業務や保管、流通業務を日本のチョコレートメーカーや代理店に依存した。輸入チョコレートは、高級輸入食料品店や百貨店に限定的に卸されたため、輸入チョコレートの取扱店は非常に限られていた。

注

【はじめに】

1. たとえば *Containing Japan*（Fallows, 1989）、*Trading Places*（Prestowitz, 1988）、*The Enigma of Japanese Power*（Van Wolferen, 1989）等。

【第一章】

1. 厳密にいえば、「構造改革」の必要性が、特に金融分野において議論されてきているが、具体的にどのような改革をすべきかについての国民的なコンセンサスは存在しない。
2. 一国が経済繁栄を達成する原因に関する議論、あるいは国の競争力と企業の競争力の違いに関する議論については、Porter（1990）第1章を参照のこと。
3. Ito（1992）.

【第二章】

1. Tyson and Zysman（1989）.
2. Johnson（1982）9ページおよび31ページを参照。
3. Okimoto（1989）.
4. Calder（1988）.
5. Patrick and Rosovsky（1976）. 日本の経済発展における政府の役割に関する異なる諸見解については、Eads and Yamamura（1987）参照。官民関係の歴史的観点からの優れた日米比較については、McCraw（1986）参照.
6. Porter（1990）第8章を参照。
7. 日本がどのように輸入自由化を進めてきたかについての議論については、Yoffee（1986）参照。
8. 伊藤、清野（1984）.
9. 来生（1999）.
10. 古城(1999).
11. 古城(1999).
12. 通商産業省（1963）.
13. 日本政府がどのように貯蓄を奨励したかについては、McCraw(1986）参照。
14. 鶴田（1984）.
15. 臨時行政改革推進審議会事務室(1988).
16. 公正取引委員会年次報告書（各年）。木下玲子と一條恭子 から分析の助力を得た。
17. 本節に要約された研究のより詳細な分析については以下を参照のこと。Sakakibara（1994, 1997a, b, 1999a, b), Branstetter and Sakakibara（1998), およびSakakibara and Branstetter（1999b).
18. Sakakibara（1997b）参照。統計的分析もまた、研究開発コンソーシアムへの参加は、参加企業の研究開発生産性に、プラスながらも限られた効果しか持たないことを示している（Branstetter and Sakakibara, 1998参照）。
19. Porter（1992）.
20. Saxonhouse（1985）.
21. Branstetter and Sakakibara（1999）.

Van Wolferen, K. 1989.*The Enigma of Japanese Power:People and Politics in a Stateless Nation*,New York : A. A. Knopf.

Vogel, E.Z. 1975. Modern Japanese Organization and Decision Making. Berkeley, CA: University of California Press.

和田秀樹．1999.『学力崩壊「ゆとり教育」が子どもをダメにする』PHP研究所.

ウォルフレン K.V. 1994.『人間を幸福にしない日本というシステム』毎日新聞社.

Weinstein, D., and Y. Yafeh. 1995. "Japan's Corporate Groups: Collusive or Competitive? An Empirical Investigation of Keiretsu Behavior." Journal of Industrial Economics 43: 359-376.

Whitehill, A.M., and S. Takezawa. 1978. "Workplace Harmony: Another Japanese 'Miracle' ?" Columbia Journal of World Business 13(3): 25-39.

Womack, J., D.T. Jones, and D. Roos. 1990. *The Machine that Changed the World.* New York: Rawson Associates

八代尚宏．1997.『日本的雇用慣行の経済学—労働市場の流動化と日本経済—』日本経済新聞社.

Yoffie, D. 1986." Protecting World Markets," in McCraw,T.(ed.)*America Versus Japan*.Boston,MA:Harvard Business School Press.

Yoshino, M.Y. 1968. *Japan's Managerial System: Tradition and Innovation. Cambridge,* MA: Harvard University Press.

竹内弘高．1992.「日本型コーポレート・ガバナンス――声なきステークホルダーの不思議」一橋大学産業経営研究所『ビジネス・レヴュー』Vol.39, No.3, February.
竹内弘高．1999.「日本企業の新製品開発における五十年の変遷――時代とともに変わる競争優位の源泉」嶋口充輝・竹内弘高・片平秀貴・石井淳蔵編『マーケティング革新の時代② 製品開発革新』有斐閣.
Takeuchi, H. and I. Nonaka. 1986. "The New New Product Development Game" Harvard Business Review, Jan.-Feb.（「ダイヤモンド・ハーバード・ビジネス」1986年 5月号)
竹内弘高・石倉洋子．1994.『異質のマネジメント』ダイヤモンド社.
竹内靖雄．1998.『「日本」の終わり』日本経済新聞社.
田中直毅．1992.『最後の十年　日本経済の構想』日本経済新聞社.
田中直毅．1996.『新しい産業社会の構想』日本経済新聞社.
タスカ，ピーター. 1994.『日本は甦るか』講談社.
タスカ，ピーター. 1997.『不機嫌な時代』講談社.
Tracy, P., and K. Azumi. 1976. "Determinants of Administrative Control - A Test of a Theory with Japanese Factories." American Sociological Review 41(1): 80-94.
通商産業省．1963.「我が国産業構造高度化の基本的方向」
鶴田俊正.「高度成長期」（前出1984『日本の産業政策』東京大学出版会）
Tyson, L.D., and J. Zysman. 1989. "Developmental Strategy and Production Innovation in Japan," in Johnson, C., Tyson, L.D. and Zysman, J., eds., *Politics and Productivity: The Real Story of Why Japan Works.* Cambridge, MA: Ballinger Publishing Company.
内野達郎.「変わる日本型企業経営」（前出1988『転機に立つ日本型企業』中央経済社）
浦部．1978.『日本的経営を考える』中央経済社.

Japanese and U.S. Data." working paper.
Sakakibara, M., and M.E. Porter.2000. "Competing at Home to Win Abroad: Evidence from Japanese Industry." Review of Economics and Statistics .
サロー，レスター. 1998.『日本は必ず復活する』TBSブリタニカ.
佐々木尚人.「日本経営に国際化を迫る外からの力」（内野達郎・アベグレン，J.C.編『転機に立つ日本型企業』中央経済社）
Saxonhouse, G.R., 1985. "Japanese Cooperative R&D Ventures: A Market Evaluation," Research Seminar in International Economics, Seminar Discussion Paper No. 156, Dept. of Economics, the University of Michigan.
Schonberger, R.J. 1982. *Japanese Manufacturing Techniques: Nine Hidden Lessons in Simplicity.* New York: Free Press.
関満博. 1997.『空洞化を超えて――技術と地域の再構築』日本経済新聞社.
Sheff, D. 1993. *Game Over: How Nintendo Conquered the World.* New York: Vintage Press.
島田晴雄. 1995.『Japan Crisis――人を忘れた日本は沈む』講談社.
島田晴雄. 1995.『日本改革論[新産業・雇用創出計画]』PHP研究所.
島田晴雄. 1997.『日本再浮上の構想』東洋経済新報社.
新保生二. 1994.『第三の開国を目指す日本経済』東洋経済新報社.
鈴木淑夫. 1994.『日本経済の将来像』東洋経済新報社.
高坂正堯. 1992.『日本存亡のとき』講談社.
竹中平蔵. 1994.『民富論』講談社.
Takeuchi, H. 1991. "Small and Better: The Consumer-driven Advantage in Japanese Product Design." Design Management Journal, Winter.

University of California Press: 185-209.
Sachs, J., and A. Warner. 1995. "Economic Reform and the Process of Global Integration." Brookings Papers on Economic Activity 1. (1): 1-118.
堺屋太一. 1997.『「次」はこうなる』講談社.
堺屋太一. 1998.『あるべき明日―日本・いま決断のとき』PHP研究所.
榊原英資. 1990.『資本主義を超えた日本』東洋経済新報社.
榊原英資. 1993.『文明としての日本型資本主義』東洋経済新報社.
榊原英資. 1996.『進歩主義からの訣別』読売新聞社.
Sakakibara, M. 1994. Cooperative Research and Development: Theory and Evidence on Japanese Practice, Ph.D. thesis, Harvard University.
Sakakibara, M. 1997a. "Heterogeneity of Firm Capabilities and Cooperative Research and Development: An Empirical Examination of Motives." Strategic Management Journal. 18 (special issue): 143-164.
Sakakibara, M. 1997b. "Evaluating Government-Sponsored R&D Consortia in Japan: Who Benefits and How?" Research Policy. 26 (4-5): 447-473.
Sakakibara, M. 1999a. "Knowledge Sharing in Cooperative Research and Development." working paper, presented at the 1999 annual meeting of the American Economic Association, New York.
Sakakibara, M. 1999b. "The Diversity of R&D Consortia and Firm Behavior : Evidence from Japanese Data" working paper.
Sakakibara, M., and L. Branstetter. 1999a. "Do Stronger Patents Induce More Innovation? Evidence from the 1988 Japanese Patent Law Reforms." working paper.
Sakakibara, M., and L. Branstetter. 1999b. "Developing a Framework for the Impact Assessment of Research Consortia Using

Development." *The Global Competitiveness Report 1998*. Geneva, Switzerland: World Economic Forum, 1998a.

Porter, M.E. 1996. "What Is Strategy?" Harvard Business Review, 74 (6). Also reprinted in Porter, M.E. 1998b. *On Competition*. Boston: Harvard Business School Press.（竹内弘高訳『競争戦略論Ⅰ』ダイヤモンド社，1999）

Porter, M.E. 1999. "Microeconomic Competitiveness: Findings from the 1999 Executive Survey." *The Global Competitiveness Report 1999*. Geneva, Switzerland: World Economic Forum.

Porter, M.E. and A. McGahan. 1997. "How Much Does Industry Matter, Really?" Strategic Management Journal 18: 15-30.

Porter, M.E., and G. C. Bond. 1999. "Innovative Capacity and Prosperity: The Next Competitiveness Challenge." *The Global Competitiveness Report 1999*. Geneva, Switzerland: World Economic Forum.

Porter, M.E., S. Stern, and J.L. Furman. October 19, 1999. "The Determinants of National Innovative Capacity," Harvard Business School Working Paper 00-034.

Porter,M.E.,S.Stern,and Council on Competitiveness.1999.*The New Challenge to America's Prosperity:Findings from the Innovation Index*,Washington,DC:Council on Competitiveness.

Porter, M.E., and H. Takeuchi. 1999. "Fixing What Really Ails Japan." Foreign Affairs, May/June. (「日本モデルの限界と再生への道筋」『論座』1999年8月号)

Prestowitz,C.V.1988.*Trading Places:How We Allowed Japan to Take the Lead*,New York : Basic Books.

臨時行政改革推進審議会事務室．1988．『規制緩和』ぎょうせい．

Rohlen, T.P. "The Company Work Group," in Vogel, E.F. ed., *Modern Japanese Organization and Decision-Making*. Berkeley, CA:

大原一三．1999.『日本再生の条件』東洋経済新報社.
大前研一．1989.『平成維新』講談社.
Ohmae, K. 1995. *The End of the Nation State.* New York: The Free Press. (山岡洋一訳『地域国家論』講談社, 1995)
大前研一．1999.『変わる世界　変われ日本！これが経済再浮上の条件だ』PHP研究所.
岡本行夫．1995.『さらば漂流日本』東洋経済新報社.
岡部恒治・戸瀬信之・西村和雄編．1999.『分数ができない大学生』東洋経済新報社.
Okimoto, D.I. 1989. *Between MITI and the Market: Japanese Industrial Policy for High Technology.* Stanford, CA: Stanford University Press.
Ouchi, W.G. 1981. *Theory Z: How American Business Can Meet the Japanese Challenge.* Reading, MA: Addison-Wesley Publishing Company.
Patrick, H. and H. Rosovsky. 1976. "Japan's Economic Performance: An Overview," in Patrick, H. and H. Rosovsky, eds., *Asia's New Giant: How the Japanese Economy Works.* Washington DC: Brookings Institution: 1-61.
Porter, M.E. 1980. *Competitive Strategy: Techniques for Analyzing Industries and Competitors.* New York: The Free Press.（土岐坤ほか訳『競争の戦略』ダイヤモンド社，1982）
Porter, M.E. 1990. *The Competitive Advantage of Nations.* Free Press: New York.（土岐坤ほか訳『国の競争優位』ダイヤモンド社，1990）
Porter, M.E. 1992. Capital Choices: Changing the Way America Invests in Industry. Council on Competitiveness and Harvard Business School.
Porter, M.E. "The Microeconomic Foundations of Economic

宮崎義一．1992.『複合不況』中公新書.
水谷研治．1996.『右肩下がりの日本経済』PHP研究所.
Nakane, C. 1970. *Japanese Society.* Berkeley, CA: University of California Press.
Nakatani, I. 1984. "The Economic Role of Financial Corporate Grouping," in Aoki, M. ed., *The Economic Analysis of the Japanese Firm*, Amsterdam: North-Holland: 227-258.
中谷巌．1996.『日本経済の歴史的転換』東洋経済新報社.
中谷巌・大田弘子．1994.『経済改革のビジョン「平岩レポート」を超えて』東洋経済新報社.
「日経ビジネス」1999年9月20日号
日本経済新聞社編．1997.『二〇二〇年からの警鐘——日本が消える』日本経済新聞社.
日本経済新聞社編．1999.『京阪バレー——日本を変革する新・優良企業たち』日本経済新聞社.
日本航空宇宙工業会．1987.『YS−11の成果』
日本公正取引委員会．1993.「板ガラスの流通に関する企業間取引の実態調査」
野口悠紀雄.1993.『日本経済改革の構図』東洋経済新報社.
野口悠紀雄.1995.『1940年体制』東洋経済新報社.
Nonaka, I. and Takeuchi, H. 1995. *The Knowledge-Creating Company.* New York: Oxford University Press, Inc. (梅本勝博訳『知識創造企業』東洋経済新報社, 1996)
直野典彦．1996.『転換期の半導体・液晶産業』日経ＢＰ出版センター.
Nathan, J. 1999. *Sony: The Private Life.* Boston/New York: Houghton Mifflin.
OECD. 1995. Purchasing Power Parities and Real Expenditures 1993. Paris: OECD Statistics Directorate.

動車産業の企業成長』東洋経済新報社)
金森久雄.「戦後経済の転換と発展」(金森久雄・日本経済研究センター編. 1984.『日本経済大転換の時代』)
Kaplan, E.G. 1972. *Japan: The Government-Business Relationship*. Washington DC: United States Department of Commerce.
唐津一. 1997.『日本経済の底力』日本経済新聞社.
加藤寛. 1992.『混沌の中に日本が見える』講談社.
加藤寛. 1997.『官僚主導国家の失敗』東洋経済新報社.
カッツ, リチャード 1999.『腐りゆく日本というシステム』東洋経済新報社.
川上哲郎・長尾龍一・伊丹敬之・加護野忠男・岡崎哲二. 1994.『日本型経営の叡智』PHP研究所.
来生新.「日本の競争政策の歴史的概観 (1):戦前から1997年の改正まで」(後藤晃・鈴村興太郎編. 1999.『日本の競争政策』東京大学出版会)
小池和男. 1981.『日本の熟練』有斐閣.
小池和男.「技術形成と長期にわたる競争」(今井賢一・小宮隆太郎編. 1989.『日本の企業』東京大学出版会)
小宮隆太郎・佐瀬正敬・江藤勝. 1997.『21世紀に向かう日本経済』東洋経済新報社.
クー, リチャード. 1999.『日本経済・回復への青写真』PHP研究所.
古城誠.「日本の競争政策の歴史的概観 (2):1977年の改正とそれ以降の独占禁止法」(後藤晃・鈴村興太郎編. 1999.『日本の競争政策』東京大学出版会)
McCraw,T.1986. “From Partners to Competitors:An Overview of the Period Since World War II,” in McCraw,T(ed.)*America Versus Japan*.Boston, MA : Harvard Business School Press.

Hori, S. 1993. "Fixing Japan's White-Collar Economy: A Personal View." Harvard Business Review (71) 6: 157-172.（堀新太郎「自信喪失の日本企業を復活させるホワイトカラー再活性化へのチャレンジ」『ダイヤモンド・ハーバード・ビジネス』1994年3月号）

今井賢一・小宮隆太郎編．1989.『日本の企業』東京大学出版会.

猪瀬直樹．1997.『日本国の研究』文藝春秋.

Irwin, D., and P. Klenow. 1996. "High Tech R&D Subsidies: The Effects of Sematech," Journal of International Economics (40): 323-344.

石川昭・根城泰．1999.『日本の中の世界一企業』産能大学出版部.

伊丹敬之．1987.『人本主義企業』筑摩書房.

伊丹敬之．1990.『円は揺れる企業は動く』NTT出版.

伊丹敬之．1995.「トップマネジメントと企業適応力」

伊丹敬之・加護野忠男・伊藤元重．1993.『日本の企業システム組織と戦略』有斐閣.

Ito T. 1992. *The Japanese Economy,* Cambridge : the MIT Press.

伊藤秀史．1995.「『会社人間』の経済学」（企業行動研究グループ『日本企業の適応力』日本経済新聞社）

伊藤元重・清野一治.「貿易と直接投資」（小宮隆太郎・奥野正寛・鈴村興太郎編．1984.『日本の産業政策』東京大学出版会）

岩崎晃.「合併と再編成」（小宮隆太郎・奥野正寛・鈴村興太郎編．1984.『日本の産業政策』東京大学出版会）

岩田龍子．1977.『日本的経営の編成原理』文眞堂.

Johnson, C. 1982. *MITI and the Japanese Miracle: The Growth of Industrial Policy, 1925-1975.* Stanford, CA: Stanford University Press.

加護野忠男.「企業家精神と企業家的革新」（伊丹敬之・加護野忠男・小林孝雄・榊原清則・伊藤元重．1988.『競争と革新―自

Dore, R.P. 1987. *Taking Japan Seriously.* London: Athlone Press.
Drucker, P. 1971. "Behind Japan's Success." Harvard Business Review 59(1): 83-90.
Eads, G.C., and K. Yamamura. 1987. "The Future of Industrial Policy," in Yamamura, K. and Yasuba, Y., eds., The Political Economy of Japan. Stanford, CA: Stanford University Press: 423-468.
Fallow, J.M."Containing Japan," The Atlantic Monthly,May 1989.
フェルドマン，ロバート．1996.『日本の衰弱』東洋経済新報社.
Forbes. 1997. "First the Pain, Then the Gain."
藤本隆宏. 1997.『生産システムの進化論』有斐閣.
Fujimoto, T. 1999. *The Evolution of a Manufacturing System at Toyota.* New York: Oxford University Press.
Furstenberg, F. 1974. *Why the Japanese Have Been So Successful in Business.* London: Leviathan.
Gibney, F. 1979. *Japan: The Fragile Superpower (rev. ed.).* New York: Norton.
Glazer, H. 1969. "The Japanese Executive." in Ballon, R.J., ed., The Japanese Employee, Tokyo Sophia University: 77-98.
行革700人委員会．1999.『民と官-2001年役所と役人はこうなる』講談社.
Harvard Business School. 1991a. Body Shop International. 9-392-032. Boston, MA : Harvard Business School.
Harvard Business School. 1991b. The Japanese Facsimile Industry in 1990. 9-391-209. Boston, MA : Harvard Business School.
High-Tech Strategy Research Committee. 1990. Technological Competitiveness of Japan vs. U.S. : Thorough Investigation. Tokyo: Nikkei Science.
樋口廣太郎・唐津一．1999.『日本経済・「日の出」は近い！』PHP研究所.

Calder, K.E. 1988. *Crisis and Compensation: Public Policy and Political Stability in Japan, 1949-1986*. Princeton, NJ: Princeton University Press.

Callon, S. "Divided Sun : MITI and the Breakdown of Japanese High-Tech Industrial Policy,1975-1993", Stanford:Stanford University Press(1995).

Clark, K.B., and T. Fujimoto. 1991. *Product Development Performance: Strategy, Organization, and Management in the World Auto Industry*. Boston: Harvard Business School Press.（田村明比古訳『［実証研究］製品開発力』ダイヤモンド社, 1993）

Cole, R.E. 1971. "The Theory of Institutionalization: Permanent Employment and Tradition in Japan." Economic Development and Cultural Change 20(1): 47-70.

Cole, R.E. 1979. *Work, Mobility and Participation: A Comparative Study of American and Japanese Industry*. Berkeley, CA: University of California Press.

Cole, R.E. and T. Yakushiji eds. 1984. *The American and Japanese Auto Industries in Transition : Report of the Joint U.S. - Japan Automotive Study*. Ann Arbor : Center for Japanese Studies, Mich：The University of Michigan.

Dertouzos, M.L., R.K. Lester, and R.M. Solow. 1989. *Made in America: Regaining the Productive Edge*. Cambridge, MA: MIT Press.（依田直也訳『Made in America』草思社, 1990）

Dore, R.P. 1973. *British Factory-Japanese Factory: The Origins of National Diversity in Industrial Relations*. Berkeley, CA: University of California Press.

Dore, R.P. 1986. *Flexible Rigidities: Industrial Policy and Structural Adjustment in the Japanese Economy*. Stanford, CA: Stanford University Press.

参 考 文 献

Abegglen, J.C., and Rapp, W. 1970. "Japanese Managerial Behavior and 'Excessive Competition'." The Developing Economies 8(4): 427-444.

Abegglen, J.C., and Stalk, G. 1985. *Kaisha: The Japanese Corporation: The New Competitors in World Business*, New York, Basic Books.

Alexander, C.P. 1981. "Learning from the Japanese." Personnel Journal 60(8): 616-619.

Aoki, M. 1987. "The Japanese Firm in Transition," in Yamamura, K., and Yasuba, Y., eds., *The Political Economy of Japan, Volume 1, The Domestic Transformation*. Stanford, California: Stanford University Press.

Asher, D., and A. Smithers. 1998. *Japan's Key Challenges for the 21st Century*. Washington DC: The Paul H. Nitze School of Advanced International Studies of the John Hopkins University.(三原淳雄訳『悲劇は起こりつつあるかもしれない―5つのDを克服する日本経済10の処方箋』ダイヤモンド社, 1999)

Ballon, R.J.ed. 1968. Doing Business in Japan. Tokyo: Sophia-Tuttle.

Barret, M.E., and J.A. Gehrke. 1974. "Significant Differences between Japanese and American Business," MSU Business Topics 22(1): 41-50.

Branstetter, L., and M. Sakakibara. 1998, "Japanese Research Consortia: A Microeconometric Analysis of Industrial Policy." Journal of Industrial Economics Vol. 46, No. 2: 207-233.

Buzzell, R.D. 1978. "Note on the Motorcycle Industry, 1975." Harvard Business School case6.

【な】

【は】

【た】

【さ】

索引

【あ】

【か】

著者紹介

マイケル E.ポーター（Michael E. Porter）

ハーバード大学ユニバーシティ教授。プリンストン大学工学部航空機械科卒業。ハーバード大学ビジネススクールでＭＢＡを取得。1973年ハーバード大学大学院で経済学博士号を取得し、82年に正教授となる。現在は、同大学で教鞭をとるとともに、世界各国の政府幹部や企業トップのアドバイザーとして活躍している。主な著書に『競争の戦略』（1980年）、『競争優位の戦略』（1985年）、『国の競争優位』（1990年）、『競争戦略論Ⅰ、Ⅱ』（1999年、いずれもダイヤモンド社）など。

竹内弘高（Takeuchi Hirotaka）

ハーバード大学ビジネススクール教授。国際基督教大学卒業。カリフォルニア大学バークレー校経営大学院で修士号、博士号を取得。ハーバード大学ビジネススクール助教授、一橋大学商学部助教授、同教授、日本初の専門大学院として2000年に開校した一橋大学大学院国際企業戦略研究科の初代研究科長を経て現職。主な著書に『ベスト・プラクティス革命』（1994年、ダイヤモンド社）、『知識創造企業』（共著、1996年、東洋経済新報社）など。

協力者紹介

榊原磨理子（Sakakibara Mariko）

カリフォルニア大学ロサンゼルス校（UCLA）ビジネススクール助教授。京都大学工学部建築学科、東京大学大学院工学系修士課程（建築）卒業。通商産業省課長補佐を経て、フルブライト奨学生としてハーバード大学ビジネススクールへ留学。同校でＭＢＡ、同大学大学院で経済学博士号を取得。企業戦略、研究開発、多国籍企業行動を研究。学術論文多数。

日本の競争戦略

2000年４月13日　第１刷発行
2019年11月26日　第14刷発行

著者／マイケル E. ポーター、竹内弘高
協力／榊原磨理子

装丁／藤崎 登
チャートデザイン／西 英一
製作・進行／ダイヤモンド・グラフィック社
印刷／八光印刷(本文)・加藤文明社(カバー)
製本／ブックアート

発行所／ダイヤモンド社
〒150-8409　東京都渋谷区神宮前6-12-17
http://www.diamond.co.jp/
電話／03-5778-7228(編集)　03-5778-7240(販売)

ISBN4-478-20059-9
落丁・乱丁本はお取替えいたします
Printed in Japan